첫 출근하는
영업자에게

첫 출근하는 영업자에게

30년 원칙 영업으로 신입사원에서
IBM 부사장에 오르기까지

이장석 지음

달선북

책을 펴내며

끝없이 반복되는 우리 사회의 잘못된 비즈니스 관행과 기형적 거래는 왜 생겨난 걸까? 오래된 인습, 형식주의, 과도한 인사치레 등 여러 가지 이유가 있겠지만 가장 큰 요인 중 하나는 '영업의 과정'에서 파생되는 부작용 때문이다.

    비즈니스상의 거래가 을乙로부터 제공되는 진정한 가치에 의해 결정되기보다는 갑甲과 을의 '개인적 관계'나 '금전적 보상' 등에 의해 이루어지다 보니, 가치사슬에 연관된 모든 주체와 객체들이 병들어가고 있다. 그 범위는 점점 확장되어 사회 전체의 정신세계가 혼탁해져버렸다.

무리한 접대 문화

한 끼에 10만 원이 넘는 식사, 한 번 하려면 100만 원이 넘는 골프 투어, 여러 형태로 변이되어 독버섯처럼 번지는 유흥 음식점, 상식적으로 받아들이기 어려운 가격의 명절 선물들……. 국민 소득 3만 달러 국가에서는 도무지 일어날 수 없는 소비행태가 이 땅에서 이루어지고 있다. 소득 상위 1퍼센트의 사람일지라도 이런 식으로 소비를 반복한다면 이내 거덜이 나고 말 것이다. 하지만 대한민국 모든 도시에는 값비싼 업소들이 들어차 있으며, 하루가 다르게 더 고급화되고 있다. 지역 내 소규모 자영업체들이 간판을 내리고 있을 때에도 이들은 보란 듯이 더 번성하고 기업화되고 있다. 과연 이런 소비의 주체들이 내는 돈의 근원은 무엇일까?

이른바 기업의 '접대비'이다. 수입이 적은 직장인이 자신의 소득보다 훨씬 더 많은 소비를 하면서도 여유로운 까닭은 무엇일까? 뇌물이나 촌지, 사례금 등 아직도 근절되지 못한 비정상적인 금전 거래 때문이다.

기형적 네트워크 증후군

직장생활을 하는 보통의 사람들은 과연 몇 개의 네트워크에서 활동하고 있을까? 고등학교 동문회, 대학 동문회, 지역 향우회, 동아리 모임 정도는 아마 기본일 것이다. 여기에 사회에서 이런저런 프로그램으로 엮인 관계까지 생각하면 두세 개는 더 있을 것이다. 제각기 순수한 의도로 자연스럽게 형성된 집단이겠지만, 그 속에는 집단을 확대하고 분열시켜 또 다른 집단으로 진화시켜나가려는 사람도 쉽게 볼 수 있다. 더불어 불필요한 관계에 가족이나 친구, 자신의 이웃과 함께하는 시간보다 더 많은 시간을 투자하고, 더 큰 열정을 쏟는 사람들도 많다. 모두가 시키면 개인적 의도는 가린 채, 순수한 얼굴의 가면을 쓰고 처용무에 몰두하고 있는 것이 바로 우리 사회의 현실이다.

기형적으로 네트워크에 집착하는 행태는 이익집단주의의 변형이라고 보는 것이 옳다. 순수성을 표방하지만 학교에서 배웠던 고전적 이익단체보다 더 타산적이고 계산적이기 때문이다. 그리고 무엇보다 그들이 모임을 운영하며 사용하는 경비의 출처와 내역을 들여다보면 누구도 이를 부정하지 못할 것이다. 사회의 정의와 새로운 국가를 만들기 위해 기여하고 앞장서야 할 인재들이 인맥 중심의 비즈니스와 소셜 네트워크에 더 몰두하고 있다. 대학마다 최고경영자 과정이라는 괴이한 형태의 교육 프로그램을 개설하고, 수강생들은 학구열을 빙자한 교류 작업을 회사의 경비로 대고 있다.

무리한 접대 문화, 부적절한 거래, 쓸데없는 인맥확보 전쟁. 비즈니스 과정에서 나타나는 이 세 가지 잘못된 행태는 정부의 정책이나 우리 국민성 혹은 역사에 문제가 있어서 그런 것이 아니다. 영업의 현장, 영업자 간의 비즈니스 거래가 근원이다. 그러므로 우리 사회에 진정한 영업 의식이 자리 잡고 거래의 투명성만 확보될 수 있다면, 위의 문제 정도는 즉시 바로잡을 수 있다.

물론 정부에서 좀 더 강력한 예방 및 처벌 정책을 수립하고 실행하며 모든 경제 주체와 객체가 환골탈태한다면야 문제가 해결되겠지만, 이 모두가 제대로 결합하여 결과로 나오려면 적어도 수십 년은 걸릴 것이다. 그러니 남들이 어찌하든 '나 하나'라도 달라지리라는 의지와 실행력이 무엇보다도 중요하다. 한 사람 한 사람의 의식이 모여 우리의 의식이 되고 바른 의식이 사회 전체에 뿌리내린다면 모든 거래는 투명해지고, 잘못된 접대 문화는 사라지고, 가치에 입각한 거래가 정립되고, 불필요한 인맥 전쟁이 모두 종식될 것이다.

무엇이 가장 중요할까?
먼저 우리 사회에 자리 잡고 있는 잘못된 영업에 대한 인식을 바로잡아야 한다. 영업은 이해 당사자 간의 거래를 가능케 하는 행위로, 양 당사자가 가치를 주고받음으로써 서로에게 도움이 되도록 하는 신성한 행위이다. 가치는 오롯이 '을이 갑에게 제공하는 제품과 서비스'에 의해서만 판단되어야 하고, 이에 대한 대가를 갑이 재화로 지불하면 된다. 고로 영업에서 을은 자신이 가진 제품과 서비스의 가치를 극대화시키고, 갑의 장·단기적 '기대 가치'를 충족시키고, 궁극적으로는 갑의 가치를 극대화시켜야 한다.

이때, 거래의 본질에 어긋나는 어떠한 다른 거래도 갑과 을 사이에 존재해서는 안 되며, 본질적 가치 외에 다른 어떤 요인도 의사결정에 영향을 미쳐서는 안 된다. 개인의 이익을 위한 비정상적

요소가 영업에 영향을 미치는 것은, 생산 공정에 불량품이 들어가는 것이나 화학 프로세스에 불순물이 들어가는 것, 진공 상태의 실험실에 틈이 벌어진 것과 같다. 그러기에 영업에 종사하는 사람부터 영업 활동으로부터 파생되는 경제적 과실에 의해 생활을 영위하는 모든 사람들까지, 진정한 영업의 원칙을 인지해야 한다. 만약 어긋난 상황을 접했을 때엔 참지 말아야 하고, 모두가 힘을 합쳐 바로잡아야 한다.

무엇보다도 영업에 관여하는 사람들은 진정한 영업자 정신으로 무장되어 있어야 한다. 누구보다도 정직해야 하고, 가장 높은 수준의 도덕성을 유지해야 한다. 운동선수가 끝없이 체력을 단련한 후 새로운 기술을 습득해 밤낮없이 연습하고 공정하게 경기장에서 실력을 겨루듯, 영업을 하는 사람들도 기본적 마인드를 갖춘 후에 스스로의 역량을 끊임없이 개발하고 시장에서 공정한 경쟁을 해야 하는 것이다.

한 회사에 입사해 30년 가까이 영업을 하면서 때로는 분에 넘치는 외부로부터의 제의도 받았고 다른 기회로 고민해본 적도 있었지만, 오직 한곳에 발을 딛고 있었던 가장 큰 이유는 지난 30년간 단 한 번도 눈앞의 비즈니스 목표를 위해 양심에 어긋난 일을 하도록 요구받은 적이 없었고, 나 또한 직원이나 후배에게 잘못된 일을 시킨 적 없기 때문이었다. 경쟁사의 어이없는 영업 행태로 인해 비즈니스를 놓치는 일이 비일비재했지만 그런 회사가 부럽지 않았고, 그런 조직에 얽혀 있는 고객을 보면서 연민도 느꼈다. '떳떳함'이 나를 오늘까지 이곳에서 일하도록 지탱해주고 응원해준 힘이 아니었을까 한다.

스스로 자괴감에 빠지는 영업은 영업이 아니다. 영업은 상대방을 속이는 게 아니다. 진정한 영업자는 스스로 자부심을 느껴야 하고, 보람이 용솟음쳐야 하고, 갑과 을의 관계로 시작되었지만 결국에는 갑과 평생 동반자의 관계로 발전시킬 줄 알아야 한다.

학교에서 공부를 가르치고 지식을 알려줄 수 있지만, 진정한 인성 교육은 가정의 몫이다. 부모의 교육과 가정 환경이 중요하듯, 영업은 책이나 강의에 의해 완성되지 않는다. 영업에 필요한 기법이나 지식은 책을 통해 체득이 가능하지만 바른 영업 의식은 영업자가 속해 있는 조직의 전통과 문화, 선배들의 행동과 사고방식, 상사의 의식세계와 가치관에 의해 형성된다.

그래서 나는 후배들에게 '기본'에 관해서는 지나치리만큼 엄했다. 그리고 지난 30년간 영업 현장에서 발로 뛰며 정리한 자료를 후배나 직원들에게 공유하면서, 언젠가는 이를 다시 정리해 더 많은 영업자에게 들려줘야겠다는 생각을 했다.

이 책은 '영업 교육서'가 아니다. 영업의 기법을 알리고자 하는 책은 더더욱 아니다. 한 사람이라도 더 영업에 대해 다시 생각하고 바른 가치관을 가지길 바라고 쓴 책이다. 그리하여 대한민국 영업 현장에서 일어나는 모든 거래가 투명해지고 가치에 의해서만 거래가 이루어진다면, 그래서 우리 사회의 기형적인 소비행태와 비리가 사라지는 데 조금이라도 도움이 된다면 더할 나위 없겠다. 더불어 영업에 직접적인 관계가 없는 사람이라도 이 책의 내용에 공감한다면, 좀 더 성숙한 대한민국이 되지 않을까 하는 바람을 가져본다.

2015년 12월

이장석

차례

CONTENTS

책을 펴내며   04

PART1
[기본] 영업, 제대로 알고 하는가?
: 영업에 대한 잘못된 인식부터 바꿔라

1. 영업의 본질은 단 하나다   16
2. 누구나 도전하지만 아무나 할 수 없는 일, 영업   23
3. 궁극적으로 성공하는 영업자의 사고법   31
4. 영업자 한 사람이 회사를 망하게 할 수도 있다   40

PART2
[준비] 최고의 성과를 낼 준비가 되었는가?
: 이런 영업자가 만루 홈런을 친다

Column1 첫 3년이 영업 인생 30년을 결정한다   52
1. 영업자의 두뇌: 전략적 사고를 DNA화하라   61
2. 영업자의 눈: 변화하는 고객을 읽어라   72
3. 영업자의 귀: 고객은 끊임없이 말하고 있다   80
4. 영업자의 입: 프레젠테이션은 최고의 기회다   91
5. 영업자의 손: '함께'의 크기가 '성공'의 크기다   99
6. 영업자의 발: 성과를 만들어내는 실행력   109

PART3
[실전] 마법처럼 거래를 성사시키는 영업 고수의 비밀
: 정직함과 집요함이 이기는 영업을 만든다

Column2 영업 카타르시스, 0%의 가능성에서 환희의 순간까지!   120

1_ 영업의 시작은 고객에 대한 공부이다   136

2_ 기억에 남는 영업자는 첫 만남에 결정된다   150

3_ 불가능을 가능케 하는 디지털 영업을 시작하라   158

4_ 항상 적어라, 그리고 정리하라   167

5_ 경쟁의 본질을 놓치지 마라   178

6_ 고객의 평가 기준이 곧 게임의 법칙이다   187

7_ 축배를 들기 전까지는 마지막 한 걸음도 조심하라   197

8_ 시시각각 변하는 고객의 마음을 확인하라   206

9_ 지연이나 학연으로는 절대로 계약서에 도장을 찍을 수 없다   215

10_ 백 가지 뇌물보다 한 가지 가치가 진짜 관계를 만든다   222

11_ 의사결정자보다 실무자의 마음을 먼저 얻어라   232

12_ 산타클로스 영업은 하지 마라   241

13_ 잘못된 접대는 고객과 나 모두를 죽인다   250

14_ 다음 영업자에게 짐을 남기지 마라   259

PART4
[팀워크] 팀과 조직, 그리고 함께의 가치
: 밖에서 인정받기 전에 회사 안에서부터 인정받아라

Column3 사고의 틀을 깨라	270
1_ 나와 동료를 속이고 이득을 취하지 말라	280
2_ '내가 곧 회사'라는 마음가짐으로 일하라	289
3_ Punctuality(시간 엄수), 영업자의 목숨이다	299
4_ 신뢰를 부르는 대화의 기술	308
5_ 내 그릇의 크기는 내가 결정한다	317
6_ 용감하게 소리 질러라	325
7_ Work – Life 밸런스를 맞춰라	333
글을 마치며	342

PART1

| 기본 |

영업, 제대로 알고 하는가?

영업에 대한 잘못된 인식부터 바꿔라

"'고객을 바라보는 시각'과 '시장을 분석하는 자세'라는
영업의 기본은 B2B 영업이든 B2C 영업이든,
한국이든 아프리카든 결코 다를 수 없다.
'시장' 그리고 '고객', 여기에서 영업의 모든 답을 찾아라!"

01
영업의 본질은 단 하나다

> 천하의 명품도 고객에게 팔리지 않으면 아무 소용이 없다.
> _**데이비드 오길비**David Ogilvy : 광고인, 오길비 앤 매더 설립자
>
> 누구의 고객도 고정되어 있지 않다. 시장은 먼저 찾는 자의 것이다.
> _**루치아노 베네통**Luciano Benetton : 의류업체 베네통 설립자

영업을 이야기할 때나 영업을 주제로 강의를 할 때, 그리고 영업에 대한 책을 내겠다고 했을 때 나는 사람들로부터 똑같은 질문을 받았다.

"B2B 영업에 관한 책인가요, B2C 영업에 관한 책인가요?"
"아무래도 전문 분야인 IT 영업에 관한 책이겠죠?"
"한 권의 책으로 모든 영업을 논하기에는 다소 한계가 있지 않을까요?"

물론 영업은 다양한 종류가 있다. 우선, 기업을 상대로 하는 B2B Business to Business 영업과 개별 소비자를 대상으로 하는 B2C Business to Consumer 영업이 있다. 정보기술 또는 하이테크 영업과 일반 소비재 영업도 서로 구분된다. 수백억 원의 프로젝트와 수만 원대의 물건을 영업하는 일도 같을 수 없다. 이는 각각 제품이 다르고 관련 핵심기술이 다르고 고객과의 소통 주제가 다르기 때문이다. 고객의 의사결정 프로세스와 의사결정 책임자, 예산 집행 방법과 제품의 유통 지원 수준도 다르다. 당연히 경쟁사도 다르고 협력회사도 다르고 영업의 방법 또한 다르다.

그렇다면 개별 소비자를 대상으로 하는 B2C 영업은 모두 같을까? 그렇지 않다. 보험도 생명 보험과 손해 보험 영업이 다르고, 자동차도 승용차와 상용차 영업이 다르다. 우리가 매일 찾아가는 음식점도 중식당과 일식당, 뷔페와 김밥가게 등 업태에 따라 영업의 방식이 모두 다르다.

분명 B2B 영업과 B2C 영업의 비즈니스 모델은 차이가 있다. 동일한 산업 내에서도 영업 방법이 다를 수 있다. 하지만 '영업의 본질'은 모두 같다는 점을 기억해야 한다. 언제나 영업의 궁극적인 종착역은 '고객'이며, 거기에는 영업을 행하는 '영업자'가 존재한다. 고객은 항상 '가치'에 반응하며 그에 상응하는 '재화'를 지불한다. 그래서 모든 영업은 고객의 니즈Needs를 충족시키기 위해 끊임없이 연구하고 노력하는 과정이어야 한다. 이는 업종을 막론한 불변의 진리이다. 원시 시대의 물물 교환도 서로가 상대의 가치를 인정해야만 가능했다. 시간이 흐르면서 교환의 수단이 바뀌고 경쟁의 개념이 도입되고 거래 물품과 폭이 넓어지면서 이해관계 및 관련 주체들이 늘어나고 복잡해졌을 뿐이다.

산업에 따라, 고객의 특성과 규모에 따라, 그리고 지역에 따라 영업 방법과 기술은 다를 수 있다. 하지만 영업을 시작하려 하는 사람이라면 '다른 것'이 무엇이고, 절대로 '다를 수 없는 것'이 무엇인지를 정확히 구별해야 한다. '고객의 니즈'와 '시장' 이 두 가지를 배제하고 영업을 논하는 일은 없어야 한다.

영업의 본질을 꿰뚫어 본 리더

내가 2001년에 마케팅 부문을 담당했을 때의 일이다. 국내의 대표적인 B2C 회사에 우리 회사의 마케팅 전략인 〈수립-실행-결과-평가〉 프로세스를 소개해주었다. 시장 분석부터 실적 평가까지의 전 과정이 시스템에 의해 실행 및 관리되는 것을 보고, 고객의 최고 의사결정자는 이 프로세스를 자사의 마케팅에 적용하자고 했다. B2B 회사의 프로세스를 B2C 기업에 적용하자고 하니, 시스템을 판매하는 우리도 100퍼센트 확신이 없었지만 고객사 내부의 저항은 더 심했다.

"이 프로세스는 B2B에 맞추어 개발된 모델입니다. 어떻게 B2C인 우리 회사의 프레임워크가 될 수 있습니까?"

하지만 고객의 최고 의사결정자는 단호했다.

"고객은 다를 수 있지만, 고객을 바라보는 관점과 전략을 수립하는 과정, 그리고 실행 및 평가 프로세스는 다를 수 없습니다. 무조건 다르다고만 주장하지 말고, 좋은 점을 배워 우리만의 모델을 만들어봅시다."

그렇게 시작된 고객 기업의 마케팅 혁신 프로젝트는 다른 영역에서의 성공과 함께 큰 시너지 효과를 거두었고, 이 회사의 브랜드 가치는 15년 동안 열 배 이상 올랐다. 물론 이런 엄청난 결과가 프레임워크 하나 때문에 이루어진 결과라고는 말할 수 없다. 하지만 중요한 점은 15년 전에 이런 발상을 한 리더가 있었다는 것이다. 요즘이야 모든 비즈니스의 핵심이 '고객'이라는 점을 이해하고 실행하는 리더가 많지만, 모두가 반대하고 회의감을 가질 때 통찰력으로 단호하게 의사결정을 내리는 리더는 과거엔 흔하지 않았다.

아직도 비즈니스 현장에서 고객들은 "우린 좀 달라요."라는 이야기를 종종 한다. 해외의 선진 사례를 요청한 소매유통회사 고객에게 물류 부문의 선진 모델을 구현한 도매유통회사 사례를 소개했을 때에도 "우리 모델과는 좀 다른데……."라는 답변을 들었다. 물론 소매업과 도매업은 엄연히 다르다. 하지만 물류 부문의 혁신은 도·소매업이 모두 풀어야 할 하나의 숙제이다. 변화와 혁신을 추구한다는 언론사 고객에게 유럽 미디어 회사의 혁신 사례를 소개했을 때에도 마지막에는 "우리의 현실과는 좀 다르네요."라는 말을 들었다. '디지털 혁신'이라는 큰 궤를 생각하지 못하고, 단지 한국과 유럽의 지역적·사회적 특성 차이만을 보는 것이다. 은행 고객은 비슷한 은행의 사례만 찾고, 증권사 고객은 증권사 사례에만 집착한다. 그러면서 그들은 '고객'을 이야기하고, '혁신'과 '신사업 모델'을 꿈꾼다. 이러한 반응은 실무자나 임원, 최고경영자까지 모두 동일하다. 본인이 이제까지 경험한 패러다임에서 조금이라도 벗어나면 '이건 아닌데', '우린 다른데'라고 생각한다. 산업의 경계는 더 이상 의미가 없다. 세계 경제가 한 덩어리로 움직인 지는 벌써 10년도 더 넘었다.

모든 영업은 '고객'과 '시장'으로 귀결된다

한때 '알래스카에서 냉장고를 팔 수 있어야 진짜 영업자다'라는 말이 유행했다. 한대 기후인 알래스카에 사는 사람들에게 전혀 필요하지 않을 법한 냉장고를 팔 줄 알아야 진정한 영업자라는 의미이다. 내가 영업을 시작한 30년 전에도 이 말이 영업을 가장 잘 설명한 말이라 회자되었고, 지금도 많은 영업자가 이 말을 잘 알고 있다. 하지만 이는 '영업의 기본'을 모르는 사람들이나 하는 말이다. 영업자가 고객의 니즈를 고려하지 않은 채 수단과 방법을 가리지 않고 제품을 팔아야 한다는 의미를 내포하고 있기 때문이다. 영업의 기본은 고객의 니즈와 시장의 규모이다. 이를 전혀 고려하지 않은 채 영업자의 관점에서 벗어나지 못하고 그저 '영업을 위한 영업'을 한다고 밖에는 설명이 되지 않는다.

'상하이에서 에어컨을 가장 많이 파는 영업자는 누구일까?' 내가 2년간 상하이에 주재하면서 항상 궁금해했던 점이다. 상하이의 공식 인구수는 2,500만 명 내외이지만 실제 거주 인구는 4,000만 명이 넘는다. 이런 대도시에 곧 무너질 것 같은 집에도 에어컨이 설치되어 있는 것을 보면 당연히 궁금해할 수밖에 없는 점이다. 가구당 평균 두 대, 매일 새로이 올라가는 고층 빌딩들, 이러한 환경에서 에어컨의 수요는 얼마나 될까? 에어컨을 1년에 최소 9개월 이상은 사용하는데 부품 영업과 유지보수 서비스는 누가 담당하고 있을까?

그 당시 나는 모 통신장비회사 아태지역 사장과 월례정기회의를 가졌다. 첫 회의 자리에서 사장이 자사의 영업 전략을 브리핑할 때 나는 그 질문에 대한 답을 들었고, 무릎을 탁 칠 수밖에 없었다.

"우리는 금년 상하이에 늘어날 책상의 수를 파악하고 있습니다. 준공 예정 빌딩과 레이아웃, 그리고 책상 수를 파악하면 IP전화(Internet Protocol Phone) 수요가 계산됩니다. 그에 따라 영업 목표를 할당합니다."

기업뿐만 아니라 자영업을 하는 사람도 영업을 이러한 시각으로 보고 솔루션을 찾아야 한다. 물론 중개인을 통해 '유동인구'와 '상권'에 관련된 정보를 간접적으로 듣겠지만, 의사결정을 하기 전에는 반드시 직접 주변을 관찰하고 확인하여 시장과 수요를 파악해야 한다. 이것이 바로 영업의 시작이다. 고객의 수요가 없는 시장에 영업은 존재할 수 없다.

업業의 성격이 다르다고 하여 영업 또한 달리 생각해서는 안 된다. 물론 제품과 기술, 고객의 의사결정 프로세스, 경쟁자와 협력회사가 다를지라도 영업의 본질은 다를 수 없다. 고객을 바라보는 시각과 시장을 분석하는 자세라는 영업의 기본은 업종에 관계없이 모두 같다. 어떤 업종에 속해 있든, B2B 영업이든 B2C 영업이든, 한국이든 아프리카든 영업의 기본 구성 요소는 모두 같다. '고객' 그리고 '시장' 여기에서 모든 영업의 답을 찾아야 한다.

02
누구나 도전하지만
아무나 할 수 없는 일, 영업

> 영업은 인간이 할 수 있는 가장 위대한 예술행위이다.
> 아마 이것은 인간의 노력 가운데 가장 고귀한 형태일 것이다.
> _윌리 앰브루스터Willi Ambrewster : 광고 기획가

> 당신이 다른 영업자와는 차별화된 어떤 것을 상징하고 있는가를 고객에게 인식시켜라.
> _하워드 슐츠Howard Schultz : 스타벅스 CEO

'영업'이 무엇인지 모르는 사람은 없을 것이다. 다만 잘못 알고 있거나 지엽적 혹은 자의적으로 해석하고 있을 뿐이다. 그래서 마케팅, 장사, 비즈니스 등 사람마다 나름의 용어를 편하게 사용하면서 영업을 인식하고 있다. 당연히 각자 나름의 관점이 있다. 하지만 영업의 일선에 있는 사람들조차 '영업의 핵심'을 잘못 이해하고 있는 경우가 많고, 자신의 그릇된 생각이 옳다고 믿고 있다. 오늘도 많은 영업자가 선배로부터 배우고, 상사의 지시를 곧이곧대로 따르고, 조직에 배어 있는 문화에 동화되어 자신도 모르게 잘못된 영업에 길들어져가고 있다.

앞에서 말한 대로 영업은 이해 당사자 간의 거래를 가능케 하는 행위로, 양 당사자가 가치를 주고받음으로써 서로에게 도움이 되도록 하는 행위이다. 여기에서 핵심 단어는 '가치'이다. 가치는 을이 갑에게 제공하는 제품과 서비스이자, 갑이 을에게 지불하는 재화를 말한다. 그 기준은 갑이 인정하는 가치이며, 갑이 을의 제품이나 서비스에 대해 가치를 느끼지 못하면 거래는 절대로 성립될 수 없다. 결국 영업에 있어서 남보다 더 많은 가치를 갑에게 전달할 수 있으면, 그 영업은 승리한다. 지극히 간단한 결론이지만 영업의 어려움은 상대방이 나와 같은 생각을 하지 않고, 내가 주장하는 가치를 그대로 받아들이지 않는다는 점에 있다. 따라서 성공적인 영업의 시작은 자신의 가치를 고객의 입장에서 생각하고, 그것을 고객이 쉽게 이해하도록 돕는 것이다. 영업을 제대로 하려면 영업자 스스로가 가치에 대한 인식을 명확하게 가져야 한다.

가치는 재화로 환산되어 을에게 돌아오기 때문에 영업자는 자신이 영업하려는 제품과 서비스, 그로부터 발생하는 부가적 가치를 '계량화'할 수 있어야 한다. 영업 현장에서 영업 실무자나 관리자들이 가장 어려워하는 영역이 바로 이 부분이다. 가치는 간단하게 산술적으로 계산할 수 있는 대상이 아니고 지극히 주관적이고 상대적이기 때문이다. 집 앞에서는 1,000원에 살 수 있는 막걸리 한 병을 불과 500미터 올라간 산 위에서는 한 잔에 2,000원이나 지불하고도 맛있게 먹는 이치와 같다. 같은 무게의 돌멩이 가격이 종류에 따라 만 배 이상 차이가 나고, 같은 연비의 승용차 가격이 세 배 이상 차이가 난다. 그러므로 유사한 기능의 제품을 영업하는 경쟁 상황에서는 더 비싸게 파는 영업자를 가장 훌륭한 영업자라 평가할 수 있다. 고객을 속이거나 폭리를 취하는 방식이 아니라 자신만이 가진 부가적인 서비스를 통해 고객으로부터 '남다른 가치'를 인정받았음을 의미하기 때문이다. 항상 그렇듯 가치의 시작은 '고객의 니즈'이다.

자동차를 판매하는 영업자가 고객에게 새로운 기능이나 물리적인 사양만 설명한다면 효과적인 영업을 했다고 할 수 있을까? 고객이 얻을 수 있는 혜택과 만족도, 안전성, 그리고 경제성을 설명해야 하고 이를 계량화하여 보여줘야 한다. 연비를 설명하면서 단순히 리터당 주행거리만 설명한다면 그 가치가 제대로 전달될 수 있을까? 적어도 그로부터 상대적으로 절감되는 연료비를 계산해 설명해야 한다. 스파게티를 먹어도 가격만을 기준으로 선택하는 사람이 있고, 식당의 분위기와 종업원의 서비스까지 고려하는 사람이 있다. 전철역에서 가까운 곳을 선호하는 사람도 있고 주차하기 편한 곳을 찾는 사람도 있다. 고객이 얻을 수 있는 가치를 면밀히 분석해야 하는 이유가 여기에 있다.

영업자에게 영업을 해야 할 제품 및 서비스라는 '상수常數'가 정해졌다면, 고객의 니즈는 '절대변수'이다. 가치는 상수와 변수의 합이며, 때로는 곱이다. 여기서 어려운 점이 발생한다. 고객의 니즈라는 변수가 하나가 아닌 여러 개로 구성되어 있기 때문이다. 결국 영업은 고객의 니즈라는 변수를 정의한 후 여기에 자신의 제품 및 서비스를 더하여 가치를 극대화시키는 과정이다.

영업은 전쟁이다

전쟁에는 승자와 패자, 그리고 승리와 패배만 있을 뿐이다. 전장의 패자에게 '최선'이라는 말은 의미가 없다. 열심히 했다는 말도 핑계이다. 죽어라 훈련을 하고 최첨단 장비와 훌륭한 병사를 가지고 있어도 전쟁에서 지면 '죽음'뿐이다. 스포츠도 비슷하다. 연습장에서는 실수와 실패를 통해 자신의 약점을 보완할 수 있지만, 본경기에서는 단 한 번만 넘어져도 패배한다. 영업은 전쟁 그리고 스포츠와 닮았다. 그래서 영업부서는 회사 내 그 어떤 조직보다도 긴장감이 넘쳐야 하고 비장함이 흘러야 하며 자신감도 있고 무엇보다도 사기가 바짝 살아 있어야 한다. 후선 업무부서와는 다른 '강한 기풍'이 배어 있어야 한다는 말이다.

    진짜 선수는 이기는 일에 익숙하다. 이기는 팀은 사기가 넘치고 또 다시 이길 수 있다는 자신감으로 꽉 차 있다. 영업팀의 사기는 무조건 '결과'에 따라 좌우된다는 점을 명심하길 바란다.

영업은 예술이다

마케팅이 특정한 프로세스와 방법론에 의해 계획적으로 실행되는 업무라면, 영업은 정해진 방법론과 답이 없다. 아니 답이 하나가 아니라는 표현이 더 맞다. 그래서 마케팅을 '과학'이라고 한다면 영업은 '예술'이다. 음악이나 미술과 같은 모든 예술에는 다양성이 기본 전제이고 누구도 통제할 수 없는 예술가의 혼이 존재하며, 작품과 퍼포먼스를 감상하고 환호하는 관객이 있다.

영업도 마찬가지이다. 그만큼 방법이 다양하고 예측할 수 없는 변수에 의해 움직인다. 경쟁 상황이 시시각각 변하고, 고객의 요구 조건이 끝없이 바뀌며, 계획된 작업 일정이 지연되고, 예측하지 못한 고객 내부의 조직 변화가 생겨 새로운 과제가 떨어지기도 한다. 자신이 생각한 대로 동료들이 움직여주지 않을 수도 있고, 확실하다고 전제했던 가정이 무너지는 경우도 많다. 그래서 영업에 대해 논하는 사람이 많지만 영업을 제대로 알고 잘하기가 힘든 것이다. 다양성이 예술의 본질이지만 기본은 반드시 배우고 갖춰야 한다. 악보를 못 보는 음악가가 없고 균형과 색의 조화를 모르는 화가가 없듯이, 영업도 기본을 제대로 이해하고 DNA화한 뒤에 시장 상황과 고객의 니즈에 따라 원칙을 지키며 실력을 발전시켜나가야 한다. 성공하는 영업자의 모습은 수백만 가지이지만, 그 혼은 하나라는 점을 명심하길 바란다.

영업은 '나 자신을 파는 일'이다

영업은 흔히 '물건'을 파는 일이라 여겨진다. 물론 최종적인 거래의 대상이 제품 또는 서비스임에는 틀림이 없다. 그래서 많은 교육 프로그램에서 '물건을 잘 팔기 위한' 영업자의 대화 스킬이나 설득법을 영업의 전부인 양 가르치고 있다. 하지만 영업의 진정한 대상은 '영업자' 그 자신이 되어야 한다. 어떠한 경우에라도 영업자는 고객과의 접점에 직간접적으로 존재하고, 고객은 영업자를 비즈니스의 주체로서 느끼며, 본인의 니즈에 부합한다고 생각할 때 계약을 진행한다. 그러기에 영업의 하수는 '물건'을 팔려고 노력하지만, 영업의 진짜 고수는 '영업자 자신'을 파는 데에 익숙하다.

제품 그 자체가 아무리 경쟁력 있어도 혹은 가치가 상대적으로 클지라도, 영업하는 사람에게 신뢰가 서지 않으면 어떤 사람도 그 제품이나 서비스를 구입하지 않는다. 반대로 제품의 질은 조금 떨어지더라도 영업하는 사람을 믿으면 다소 불편하더라도 선택하는 것이 사람의 심리이다. 그래서 영업의 핵심은 우선 '나 자신'이 되어야 한다. 영업의 목적이 고객에게 일방적으로 상품을 구매하도록 하는 일이라 생각하는 영업자는 환영받지 못하지만, 고객에게 나 자신이 진심으로 다가가고 신뢰를 보여준다면 그 영업자는 어떤 고객에게라도 환영을 받는다. 영업자 자신이 영업의 시작이자 끝임을 기억해야 한다.

영업은 멀티태스킹이다

뛰어난 영업자와 그렇지 못한 영업자의 가장 큰 차이를 꼽으라 한다면, 나는 주저 없이 '멀티태스킹Multitasking 능력'을 말한다. 후선 업무나 마케팅은 업무처리 절차가 거의 정형화되어 있고 일정한 패턴이 존재한다. 일의 선후先後가 분명하고 어느 정도 예측이 가능하다는 점도 있다. 하지만 영업은 결코 그렇지 않다. 자신이 제어할 수 있는 시간과 업무량은 극히 제한적이고 대부분은 고객과 시장, 조직에 의해 좌우된다. 동시에 처리해야 할 일도 만만치 않다. 갑작스러운 고객의 문제와 내부 업무처리, 관련 부서와의 협력과 신규 고객 확보까지, 모든 일이 한꺼번에 일어난다. 물론 고객이 한 사람인 경우에는 아무 문제가 없겠지만 그럴 경우는 극히 드물다. 아무리 한 고객과 관련된 업무를 성공적으로 해내도 또 다른 고객에게서 처리해야 할 일을 놓친다면 치명적인 손실을 부른다. 복잡다단하고 동시다발적으로 발생하는 일을 어떻게 잘 대응하고 처리하느냐가 영업자로서의 핵심 역량이다.

영업을 하겠다고 비영업부서에서 옮겨오거나 외부에서 전직하여 온 사람들 중에 영업 부문에서 기대만큼 성과를 내지 못한 사람들의 공통점은 모두 '멀티태스킹'에 한계가 있었다. 주어진 일만 잘하는 것이 아니라 스스로 일을 만들어내고 끌고 갈 수 있는 역량을 갖추는 것이 영업자로서 성장하는 첫걸음이다. 화살이 빗발처럼 쏟아지는 전장에서 화살을 칼로 쳐내고 방패로 막아내며 적의 목을 베는 장수의 능력, 이것이 바로 멀티태스킹이다.

그래서 영업은 어렵다. 그러기에 영업은 '누구나' 도전하지만, '아무나' 해서는 안 되는 일이다. 영업으로 성공한 사람들의 밝은 단면만 보고 영업을 쉽게 생각하여 뛰어든 사람들은 백이면 백 다 실패했다. 영업이나 장사, 사업 모두 같은 맥락이다.

하지만 영업은 분명 '명예로운 일'이다. 내가 몸담고 있는 조직을 가장 직접적으로 먹여 살리는 일이고, 가슴 아픈 실패도 있지만 짜릿한 성취감을 느낄 수 있는 유일한 일이다. 영업이라는 바다에 뛰어들고자 한다면 기왕 하는 거 '아무나'가 되지 말고 '진정한 스페셜리스트'가 되어보는 건 어떨까.

03
궁극적으로 성공하는 영업자의 사고법

> 톱 영업자의 영업 비결은 절대로 팔려고 애쓰지 않고 고객의 마음을 사려고 하는 데 있다.
> _존 워너메이커John Wanamaker: 워너메이커 백화점 설립자

> 인색한 고객의 마음을 부드럽게 흔드는 설득 도구는 고객에 대한 사려 깊은 태도이다. '사려'라는 선물은 강력한 의무감을 불러일으킨다. 또한 이 선물은 비용이 전혀 들지 않는다.
> _로저 도슨Roger Dawson: 협상 심리학자

"영업을 잘하려면 어떤 능력이 있어야 한다고 생각하나요?"

영업에 대해 강의를 할 때 내가 빼놓지 않고 던지는 질문이다. 대상과 분위기에 따라 차이는 있지만 그래도 변함없이 가장 많이 나오는 답은 세 가지이다.

"말을 잘해야 합니다."
"술을 잘 마셔야 합니다."
"셈에 밝아야 합니다."

직접 영업을 경험해보았거나 영업에 대한 막연한 생각만으로 대답했을 수도 있겠지만, 이런 답변을 통해 많은 사람들이 가지고 있는 '영업에 대한 편견'과 '단편적 이해'를 읽어낼 수 있다. 말을 잘 하고, 술을 잘 마시고, 숫자 계산이 빨라야 영업을 잘할 수 있다는 것. 이것이 어느 정도 일반화되어 있는 '영업에 대한 이미지'이다.

영업은 소통이다

영업을 잘하는 사람들을 보면 실제로도 유창한 말솜씨를 가진 이들이 많다. 어눌한 말씨보다는 자기가 전달하고자 하는 바를 분명하고 자신 있게 표현하는 일이 중요하다는 의미이다. 하지만 아무리 화려한 언변이라도 '진심'이 담겨 있지 않다면 좋은 영업의 요건이 될 수 없다.

청산유수처럼 말하며 물건을 파는 사람을 가리켜 '약장수 같다'라는 표현을 쓰던 때가 있었다. 약장수는 시장 모퉁이에서 할머니와 할아버지들을 모아놓고 막힘없이 약의 효능을 이야기한다. 잠시 넋을 놓고 듣다 보면 모두가 그의 말에 빠져든다. 당장 필요가 없어도 사고, 안 사면 손해 볼 것 같아서도 산다. 중간중간 사람들의 관심을 묶어놓는 공연이나 마술도 보여준다. 시간이 흐르면서 이제는 안 사면 미안해진다. 한바탕 시장놀이가 끝나면 약장수는 사라지고, 약을 산 사람들은 얼마 지나지 않아 엉터리 약을 샀다며 후회한다. 약장수가 이야기했던 효능은 황당한 것이었고 그가 떠들었던 말 역시 모두 거짓이었다. 진실이 아닌 거짓을 이야기하는 것은 '말'이 아니라 '사기'이다.

진정한 영업자는 약장수처럼 자기 혼자 일방적으로 떠들고 자기 제품의 장점만을 설명하지 않는다. 영업의 시작은 '상대방의 니즈'를 읽는 것이다. 고객을 읽기 위해서는 상대방의 표정에서도 메시지를 읽어야 하고, 동작에서도 의미를 알아내야 하며, 상대방이 쓰는 단어 하나하나에도 촉각을 곤두세워야 한다. 그러려면 '잘 말하기'보다는 '잘 들어야' 한다. 자기 혼자 떠들면서 어떻게 상대를 읽을 수 있겠는가? 도리어 고객이 영업자의 허황됨을 읽게 된다. 제대로 의식이 있는 사람이라면 약장수의 이야기를 계속 듣거나 물건을 사겠는가? 원하는 내용을 제대로 들으려면 고객이 스스로 자신의 생각을 표현하도록 만들어야 한다. 고객이 더 많이 이야기하게 유도하고, 결국에는 마음을 열게 하는 것이 '소통'의 시작이다.

아무리 고객이 의사를 표현했다고 하더라도 그것을 제대로 읽어내지 못하면 말짱 도루묵이다. 흔히 영업자는 자신의 의견을 열심히 전달하고 고객이 분명한 말로서 부정적 표현을 하지 않으면, 자신의 의견이 100퍼센트 받아들여졌다고 확신한다.

"고객은 우리의 제안에 어떤 답을 주셨나요?"
"예, 별말씀 없이 일어서면서 고민해보겠다고 하셨습니다."

고객으로부터 명확하고 긍정적인 메시지를 받지 못했다면, 이 경우에 고객은 '거부'를 했다고 보는 것이 옳다. 사람은 누구든지 중요한 제안을 받으면 반응하게 되어 있다. 직접적인 말로 표현하지 않아도 '표정'에서 호불호는 나타나게 되어 있다.

'시큰둥한 표정을 지었다.'
'아주 불만스러운 표정을 지으며 컵을 집어 들었다.'
'어이없다는 표정으로 피식 웃었다.'

시나리오에 지문(地文)이 있듯이 모든 행동에는 표현이 숨어 있다. 읽지 못하는 자에게는 찰나처럼 순식간에 지나가버리거나 영영 보이지 않을 것이다. 그리고 바로 여기에서 '착각'과 '오류'가 시작된다. 많은 영업자가 자기중심적 생각과 자의적 해석을 반복하기 때문에 영업에 실패한다.

그래서 영업을 잘하려면 말을 잘하는 것보다 '소통 능력'이 더 중요하다. 진정한 소통 능력은 내가 말하기보다 상대가 표현하도록 유도하고 말속에 숨겨진 의도를 읽어내는 안목까지를 말한다. 시의적절한 질문, 상대의 표현에 대한 정확한 이해, 명확한 의사 표현 이 세 가지가 어우러져야 진정한 소통이라 할 수 있다.

'술'과 '신뢰'를 혼동하지 마라

영업을 하다 보면 술을 마셔야 할 때가 있다. 첫 만남의 어색함과 긴장감을 없애고, 속마음을 주고받으며 서로 격의 없이 가까워지는 데에 술은 분명 윤활유 역할을 하기 때문이다.

내가 영업을 처음 시작할 때인 30년 전에 술을 전혀 마시지 않으면서 영업 부문 총괄을 맡았던 중역이 있었다. 그분은 종교적인 이유로 술을 입에도 대지 않았지만, 보리차를 마시면서도 상대방에게 어색함을 주지 않고 자연스럽게 대화를 이끌어나갔다. '술을 마시는 사람은 나쁘고 술을 안 마시는 사람은 좋다'는 이분법적 잣대를 주장하는 것은 아니다. 영업의 기본이 인간관계이다 보니 관계를 촉진시키는 매개로서 술자리를 생각하고 '영업'과 '술'을 연결 짓는 일이 큰 무리는 아닐 수 있다. 하지만 '영업=술'이라는 등식관계로 영업을 바라보는 우리 사회의 인식은 분명 잘못이다.

누구나 비즈니스 관계로 엮이면 한 사람은 '갑'이 되고, 한 사람은 '을'이 된다. 이렇게 정해진 특수한 관계는 극히 사무적이고 때로는 상하관계나 종속관계가 되기도 한다. 을의 입장에서는 갑과의 관계를 좀 더 부드럽고 편하게 만들고 싶어 하고, 그런 관계를 지속시키기 위해 술자리 접대를 생각한다. 이를 통해 어려운 거래 상황에서 경쟁사 대비 우월한 입장을 확보하고 궁극적으로는 경쟁에서 이겨 최대한의 수익을 가져가고자 한다. 갑의 입장에서 을을 생각하면 항상 우월적인 지위를 내세울 수 있고 자신을 극진히 대접하는 그와의 관계가 싫지만은 않을 것이다. 그런 관계와 이벤트가 반복되는 과정에서 갑은 자신도 모르게 을과 단절하기 어려운 '결탁의 관계'로까지 발전하게 된다. 이렇게 지금껏 처음의 어색하고 불편하고 냉랭한 관계를 끈끈하게 바꾸는 매개로서 '술'이 자리 잡아왔다.

그러나 부적절한 매개로 술을 자주 이용하거나, 술을 잘 마셔야 영업을 잘하는 것이라고 생각하는 사람들은 진실한 영업자들에게 '치욕' 그 자체이다. 물론 가볍게 식사와 곁들이는 술까지 부정적으로 볼 필요는 없겠지만 '영업=술'이라는 구시대적 논리를 더 이상 인정해서는 안 된다. 인간의 본능적 욕구를 자극하는 감정적 관계는 지속될 수 없고 떳떳해질 수 없는 관계로 결국은 쌍방 모두를 망치는 길이 된다. 정상적이고 당당한 영업을 하려면 시간이 걸리고 더 힘들 수 있다. 하지만 지속적으로 '가치'를 만들어내고 궁극적으로는 '갑의 성공'을 위해 도움이 되는 을이 된다면, 신뢰가 형성되어 동반자 관계로까지 진화하게 된다. 무엇보다 그 누구에게라도 '당당한 영업자'가 될 수 있다.

그러므로 영업을 잘한다는 것은 '술'을 잘 마시는 게 아니라 '가치'로써 '신뢰'를 제대로 쌓아가는 일을 말한다. 영업자로서 떳떳하려면 성실함과 차별화된 가치 제공을 통해 고객에게 지속적인 신뢰를 심어주어야 한다.

작은 것을 셈하지 말고 큰 것을 셈하라

영업을 잘하려면 '셈에 밝아야 한다'고 말한다. 영업에는 반드시 목표가 주어지고 성과에 의해 인센티브가 지급된다. 더욱이 실적이 인사고과에 직접적으로 반영되어 조직 생활의 명운이 좌우되기 때문에 영업자가 숫자에 민감해야 하는 건 사실이다. 하지만 아무리 절박한 상황에서라도 '단기적인 결과'와 '본질적인 가치'를 혼동해서는 안 된다.

30년 동안 영업을 하면서 단기적인 성과가 좋아 '반짝 스포트라이트'를 받았던 영업자는 무수히 보아왔다. 모두가 불가능하다고 했던 비즈니스를 성사시킨 사람, 주어진 목표보다 몇 배 더 큰 성과를 만들어낸 사람이 있었지만 그들 모두가 진심으로 동료로부터 인정을 받지 못한 것 또한 사실이다. 해마다 이런 영업자와 리더를 수도 없이 보아왔다. 하지만 '반짝 성과'를 낸 그들이 지금은 어디서 무얼 하는지 모르겠다. 확보된 영업 기회를 감추거나, 확정된 계약 금액을 의도적으로 축소하여 보고하는 등의 얄팍한 셈을 일삼던 영업자들은 모두 결국에는 잘못이 드러나 조직으로부터 버림을 받았다. 그리고 그러한 잘못으로 인해 다른 뛰어난 역량과 성과까지도 매도되어버리는 안타까운 일도 발생했다.

회사마다 시스템과 프로세스가 다르겠지만, 영업의 인센티브는 대부분 영업 직군 사람들에게 돌아갈 총액에서 일부를 떼어놓고, 결과에 의해 승자가 패자의 몫을 가져가는 구조이다. 즉, 한 명의 영업자가 좋은 성과를 내어 받아간 인센티브는 동료의 기대 급여에서 나온 것이라 봐도 무방하다. 조금 과하게 표현하자면, '돈 놓고 돈 먹기 게임'이다. 그런데도 일부 영업자들 가운데는 목표를 일부러 낮게 책정하고 뻔한 결과를 만들어 그에 따른 보상을 받아가는 사람들이 있다. 이미 인지되고 확보된 기회보다 목표를 훨씬 적게 잡아 큰 성과를 만들고 금전적으로도 엄청난 보상을 받는다면, 이는 결과적으로 동료를 속이고 동료의 주머니에 손만 넣지 않았지 훔친 것과 다를 바 없다. 목표를 할당함에 있어서 아무리 합리적인 시스템이 존재한다고 하더라도 직접 고객을 만나고 영업을 관리하는 영업자가 기대 수익을 은폐하고 엄살을 떤다면, 영업부서 내에서 이루어지는 이러한 '범죄 행위'는 절대로 사라지지 않을 것이다.

영업에 있어서 '성과'는 수입이고, 인사 고과이고, 성공의 열쇠이다. 그래서 개인이든 팀이든 혹은 그보다 더 큰 조직이든 목표 설정에 매우 민감하고 이기적일 수밖에 없다. 나는 그런 행태를 30년 가까이 보아왔다. 하지만 이는 영업을 영리하게 하는 것이 아니라, 정직하지 못한 것이다. 일시적인 성취감으로 포장될 수 있어도 이내 부정이 드러나고 한계에 부딪힐 것이다. 인간 사회에 범죄가 영원히 사라지지 않듯이 이런 일 역시 모든 영업 조직이나 기관에서 오늘도 여전히 반복되고 있다.

진정한 영업자라면 자신의 이익이나 단기적인 이해관계를 따져 숫자놀음을 할 게 아니라, 장기적이고 넓은 시야로 모두가 승자가 되기 위한 전략과 통찰력을 가져야 한다. '작은 것'을 셈하지 말고 '큰 일'을 셈해야 하는 것이다.

떠들기보다는 고객의 이야기를 차분하게 듣고, 고객이 더 많이 말하도록 유도하는 영업자, 부적절한 이벤트로 관계를 수립하거나 술로써 목표를 이루는 영업이 아닌 정직과 일관성으로 신뢰를 쌓아가는 영업자, 당장의 이익을 계산하기보다는 오늘의 손해를 감수하고서라도 모두가 승리하는 전략을 구상하고 실행하는 영업자, 이런 영업자가 궁극적으로 오래 성공할 수 있는 영업자임을 명심하길 바란다.

04
영업자 한 사람이 회사를 망하게 할 수도 있다

> 영업에 있어 가장 치명적인 문제는 실수 자체가 아니라 실수했을 경우 그것을 인정하지 않거나 덮어두려는 행동이다.
> _모리에 카나한 Morie Carnahan : 보험 영업자

> 영업을 오래 하겠다고 생각하면 오늘 당장 실적을 올려야겠다는 초조감이 사라지고, 긴 안목으로 성적을 올려야겠다는 생각으로 바뀔 것이다.
> _모리 쓰루오 森鶴夫 : 세일즈 컨설턴트

'영업자'를 떠올렸을 때 이와 연상되는 단어로는 '목표' 그리고 '인센티브'가 있다. 실제로 현장에 있는 많은 영업자가 이것에 '집착'하고 있다. 하지만 진정 영업자로 성공하기 위해서는 생각을 근본적으로 바꾸어야 한다. 일단 목표는 주어지는 것이고 인센티브는 정상적인 범위 내에서 노력해 이룬 결과이자 부가 산출물이다. 목표를 편하게 정하려 하거나 결과를 위해 거짓과 편법을 일삼는 사람은 영업자가 아니다. 범죄자이고 사기꾼이다.

'영업을 하면서 목표를 맞추지 못하면 무슨 소용이 있겠는가?'

'영업의 결과로 보상이 없다면 누가 열심히 하겠는가?'

목표나 인센티브에 대해 이야기를 할 때, 직접적인 반론을 제기하지 않아도 직원들의 눈빛에서 속마음을 읽을 수 있다. 틀리지 않은 말이다. 실제로 많은 선배와 후배, 그리고 동료가 연초 또는 분기 초에 가장 강하게 걸리는 인센티브가 무엇인지, 무엇을 팔아야 인센티브를 많이 받을 수 있는지를 따져 영업의 포인트를 정하고 그것에 집중한다. 회사가 어떤 인센티브를 걸 때에는 전략에 입각하여 결정하는 것이므로 그에 집중하는 편이 고객과 조직 모두에게 긍정적인 효과를 줄 수 있다는 점은 맞다. 하지만 회사가 프로그램을 통해 강한 인센티브를 걸 때에는 분명한 이유가 존재한다. 새로운 제품의 시장 진입을 위한 경우, 고수익 제품의 판매 극대화를 위한 경우, 마지막으로 재고 처리 또는 신제품 발표에 따른 기존 제품 재고 소진을 위한 경우로 분류할 수 있다. 여기서 마지막 경우인 '떨이 세일'에 바로 함정이 숨어 있다.

채소가게 주인이라면 먼저 들어온 상품이나 시간이 지나면 신선도에 문제가 생기는 상품을 최우선으로 소진해야 한다. 슈퍼마켓 주인은 유통 기한에 임박한 물건을 진열대 맨 앞에 놓아 빠르게 팔아야 한다. 신제품이 곧 나온다는 정보를 받은 전자제품 매장 주인은 신제품 이전 버전의 제품을 즉시 처분하는 것이 최우선 과제이다. 이는 지극히 당연한 일이다. 이렇듯 점주에게 절실한 이유가 있다면, 이를 명확하게 표기해 그에 따른 기회 혜택을 소비자에게 투명하게 공개함으로써 소비자가 제대로 의사결정할 수 있도록 해야 한다. 정보에 의한 소비자 스스로의 결정은 소비자의 몫이기 때문에 문제가 되지 않는다. 실제 소비재 시장은 이런 프로세스가 많이 정착되어 있다. 하루 지난 빵은 손님들이 무료로 가져갈 수 있게 오픈하는 제과점도 있고, 진열 시간에 따라 가격을 즉각적으로 할인해 판매하는 마트도 있다.

하지만 많은 경우에 아직도 그러지 못한 업종이 많다. 고객에게 신제품 발표 계획을 알리지 않고 특별 할인율만 강조해 판매하는 자동차 영업자 때문에 최종계약 단계에서 차종을 바꾸었다는 이야기 같은 사례는 허다하게 들려온다. 이런 경우는 내구재 또는 B2B 영업에서 더더욱 빈번하다.

그래서 영업자는 셈이 밝기 보다는 통찰력이 있어야 하고, 누구보다도 정직해야 한다. 고객을 중심으로 생각하고 기본을 지킨다면 잠시 수입의 손실이 발생하고 단기 목표를 달성하지 못할지라도, 장기적으로는 더 큰 성과가 따라온다. 무엇보다도 자신의 가치가 올라가고 궁극적으로는 회사와 고객 모두에게 도움이 되는 결과를 만들어낼 수 있다. 그래서 영업자는 '욕심'을 경계해야 한다. 영업자 개인에게 매력적인 조건이 걸려도 고객에게 도움이 되지 않는 것은 취하지 말아야 한다.

잘못을 덮으려 하지 말라

1987년 영업을 처음 시작했을 해에 나는 한 그룹사의 보조 영업을 맡았다. 몇 차례 고객과의 정례회의와 회동으로 서로를 어느 정도 파악했을 즈음, 고객의 스토리지(Storage, 보조기억장치) 도입 계약이 마무리되었다. 당연히 계약 프로세스는 신입인 내가 담당하였다. 그런데 계약을 마친 3일 뒤에 문제가 발생했다.

회사에서 스토리지 신제품 발표회가 열린 것이었다. 신제품에 대한 발표 정보와 계획은 사전에 일체 알려지지 않았고, 더욱이 신입사원이었던 나에게는 신제품 발표회 자체가 처음이었다. 문제가 발생하리라 예상하지 못했던 나는 호기심 반 설렘 반으로 발표회에 참석했다.

그런데 그날 발표한 스토리지 신제품이 3일 전에 고객과 계약한 스토리지의 업그레이드 제품이었고, 제품의 납품은 발표회 다음 달부터 바로 가능하다는 내용이 문제였다. 나는 당황스러웠다. 급히 선배 영업자를 만나 이야기를 나누었다.

"선배님, 지난번에 계약한 제품을 이번에 발표된 신제품으로 변경해야 하지 않을까요?"

"아, 그거? 우리가 계약한 제품과는 직접적인 관계가 없어요. 이번에 계약한 제품은 용량이 5기가바이트인 스토리지이고, 신제품은 용량이 7.5기가바이트이잖아요. 전혀 문제가 되지 않아요. 그리고 고객은 이번 달에 기기를 설치해야 하고 신제품은 다음 달 말이 나 되어야 설치할 수 있어요."

"그래도 이번 건은 박 과장님과 의논해야 하지 않을까요?"

"그냥 가만히 있으세요. 박 과장에게는 내가 설명할게요."

그러나 바로 그날 오후, 어김없이 고객사의 박 과장이 전화를 걸어와 지금 당장 회사로 와줄 것을 요청했다. 그의 목소리는 매우 흥분되어 있었다.

"나 이장석 씨는 좀 다를 줄 알았는데 완전히 사람 잘못 봤네요. 어떻게 신제품 발표가 예정되어 있는데 구닥다리 시스템으로 계약을 추진했나요?"

'신제품 발표 사실을 전혀 몰랐다', '회사에서는 신제품 계획을 발표일 이전에 직원에게 알리지 않는다', '발표 내용을 보면 신제품과 계약 제품은 다르다. 그리고 무엇보다 설치 가능 시점이 다르다' 등등 머릿속에는 오만 가지 생각이 맴돌았고, 나는 상황을 주절주절 설명했다. 그러나 그는 내 말을 듣지 않았다. 아니 변명을 받아들이지 않았다. 이전에도 우리 회사와 거래할 때 유사한 일이 있었다고 하며, 선배가 하던 짓을 후배도 똑같이 따라 한다고 질타했다.

이후 신제품 발표 프로세스를 알게 되었을 때, 나는 그때의 상황을 쉽게 짐작할 수 있었다. 규정상 신제품 발표 전에 구체적인 발표 계획을 공개하지는 않더라도 새로운 제품 발표로 인해 고객에게 미칠 영향을 분석하고 해당 고객과 사전에 검토하도록 하는 프로세스가 있었다. 하지만 6월말 2사분기의 마지막 주에 기기를 설치함으로써 영업자에게 주어지는 혜택이 있었기에 모두 눈을 감아주었다. 한마디로 영업팀은 분기 내 성과를 달성하기 위해, 그리고 자기중심적 해석으로 인해 고객에게 정직하지 못했다. 해당 분기에 기기를 설치해야 하는 영업자의 개인적 욕심이 고객과의 정직한 소통을 막았던 것이다.

물론 선배의 설명과 예측은 틀렸다. 우리의 변명을 고객은 받아들이지 않았고, 결국 그 계약은 파기되었다. 얼마 후 내가 신입사원이어서 발표 사실을 아예 몰랐다는 점을 알게 되어 고객과의 개인적 오해는 풀었고 아직까지도 연락을 하고 지내지만, 그로부터 30년 가까이 그 회사에는 경쟁사의 스토리지가 사용되고 있고 우리는 제안에 참여할 기회조차 얻지 못하고 있다. 한 영업자의 무지와 안이한 생각 그리고 욕심이, 30년 동안 고객사 비즈니스의 50퍼센트 영역에서 우리 회사를 철저히 배제하게 만드는 결과를 낳고말았다.

영업에 있어 '어쩔 수 없는 일'은 없다

세계 제1의 다단계 화장품 회사가 중국 내 직접 방문 판매권을 따내기 위해 2004년부터 중국 관리들을 유럽 및 미국으로 접대성 여행을 보내고 뇌물을 제공한 혐의를 인정받아 처벌되었다. 미국의 해외부패방지법에 의해 그 회사는 3년간 자체 조사를 실시하고 스스로의 잘못을 인정해 1,500억 원에 가까운 벌금을 냈다. 이 회사는 4년 동안 100억 원에 가까운 돈을 여행과 선물, 접대, 뇌물 공여 등에 사용해 사업권을 따냈지만, 그로부터 4년 후 중국에서 아예 쫓겨났다. 뇌물의 내용과 벌금 액수도 실로 엄청났지만, 조사 과정에서 나타난 영업 관련 책임자들의 의식 구조가 더욱 심각했다. 조사 과정에서 발견된 영업 임원과 직원 간에 오고간 메일에는 다음과 같은 내용이 있었다.

"관시關係가 중요한 중국 시장에서 사업권을 따내기 위한 우리의 영업 활동은 회사를 위한 어쩔 수 없는 선택이었고, 우리는 결국 목표를 이루었다."

그들의 윤리의식 구조를 단적으로 대변해주는 말이다.

미국의 대표적 유통회사는 멕시코에서의 뇌물수수 혐의로 인해 하루 만에 주가가 8퍼센트나 폭락했다. 당연히 영업 조직의 욕심이 만들어낸 결과였다. 미국 종합경제지 포춘Fortune에서 6년 연속 미국 내 가장 혁신적인 기업으로 선정하고, 매출 1,110억 달러를 달성했으며, 텍사스에서만 2만 명 이상의 직원이 근무했던 엔론Enron Corporation은 치밀하게 계획된 회계부정으로 인해 한 방에 공중분해되었다.

뇌물을 주고, 경쟁사와 담합을 하고, 실적을 나눠 먹는 일을 하는 이유는 무엇일까? 그 주체는 누구일까? 직접 주도했든, 알면서 묵과하며 모른 척했든, 그 중심에는 반드시 '영업자'가 있다. 그리고 문제가 생기면 여지없이 '어쩔 수 없었다'고 이야기한다. 지난 15년간 임원으로 일하며 '잘못된 일'에 관한 조사보고서를 받아보면 항상 '어쩔 수 없었다'와 '회사를 위한 일이었다'라는 해당 직원 및 관리자의 항변이 있었다.

그런 행위가 '잘못'인 줄 모르는 사람은 없다. 주어진 목표를 달성하고 인센티브를 챙기기 위해 옳지는 않지만 쉬운 길을 택했을 것이다. 이를 통해 그 영업자는 분명 목표를 달성하고 인센티브까지 받았을 것이다. 하지만 잘못된 일은 반드시 드러나게 되어 있다. 그리고 그 결과는 회사와 직원 전체에 엄청난 충격을 안겨준다. 잘못을 저지른 영업자는 다른 회사에서 다시 일을 시작할 수도 있지만, 회사는 자칫 문을 닫을 수 있고 최소 10년 이상의 영향을 떠안게 된다. 나는 지난 30년간 이를 처절하게 경험해왔다.

큰 프로젝트를 성공적으로 수주하고 축배를 드는 영업자를 평가할 때 '어떻게 그런 일이 가능했는지'를 제대로 알아야 한다. 누구로부터 어떤 유혹을 받더라도 영업자는 냉정해야 한다. 잠시 어려움이 따르더라도 진실을 덮으려 해서는 안 된다. 한순간의 잘못된 판단이 신뢰를 허물고 미래를 사라지게 만든다. 아무리 높은 사람이라 해도 옳지 않은 거래 행위를 지시하지 말아야 하고, 잘못된 일을 보았을 땐 상사에게라도 단호히 목소리를 내야 한다.

말없이 따르고, 잘못을 모른 척하고, 잠깐의 영광에 도취되는 기업 문화가 지배하는 회사는 망하고 만다. 영업자는 한 개인이지만, 한 사람의 영업자는 곧 그 '기업의 얼굴'이다. 영업자 한 사람이 기업을 살리기도 하고 망하게 할 수도 있다. 지금 저지른 영업자의 잘못은 그것으로 끝나지 않는다. 적어도 10년은 그 회사에 영향을 끼치고, 후배들이 해나가야 할 앞으로의 영업에 걸림돌이 될 수 있다.

PART 2

| 준비 |

최고의 성과를 낼 준비가 되었는가?

이런 영업자가 만루 홈런을 친다

"바른 영업, 경쟁력 있는 영업, 정직한 영업 DNA는
입사 후 2~3년 안에 판가름이 난다.
이 시기에 바른 정체성을 수립하고 기본 실력을 쌓고
좋은 습관을 들이면 앞으로 펼쳐질 영업 인생을
성공적으로 이끌어나갈 수 있고,
이때를 놓치면 평생 바로잡기 어렵다."

Column 1

첫 3년이
영업 인생 30년을 결정한다

운 좋게도 나는 영업을 시작한 첫 3년 동안 좋은 멘토와 매니저를 많이 만났다. 돌이켜보면 그 시간 동안 세 명의 매니저가 나의 영업 DNA를 90퍼센트 이상 만들어준 것 같다. 하지만 아이러니하게도 그 리더들은 적도 많았고 주변으로부터 평판도 좋지 않았다. 그래서 모두 그들이 원했던 만큼 성과를 이루지 못했고, 오래지 않아 각기 다른 길을 택해 떠났다.

얼리버드형 리더

영업 일선에 배치되기 전, 신입사원으로 기획업무를 담당했을 때 만났던 본부장은 내 마음속에 '얼리버드Early Bird의 표상'으로 남아 있다. 신입사원인 내가 8시 전에 출근해 아무도 없는 사무실에 우두커니 앉아 있으면, 본부장 역시 비슷한 시간에 출근하여 업무를 시작했다. 거의 매일을 그와 나는 출근 한 시간 전에 나와 책상 앞에 앉아 있었고, 우리가 근무했던 층 전체에서 가장 일찍 출근하는 멤버였다. 가끔 그는 나를 자신의 방으로 불러 커피를 내주기도 하고, 나의 신상에 대해 물어보거나 고민도 들어주며 어깨를 두드려 주었다. 내가 겪은 그는 부지런하고 따뜻한 사람이었다. 매우 스마트했고 열정도 넘쳤다.

몇 년 후 그는 영업 부문장이 되어 더 큰 조직을 맡았고 강남 사무소를 총괄하게 되었다. 그리고 얼마 지나지 않아 그곳에 근무하는 동기가 나에게 전화를 걸어왔다.

"요새 C본부장 때문에 강남 사무실이 뒤집어졌어. 그 양반은 도대체 왜 그러는 거야?"

"왜? 무슨 일인데?"

"아니 글쎄, 모든 직원에게 8시 30분까지 출근하고 매일 일정을 시스템에 기록하라고 하잖아. 여기가 군대도 아니고……. 별 이상한 사람을 다 봤어."

나중에 알고 보니 그곳에서도 똑같은 패턴으로 일을 했던 본부장은 영업자들의 근태가 엉망이라는 사실에 분노하여, 근무 시간을 준수하고 고객사 방문과 같은 외출 내역을 정확하게 기록하라고 지침을 내렸던 것이다. '영업을 하다 보면 술을 마시고 늦게 귀가하니, 아침에 조금 천천히 나오는 게 당연하지'라는 생각을 한 영업자들이 옳을까? '직장생활의 기본을 지키라'고 한 본부장의 지시가 옳을까? 리더였지만 그곳에서 그는 홀로 온전히 두 눈을 뜨고 있었고, 무척이나 외로운 사람이었다.

기본과 원칙을 가르쳐준 리더

영업을 시작했을 때 나를 담당했던 매니저는 자기 주관이 아주 철저했다. 더불어 조직과 사회에 대한 비판적 시각도 강했다. 옳고 그름이 명확했고, 시시비비是是非非에 양보가 없었다. 영업에 대해서도 그 나름의 철학이 분명했고 항상 원칙을 지키려 애썼다. 고객을 만나고 돌아오는 길에는 반드시 그날 고객과의 회동에 대해 평가를 시켰고, 어김없이 피드백이 돌아왔다.

"장석 씨, 이거 해봐." 일을 맡길 땐 이 말이 전부였다. 일을 맡긴 순간부터 과정까지 세세하게 피드백하지 않아 무심한 것 같았지만, 계속 나를 유심히 관찰해 일을 마무리할 때에는 잘한 점과 보완할 점을 반드시 이야기해주었다. 항상 고객과의 '가치 있는 만남'을 위해 노력하는 모습을 보여주었고, 그가 심어준 '정직'이라는 DNA는 지금까지도 나에게 있어 가장 값진 배움이 되었다.

"절대로 직원들끼리 회사 돈으로 술을 마셔서는 안 됩니다. 고객에게 접대를 할 때에도 회사 돈이 내 돈이라 생각하고 써야 합니다. 쓸데없이 룸살롱 같은 곳에 다니지 말고, 스스로 도덕적 양심이 허락하는 범위 내에서 경비를 사용하세요."

지금이야 너무 당연한 이야기이지만, 당시에는 잘못된 관행으로 회사 규정을 위반하는 사례가 빈번했다. 처음 입사했을 당시 그런 선배들을 보며 혼란스러워하던 나에게, 매니저는 영업자로서 지켜야 할 행동 기준을 명확하게 세울 수 있도록 도와주었다. 손가락에 꼽히는 중요한 고객사일지라도, 대규모 비즈니스의 계약이 임박한 상황이더라도 그의 원칙은 어김없이 지켜졌다. 좀 거창하게 접대하는 날에는 사우나에서 만나 샤워를 하고, 저녁을 먹으며 맥주 한두 병을 곁들이는 게 전부였다. 식사 후에는 점당 100원짜리 고스톱을 치며 웃고 떠들다가 10시가 되기 전에 헤어졌다. 고객도 당당했고 무엇보다 우리도 떳떳했다.

그는 원칙에 입각한 리더십으로 옳지 않은 일과 결코 타협하지 않았고, 이 때문에 다른 사람들과 의견 충돌이 발생하기도 했다. 주변 사람들로부터 지나치게 배타적이라는 평가를 받았고 점점 고립되어 결국엔 회사를 떠났다. 하지만 나는 지금까지도 그의 영업 방식이 옳았다고 확신한다. 그리고 그와 함께 일할 수 있었다는 점을 감사하게 생각하고 있다. 그는 외눈박이 마을에 잘못 이사를 온 또 한 명의 정상인이었다.

생각의 크기를 키워준 리더

영업자가 되고 나서 만난 두 번째 매니저는 나에게 자신감을 심어주었고, 전략적인 시각을 갖도록 도와주었다. 회사의 경영진은 업무지원부서의 본부장이었던 그에게 더 큰일을 맡기기 위해 새로이 영업부장직의 기회를 주었다.

그는 젊은 나이에 남들보다 승진이 빨라 회사 내에서 모두의 주목을 받았다. 영어나 프레젠테이션 능력이 출중했고, 적극적이며 항상 자신감이 넘쳤다. 그러다 보니 그보다 입사가 빠른 사람이나 연장자들은 그의 일거수일투족을 못마땅하게 여겼다.

'저 친구는 참 거만해.'
'안하무인이야. 다른 사람들은 아예 안중에도 없는 친구야.'
'너무 설치는 것 같아.'
'영업을 해보지도 않은 친구가 영업부장을 맡다니, 말도 안 돼.'
그에 대한 평가는 온통 부정적일 수밖에 없었다.

워낙 일찍이 맡은 일을 잘해 인정을 받아왔고 임원개발 프로그램에도 선발된 사람이라 그런지, 그는 사안을 바라보는 시야가 넓고 컸다. 그리고 팀과 직원에게 거는 기대도 높았다. 업무 능력에 따른 보상 및 평가도 다른 리더와는 많이 달랐다. 자신이 틀을 깨는 대우를 받아온 수혜자였기 때문에 앞서는 직원에 대한 인사조치가 가히 파격적이었다. 당연히 뒤처지는 직원에게는 냉정하고 가혹하기까지 했다. 그러다 보니 팀 내에서도 그에게 반감을 가지는 직원이 더 많았다.

'믿고 맡길 것. 앞서가는 직원에겐 날개를, 뒤처지는 직원에겐 채찍을 줄 것.'

물론 뒤처지는 직원들이 구체적으로 어떻게 대우를 받았는지는 정확히 알기 어렵지만, 그가 보여준 진취적이고 역동적인 리더로서의 모습은 다른 이들과 확연히 달랐다. 복잡하고 장기적인 프로젝트의 접근 방법, 전략수립 방안 등 그로부터 나는 일상적인 영업보다는 더 크고 높은 차원의 비즈니스 방식을 많이 배웠다. 모두가 그를 영업도 모르는 사람이 영업부장을 한다며 쉬쉬했지만, 이는 기득권자들의 저항에 불과했다.

안타깝게도 이 세 명의 리더는 모두 본인이 생각한 성과를 완전하게 이루지 못한 채 이른 시기에 조직을 떠났다. 남들이 뭐라 하든 그들은 분명 강한 장점을 가지고 있었다. 하지만 모든 사람이 그러하듯 그들에게도 약점은 존재했다. 주변 사람들은 얽히고설킨 이해관계를 내세워 상대의 장점을 높이 평가하기보다는 단점을 부각시키려 했다.

결국 모두에게서 배워야 한다

무슨 일이든 그렇겠지만 영업도 '처음에 제대로' 배워야 한다. 그리고 모든 사람에게서 배워야 한다. '삼인행三人行이면 필유아사언必有我師焉'이라고 했다. '세 사람이 길을 가면 그중에 반드시 내 스승이 될 만한 사람이 있다'는 뜻이다. 하물며 한 조직 내 리더의 자리에 있는 사람에게 배울 만한 점이 하나도 없다는 게 말이 될까?

바른 영업, 경쟁력 있는 영업, 정직한 영업 DNA는 입사 후 2~3년 안에 판가름이 난다. 이 시기에 바른 정체성을 수립하고 기본 실력을 쌓고 좋은 습관을 들이면, 앞으로 펼쳐질 영업 인생을 성공적으로 이끌어나갈 수 있다. 그리고 이때를 놓치면 평생 바로잡기 어렵다. 스포츠 역시 마찬가지이다. 모든 스포츠의 핵심은 기본 동작이고 기본은 처음에 누구로부터 얼마나 제대로 배웠는지에 의해 좌우된다. 영업자가 입사 후 처음 배워야 하는 것은 영업 스킬이나 지식이 아니다. 능력보다 먼저 '자세'를 배워야 한다.

어떤 그룹사의 임원 중에는 음료회사 출신이 유난히 많다고 한다. 그 음료회사의 연수 프로그램 중에는 신입사원들이 음료수 박스를 직접 슈퍼마켓에 배달하게 하는 과정이 있다. 이 일이 단 한 번의 이벤트로 끝나는 게 아니라 일정 기간 동안 반복적으로 이루어지다 보니 많은 신입사원이 회의감에 빠져 중도에 퇴사하는 경우가 많았다.

'내가 이런 일 하려고 대학 나오고 죽어라 취업 준비한 건 아니지!' 많은 젊은이들이 이런 생각으로 회사를 떠났을 때, 묵묵히 이겨내고 영업 현장에서 고객을 만난 직원들은 그 회사 그룹의 핵심 임원이 되었다.

조금 힘들고 어려운 선배를 만났다면 그로부터 배울 기회를 얻었다는 사실에 진심으로 감사할 줄 알아야 한다. 친절한 선배를 만났다면 감사하는 마음을 가지되, 무엇을 더 발전시켜나가야 할지 고민해야 한다. 누구와 일하든 누구로부터 배우든 배울 점과 따라 하지 말아야 할 점을 명확히 구분한다면 더 크게 성장할 수 있을 것이다.

지금의 고통이 미래에 다가올 희망이라고 생각하자. 아무리 힘들어도 매 순간 원칙을 익히면 그것이 습관이 된다. 대한민국을 대표하는 홈런 타자 이승엽 선수는 경기 전 600개의 공을 치며 스윙 연습을 한다고 했다. 30년 가까이 야구만 해온 선수도 그러할진대, 처음 영업을 시작하는 사람은 무엇을 해야 할까?

영업에 임하는 자세를 철저히, 그리고 처음부터 배워라. 스스로를 낮추는 겸손함과 남을 배려하는 마음, 그리고 회사의 규정을 제대로 이해하고 지켜나가는 습관을 가져라. 법은 국민을 보호하기 위해 존재하지, 불편하게 하거나 해하기 위해 존재하는 것이 아니다. 회사도 마찬가지이다. 회사의 규정은 직원을 보호하고 회사를 존립시키기 위한 최소한의 선(線)이다. 사이비 종교의 교리도 교리 그 자체는 합리적일 수 있다. 단지 그것을 자기 임의로 해석하고 세뇌시키는 나쁜 교주와 우매한 신도들이 있을 뿐이다. 규정을 자기편의적으로 해석하고, 자신의 규정위반 행위를 정당화시키는 데에서부터 조직은 병들고 직원들은 도덕불감증에 빠지게 된다. 옳지 못한 일은 어떠한 경우일지라도 따라 해선 안 되고 생각해서도 안 된다.

이것이 진정한 영업자가 되기 위한 첫걸음이다.

01
영업자의 두뇌: 전략적 사고를 DNA화하라

> 열정과 조직화는 영업의 기본이다.
> 날마다 계획하고 실행하고 검토하는 영업 습관이 성공의 지름길이다.
> _프랭크 베트거Frank Bettger: 성공 컨설턴트

> 육감에 의존하는 영업자는 결코 시스템을 갖춘 영업자의 수입을 따라잡을 수 없다.
> 최고 영업자들은 다양하게 영업을 유도해낼 수 있는 시스템을 갖추고 있다.
> _댄 케네디Dan Kennedy: 영업 트레이너

영업을 시작한 지 8년쯤 된 직원을 데리고 향후 커리어에 대해 코치를 할 때였다. 지금까지의 영업 실적은 나름 양호한 편이었고, 만날 때마다 성실함이 느껴진 직원이었다. 매니저의 평가도 좋았는데 다른 직원들에 비해 승진이 늦은 편이어서 그에게 어떤 문제가 있는지 알고 싶었고 도와주고 싶었다.

실제로 대화를 해보니 그는 영업이라는 일에 스스로 만족하고 있었고 고객과의 관계도 잘 유지하고 있었으며, 평소에 느낀 대로 성실하고 진중한 직원임을 확신할 수 있었다. 일에 대한 열정이나 주인의식도 다른 이들에 비해 뒤처지지 않았다. 무엇보다도 자신

의 건강과 가정까지 잘 돌보고 있었으니 영업자로서 최소 90점은 줄 수 있었다.

"앞으로 2년 후에는 어떤 일을 하고 싶나요?"
"조금 늦었지만 매니저가 되어 팀을 리드해보고 싶습니다."
"왜 본인의 승진이 늦어졌다고 생각하나요?"
"글쎄요. 제가 확실하게 아는 바는 없지만, 회사에서 다른 사람의 능력을 더 높이 평가했겠지요."

많은 경우 영업자들은 자신의 기대와 현실에 차이가 있을 때 그 이유를 잘 모른다. 이 직원도 그런 케이스에 속했다. '운이 좀 없었다', '뭔가 이유가 있었겠지'라는 막연한 생각만 했을 뿐, 구체적인 이유를 알려고 하지 않았던 것이다.

"K 씨는 왜 영업을 시작했나요?"
"저는 사람 만나는 일을 좋아합니다. 그리고 고객에게 진심을 가지고 최선을 다하면, 고객께서 항상 저를 도와주시더라고요. 그런 점에서 보람을 느낍니다."
"영업 외에 다른 일을 해보겠다고 고민한 적은 없었나요?"
"제가 전략이나 기획에는 아주 취약합니다. 그래서 영업 말고 다른 일을 하겠다고 생각해본 적은 없습니다."

'아, 바로 이것이 문제구나!'

나는 직원의 대답을 듣는 순간 풀리지 않는 실마리의 해답을 발견한 기분이었다. '영업을 그저 사람 만나고, 인간관계를 잘 꾸려 나가면 되는 것으로만 생각하고 있었구나.' 그렇게 그는 업무 시간의 대부분을 인간관계에만 할애했고, 그의 매니저 중 누구도 영업자의 진짜 역할에 대해 알려주지 않았다. 순간 나는 그에게 미안한 마음이 들었다. 바르고 성실한 직원에게 무려 8년이라는 기간 동안 올바른 영업 방향을 가르쳐준 매니저가 단 한 명도 없었다는 점 때문이었다.

"아사다 마오가 트리플 악셀을 하지 않고 김연아 선수를 이길 수 있겠어요? 그러니 계속 실패하더라도 연습하고 또 연습해 도전하는 거죠. 그것이 김연아 선수를 극복하고 정상에 오를 수 있는 단 하나의 길이라고 판단했을 것입니다. 기획이나 전략은 기획부서나 임원들만의 업무가 아닙니다. 영업의 시작은 '기획'이고, '전략적 사고'이지요. 이것이 남다른 영업자를 만드는 무기가 됩니다. 내가 보기에 K 씨는 일에 임하는 자세가 아주 훌륭합니다. 그리고 무엇보다도 '영업'이라는 일 자체에 만족하는 것 같아 보기 좋아요. 여기에 전략적 사고 능력과 실행력이 더해진다면, 본인이 원하는 모든 일을 이루어낼 수 있을 것이고 기회도 더 많이 주어질 것입니다. 반대로 지금의 생각 패턴을 그대로 유지한다면 그냥 평범한 영업자로 커리어를 마치게 됩니다. 전략적 사고는 성공 영업의 핵심이고, 리더가 되기 위해 반드시 필요한 조건입니다."

내 말을 듣던 K 직원의 표정이 순식간에 심각해졌다. 워낙 심성이 진지한 사람이라 크게 부담을 느낀 듯했다. 8년 동안 반복된 영업자로서의 생활 속에서 이미 고착되어버린 자신의 패턴을 뒤집어야 한다는 이야기를 들었으니 당황스러웠으리라. 더욱이 그동안 매니저와 다른 상사들로부터 좋은 말만 들어왔기 때문에 무척 혼란스러웠을 것이다.

영업 현장에서 일하는 직원들 중에는 K 직원과 같은 사람이 대다수이다. 이런 영업자는 성실하게 업무를 하여 주어진 목표를 채우고 실적을 만들기 때문에 커리어 자체에는 큰 굴곡이 없다. 하지만 '그것만으로 끝'이다. 수백억 원에서부터 수천억 원대의 프로젝트를 개발하고 수주하는 영업자, 개별적인 프로젝트는 크지 않지만 화수분처럼 끊임없이 새로운 고객을 만들어내는 영업자는 '일반적인 영업자'들과는 다른 무언가가 있다. 한 달에 한 대의 차도 팔지 못하는 자동차 영업자가 있는가 하면, 하루에 두 대 이상은 너끈히 판매하는 영업자도 있다. 가족이나 지인에 의존하여 근근이 실적을 유지하는 보험 영업자가 있는가 하면, 웬만한 중소기업 매출액을 상회하는 수백억 원대의 연 매출액을 기록하는 영업자도 있다.

그들의 차이를 결정짓는 요소는 무엇일까?

남다른 결과의 시작점은 '다른 계획'과 '다른 실행력'이다. 반사적으로 행동하는 경우를 제외하고는 어떤 경우에도 '계획'이 전제된다. 초등학생도 방학을 생활계획표 작성으로 시작한다. 계획을 안 짜는 영업자란 있을 수 없다. 계획으로부터 영업의 접근 방법과 실행 가능성이 판가름 나기 때문이다. 그 이후로도 K 직원과의 면담은 계속 이어졌다. 그를 도와주고 싶었기 때문이다.

"전략이나 기획을 너무 어렵게 생각하지 마세요. 막연하고 답답할 때엔 무조건 '육하원칙5W1H'만 기억하세요. 어렴풋한 생각이 점차 명확해지고, 이를 반복하다 보면 자신의 사고가 체계화될 것입니다."

영국의 시인 겸 작가이자 노벨상 수상자인 러디어드 키플링Rudyard Kipling은 이런 말을 남겼다.

"나는 여섯 명의 충실한 하인을 두었다. 그들은 When, Who, What, Where, Why, How이다. (중략) 내가 알고 있는 것은 모두 그들이 가르쳐주었다."

그는 시나 소설을 구상할 때 항상 '5W1H'로부터 시작했다고 말한 바 있다. 육하원칙, 이것은 전략을 수립할 때나 심각한 문제로 생각이 막힐 때 사고를 체계적으로 정리해주고 답을 제시해주는 가장 확실한 참모이다.

[What] 대상 명시

영업을 시작하기에 앞서 하고자 하는 일, 해야 할 일, 주어진 과제가 무엇인지를 한 문장으로 적어야 한다. 그럼으로써 보고를 할 때에도, 고객에게 대상을 설명할 때에도 명확하게 이야기할 수 있다. 영업자들이 어떤 일을 계획할 때 고민이 길어지거나 진도가 더디게 진행되는 경우는 대개 What을 명확하게 정리하지 못했기 때문이다. 각자 나름대로 생각은 하고 있지만 함께하는 모든 사람이 '하고자 하는 일'에 대한 명확한 공감대 없이 'How(실행 방법)'부터 고민하고 있는 상황을 종종 목격한다. 'What(대상)'은 일의 방향을 결정하는 가장 중요한 첫 스텝이다.

[Why] 목표 설정

영업을 하기 위해서는 반드시 얻고자 하는 '목표치'가 설정되어야 한다. 여기서 목표는 측정이 가능한 것이어야 하고, 평가 기준이 명확해야 하며, 측정방안도 사전에 정해야 한다. 이 또한 영업자들이 쉽게 놓치는 부분이다. 아무리 영업이 매출을 중요시하고 매출액을 절대기준으로 하는 비즈니스라고 해도, 최소의 수익목표는 정해져야 관련 팀이 비즈니스의 균형을 지킬 수 있다.

공부를 하면 시험을 보고, 시험을 보면 성적이 나온다. 모든 운동 경기의 룰이 다르고 경기방식이 다르지만, 경기에는 결과가 있고 성적을 판단하는 다양한 방법이 존재한다. 당연히 영업 계획에는 '평가지표'가 명확하게 존재해야 한다. 일의 목표와 이유가 존재하지 않으면 이미 잘못된 계획이다. 그리고 목표가 측정·평가될 수 없는 것이라면 그 계획은 실행을 기대하기 어려울 것이다.

[How] 실행 방법

목표를 설정한 후에 생각해야 할 점이 '실행 방법'이다. '주어진 목표를 위해 어떻게 할 것인가?' 즉, 목표를 달성하기 위한 구체적인 실행 계획으로 이것은 영업 실무자들이 'What'이나 'Why'보다는 상대적으로 잘하는 영역이다. 이를테면 고양이로부터의 위협을 피하기 위해 '어떻게 고양이 목에 방울을 달 것인가?'를 생각하는 과정이 'How'라 할 수 있다. 더불어 수립된 How는 '실행 가능한 계획인가?', '계획이 구체적인가?'라는 두 가지 측면에서 다시 확인해야 한다. 아무리 창의적이고 획기적인 방안이라 하더라도, 실현 가능성이 없고 지나치게 추상적이라면 구체적인 실행으로 이어질 수 없다.

여기서 유의할 점은 하나하나의 행동Activity에 집착하여 궁극적으로 도착해야 할 종착점을 잃는 일이 없도록 해야 한다는 것이다. 실전에서 많은 직원이 이정표Milestone와 행동을 혼동하여 계획을 짜는 모습을 보게 된다. 이를 방지하기 위해서는 먼저 출발점과 목적지를 정하고 목적지까지의 주요 이정표를 명기한 후, 거꾸로 목적지로부터 시작해 각각의 이정표 구간에 필요한 행동을 계획하면 된다.

[Who] 실행 주체

실행할 주체가 명확하지 않은 계획은 빠르게 다음 스텝으로의 전환이 어렵다. 이때 중요한 점은 '책임자'를 한 사람으로 정해야 한다는 것이다. 흔히 실행의 책임자를 정하면서 특정 부서의 이름을 쓴다든지 여러 사람의 이름을 적는 경우가 많은데, 이런 모호한 명기는 차라리 하지 않느니만 못하다. 물론 한 사람이 모든 일을 다 할 수 있는 경우는 많지 않다. 여러 사람이 함께해야 하는 일일지라도 반드시 책임질 사람 한 명을 정하는 것이 중요하다.

[When] 데드라인

일에 대한 주체가 정해져도 해당 프로젝트를 마쳐야 할 일정이 정해지지 않으면 체계적인 실행을 기대하기 어렵다. 여기서도 모호한 표현은 지양한다. '월말', '주 초', '분기 내', '이번 달 중' 등 우리가 흔히 쓰는 모호한 시간 개념은 비즈니스 계획에서는 절대 용인되어서는 안 된다. 반드시 명확하게 날짜를 기입하되 필요한 경우 시간까지 적는 습관을 들여야 한다.

[Where] 협력 대상

Where은 '장소'를 의미하지만 전략을 수립할 때에는 '누구와 함께 할 것인가?'라고 생각하는 것이 맞다. 보다 전문화되고 세분화된 정보화 사회에서는 '나 혼자'보다는 '함께'가 더 중요하다. 내가 할 수 있는 일이 무엇인가를 생각하기 보다는 '하고자 하는 일'을 가장 잘할 수 있는 파트너를 찾는 편이 좋다. 그러려면 나, 우리 팀, 우리 회사만 생각해선 안 되고 외부 파트너, 협력회사, 하물며 경쟁자까지도 고려의 범주에 포함시켜야 한다. 때론 비즈니스의 상당 부분을 포기하면서 경쟁사와 협업을 해야 할 때도 있고, 창의적인 아이디어로 주도권을 쥐어 실행 주체를 100퍼센트 외부로부터 확보할 수 있기도 하다. 아무리 역량이 뛰어난 개발 인력을 자체적으로 확보하고 있어도 고객과의 원활한 협업을 위해 타사의 개발 인력을 받아들여야 할 때도 있다. 해야 할 일이 중요하고 복잡할수록 전문성이 요구되고 협업이 필요하다. 항상 생각과 실행에 있어 '함께'를 잊지 말아야 한다.

우리는 초등학교에서부터 대학에 이르기까지 심지어는 군대에서도 항상 육하원칙에 따라 이야기하고 글쓰기를 교육받아왔다. 마찬가지로 회사에서도 어떤 프로젝트에 돌입하기 전, 육하원칙에

의해 사안을 먼저 점검해야 하고, 상사에게 보고를 할 때에도 육하원칙에 따라 문장을 만들어 말하는 습관을 들여야 한다.

"항상 무슨 일이든 육하원칙대로 생각하고 말하고 계획해보세요. 그 다음에 명심해야 할 점은 바로 '양손잡이'가 되도록 노력하는 것입니다."

양손잡이가 되어 밸런스를 잃지 마라

오른손잡이가 왼손으로 할 수 있는 일은 많지 않다. 반대의 경우도 마찬가지이다. 그런데 양손을 모두 쓸 수 있다면 외손잡이보다 얼마나 더 편하고 경쟁적이겠는가? 영업이든 일반 다른 업무든 실행에 집중하면 누구라도 '양손잡이'가 될 수 있다. 일을 하다 보면 단기적 실행과 장기적 전략수립, 회사 일과 개인 생활, 고객과 나의 회사, 실적과 명분 등 항상 선택의 상황에 부딪힌다. 당장의 일에만 집중하다 보면 장기적인 전략은 잊는 경우가 많다. 상황이 어려우면 어려울수록 더욱 시급한 일에만 매몰된다.

그러나 내일은 반드시 오고 내년도 반드시 온다. 곧 알게 될 심각한 영향을 도외시하지 말고 당장의 일에 함몰되어 처참한 내일을 겪지 않길 바란다. 그러기 위해서는 항상 '균형감'을 잃지 말아야 한다. 어떤 계획을 짜더라도 위에서 언급한 양단의 주제들이 균형감 있게 반영되었는지 검토하고 보완하는 습관을 들여야 한다.

그 후 K 직원은 나와 다섯 번 정도 더 경험을 공유하는 시간을 가졌고, 완벽하지는 않아도 조금씩 자신감이 쌓여가는 것을 느낀다고 했다. 하지만 안타깝게도 나는 그가 완벽해질 수 없다고 생각한다. 8년의 경험은 이미 그의 DNA가 되어버렸기 때문에 이를 완전히 지워낼 수는 없을 것이다. 그러나 영업을 처음 시작하는 사람부터 3년 미만의 경험이 있는 영업자는 다르다. 처음부터 이 습관을 내재화시킨다면 차별화된 영업자로 성장할 것이다.

영업자의 머리는 누구보다도 전략적이어야 한다. 그러기 위해 한쪽 뇌는 육하원칙으로, 다른 한쪽은 양손잡이식 사고로 채우도록 하자.

02
영업자의 눈:
변화하는 고객을 읽어라

사람들을 가족같이 대우하라. 그러면 그들은 신뢰를 보이고 그들의 모든 것을 줄 것이다.
_하워드 슐츠Howard Schultz: 스타벅스 CEO

고객 중심으로 사고하는 사람은 시장조사 보고서보다는 고객과의 대화에 더 집중한다.
대화를 통해 고객의 입장에서 고객의 문제를 직접적으로 이해한다.
_에이드리언 슬라이워츠키Adrian J. Slywotzky: 머서 매니지먼트 컨설팅 CEO, 『디멘드』 저자

세상은 끊임없이 변한다. 아무리 우리가 사는 세상이 불확실성의 시대라고 해도 이것만은 확실하다. 모든 것은 변한다.

증기 기관차의 등장으로 촉발된 제1차 산업 혁명, 전기 발명에 의한 제2차 산업 혁명, 그리고 정보에 의한 제3차 산업 혁명을 거쳐 20세기 말 인터넷에 의한 혁명이 시작되었다. 우리가 세 차례에 걸친 커다란 변화의 꼭짓점을 '산업 혁명'이라 부르는 까닭은 각각의 발명과 새로운 기술이 지엽적인 영향에 그치지 않고 전 산업에 걸쳐 가히 혁명적인 영향을 끼쳤기 때문이다. 그런 면에서 1995년에 시작된 인터넷에 의한 혁명은 그 변화의 범위와 속도, 영향력을 고

려할 때 '제4차 산업 혁명'이라 칭해도 지나치지 않는다. 또 인터넷 혁명의 한 축이었던 모바일 기술은 채 15년도 되지 않았지만 현재는 '소셜Social'과 결합하면서 모든 산업의 질서를 재편하고 있다. 나는 이것을 디지털 소셜에 의한 '제5의 산업 혁명'이라고 부르고 싶다. 시가 총액 기준으로 글로벌 Top 10대 기업의 절반이 디지털·소셜·IT기업이고, 그 기업들의 역사는 대부분 20년 미만이다.

20세기까지 자동차와 관련한 기술은 자동차 산업에 종사하는 사람들만의 몫이었고, 그것을 다른 산업의 사람이 반드시 알 필요는 없었다. 물론 원자재 및 부품 관련 기업의 종사자들에게는 중요한 일이었겠지만, 그 범주는 극히 제한적이었다. 철강 산업, 유통 산업, 화학 산업 역시 마찬가지였다. 하지만 최근에 나타난 디지털, 소셜의 경우는 다르다. 모든 산업을 막론하고 디지털과 소셜은 가장 기본적인 인프라가 되었고, 원자재가 되기도 하며, 유통 채널의 핵심이자 경영의 키워드가 되었다.

1998년 이면우 교수는 『신창조론』에서 '구공탄집'과 '솜틀집'을 예로 들어 산업의 변화를 설명하였다. 난방 및 취사연료가 연탄에서 가스로 바뀌고, 솜을 틀어 이불을 만들던 시대에서 캐시미어 이불을 구입하는 시대로 바뀌던 때에, 연탄가게와 솜틀집의 손님은 당연히 줄어들었고 수입 역시 급격히 감소하였다. 이를 만회하기 위해 연탄가게 주인은 가게 내부를 수리하고 본인 스스로 좀 더

청결한 모습을 유지하기 위해 노력했고, 손님들에게 친절하게 대하기로 결심했다. 솜틀집 주인 역시 점점 줄어드는 주문을 다시 늘리기 위해 솜틀장비를 바꿔 제품의 질을 높였고, 홍보물을 만들어 배포하기도 했다.

과연 이들은 어떻게 되었을까? 변화하는 현실을 제대로 파악하지 못한 연탄가게 주인과 솜틀집 주인은 나름 특단의 조치를 취했음에도 결국 문을 닫아야만 했다.

10여 년 전, 한 신문에 실린 박스 기사가 생각난다. 30년 넘게 대학교에서 사진 촬영을 해오던 사진사 아저씨의 이야기였다. 1990년대 중반까지만 해도 대학교 입학식이나 졸업식에는 사진을 찍어주는 전문 사진사가 많았다. 아저씨는 출장 사진 촬영으로 아이들을 대학까지 공부시키고 돈을 모았지만, 큰 고민거리 두 가지가 있었다. 하나는 일반 사람들이 카메라를 소유하면서 전문 사진사에게 돈을 주고 사진을 찍는 일이 드물어졌다는 점이고, 두 번째는 대학을 졸업했지만 마땅한 직업을 구하지 못해 방황하는 큰아들이었다. 고민 끝에 아저씨는 그동안 모은 돈 전부를 털어 아들에게 '비디오 대여점'을 차려주었다. 그 당시 붐을 일으키고 있던 '비디오' 가게를 열면 아들이 안정적으로 생활할 수 있으리라 믿었던 것이다.

하지만 결과는 최악이었다. 1년도 되지 않아 IPTV, 케이블TV, VOD 서비스가 파도처럼 밀려왔고, 이는 비디오 대여라는 비즈니스 모델을 삼켜버렸다. 결국 아저씨는 전 재산을 다 날렸고 막막한 앞날을 걱정하고 있다는 가슴 아픈 이야기를 전했다.

실제로 이런 일은 비일비재하다. 기업과 개인, 자영업체를 막론하고 변화를 감지하지 못해 사업을 고사하는 경우는 수도 없이 많다. 필름의 대명사였던 코닥Kodak은 디지털 카메라 제작기술을 최초로 확보했음에도 기존 수익원에 대한 집착으로 인해 카메라 시장에서 사라졌다. 쿼츠Quartz 시계를 가장 먼저 만든 건 스위스였지만, 시계에 대한 고착화된 패러다임을 버리지 못한 채 일본의 세이코Seiko에게 주도권을 넘겨주기도 했다. 반대로 변화를 먼저 읽어내고 새로운 비즈니스 모델을 만들어 산업의 판도를 뒤집은 기업도 많다. 아마존, 네이버, 페이스북, 구글, 애플, 알리바바, 소프트뱅크 등 셀 수 없이 많은 기업이 트렌드를 읽고 선점함으로써 '1등이 되려면 50년이 걸린다'는 과거의 공식을 파괴했다. 잭 웰치John Frances Welch Jr.는 30년 전에 환경 변화에 적극적으로 대응하지 못하는 기업을 일컬어 '끓는 물속의 개구리Boiling Frog'에 비유하며 변화의 중요성을 강조했다. 디지털과 소셜 혁명이 가져오는 변화는 잭 웰치가 경고한 변화보다 더 심각하고 급속하게 다가오고 있다.

디지털과 소셜로 인한 변화는 우리 생활에도 많은 변화를 주었다. 은행창구에서 입출금을 하기 위해 기다리는 사람이 몇이나 되는가? 한 번도 가보지 않은 지역의 숙소를 1분이면 알아보고 비교할 수 있다. 증권투자자는 점점 늘어나지만 증권사의 대면매장은 급격하게 줄어들고 있다. 어떤 사건이든 방송을 타면 30분 안에 모든 사람에게 알려진다. 15년 전만 해도 우리나라의 온라인쇼핑 업계 규모가 50조 원을 넘으리라 누가 예측했겠는가? 그중 모바일이 40퍼센트를 차지한다. 동네마다 수십 개가 넘던 구멍가게가 편의점과 대형 마켓으로 바뀌고, 갖가지 식음료점이 프렌차이즈화 되어가고 있다. 동사무소에 가지 않아도 시간적 제약 없이 증명서를 발급받을 수 있다.

변화를 모르면 썩은 생선을 잡을 것이다

영업의 시작은 '시장' 그리고 '고객'이라고 했다. 고객이 속해 있는 산업에서 일어나고 있는 변화를 모르고서 고객과 무슨 대화를 나누겠는가? 고객의 산업이 현재 어떤 도전을 받고 있는지, 곧 어떤 위기에 처할 것인지를 모르고서는 절대로 비즈니스 전략을 논의하거나 영업을 할 수 없다.

아무리 오랫동안 우량 고객이었어도 부도가 임박한 회사에 담보 없이 돈을 빌려줄 금융 기관은 없다. 신규 사업 진출을 발표한 기업이 아무런 계획도 없이 그냥 뛰어들었을까? 새롭게 오픈한 음식점이 식자재 납품 업체도 정해두지 않았을까? 그런데 이런 어처구니없는 영업을 하는 영업자들이 아직도 존재한다는 게 현실이다. 고객의 모든 경영진이 긴축을 논하고 있는데 전혀 불요불급한 신규 투자를 진지하게 설득하는 영업자, 신규 사업을 위해 테스크포스가 운영되고 모든 투자 방침을 정하여 집행을 준비하는 고객사에 가서 자기에게 기회를 달라고 조르는 영업자, 채소 및 모든 부재료 납품 업자를 이미 정해놓았는데 자신으로부터 납품을 받아달라고 징징대는 영업자······. 한심해 보이지만 이런 영업이 아직도 70퍼센트가 넘는다. 매일 고객사를 들락거리고 고객을 만나면서 고객의 중요한 변화를 그저 미디어에만 의존해 듣는 영업자가 허다하다.

길목에서 기다릴 줄 아는 영업을 해야 한다. 그러려면 고객을 둘러싸고 일어나는 변화와 고민을 제대로 알아야 한다. 어려운 일이지만 열정만 있다면 부정한 방법을 쓰지 않고도 충분히 알아낼 수 있다.

먼저 고객의 산업에서 일어나고 있는 변화와 미래에 일어날 일을 끊임없이 공부하고 고민해야 한다. 은행을 대상으로 영업을 한다면 현재 금융업의 과제와 미래 정책 혹은 규제 등을 공부해야 한다. 자영업체를 대상으로 하는 영업이나 B2C 영업도 마찬가지이다. 각각 관련 협회에서 발표하는 자료도 있고, 교수들의 연구자료와 해당 정부기관의 정책도 모두 공개되어 있다. 그로부터 현재 고객은 어떤 준비를 해야 하며 어떤 도전에 처할지를 예측할 수 있다. 문제 해결 방안을 영업자가 먼저 고민하고 고객의 관점에서 준비해준다면, 어떤 고객이 그 제안을 받아들이지 않겠는가?

두 번째로 고객사 또는 고객의 경영 과제를 이해하고 그로부터 고객이 취할 전략적 변화를 감지할 수 있어야 한다. 고객의 재무제표, 경영 계획, 주주 보고서 등 공개된 자료만으로도 충분히 고객의 변화를 예측할 수 있다. 눈앞에 당면한 비즈니스만 이야기하는 영업자는 경계의 대상이 되지만, 전략적인 과제를 이해하고 도움을 주려고 노력하는 영업자는 어떤 경우에라도 환영받는다. 입장을 바꾸어 생각해보면 된다. 나의 고민을 자신의 고민처럼 함께 생각해주고 도움을 주려고 하는 사람이 있다면, 게다가 그 솔루션이 문제 해결의 실마리를 제공한다면 어떻게든 믿고 의지하게 되는 것이 사람의 심리이다.

우리의 경쟁사와 프로젝트를 하기로 결정한 고객 중역의 말이 떠오른다.

"그 회사와 매년 대규모 프로젝트를 진행해 점점 의존도가 높아지고 직원 역량 강화 방침에도 상충되어 신규 프로젝트를 계획할 때마다 제외를 시키려 하지만, 그렇게 되지가 않아요. 그들은 매년 새로운 아이디어를 가지고 와서 먼저 제안을 하고, 나의 의견을 들은 후 보완해서 투자효과 및 ROI(투자회수기간, Return On Investment)까지 산정해옵니다. 그들의 제안에 확신이 서고 우리 회사에 도움이 된다고 판단되니 이렇게 매년 대규모 프로젝트를 함께 진행하죠. 벌써 7년째입니다. 올해도 그들은 먼저 우리 점장을 만나 고민을 직접 듣고, 지역 판매 팀장과 인터뷰를 해 다시 확인하고, 추가로 그들의 요구사항까지 정리했습니다. 그리고 그것을 회장님의 경영 목표와 연계시켜 프로젝트를 제안했습니다. 누가 시키지도 않은 일입니다. 회사의 목표에 정확하게 부합하고, ROI가 8개월인 이 프로젝트를 우리가 어떻게 거절할 수 있겠습니까?"

고객이 속해 있는 산업의 변화가 '개선'의 정도가 아닌 '생존'의 문제로 바뀌고 있다. 고객이 없어지면 어쩔 수 없이 또 다른 고객을 찾아나서는 것이 영업자의 운명이지만, 그럼에도 고객과 흥망성쇠를 함께하겠다는 각오를 가져야 한다. 그러려면 고객을 둘러싸고 있는 위기와 기회를 이해하고 함께 고민하는 '수준 높은 영업'을 해야 한다. 영업자라면 적어도 하루에 한 시간은 고객과 관련한 산업에 대해 공부해야 한다. 차 안에서 할 수도 있고, 사람을 기다리며 카페에서 할 수도 있다. 오직 마음먹기에 달렸다.

03

영업자의 귀:
고객은 끊임없이 말하고 있다

> 영업자의 임무는 질문과 경청을 통해 고객의 입장을 파악하는 것이다.
> **_제임스 헤스켓** James L. Heskett : 하버드 비즈니스스쿨 교수, 서비스 마케팅의 대가

> 톱 영업자가 되는 비결은 고객과의 소통을 통해 충성고객을 확보하는 것이다.
> 낯선 사람과 친해지고 평생의 반려자인 로열 고객을 만든다면 톱 영업자가 될 수 있다.
> **_세스 고딘** Seth Godin : 21세기의 가장 영향력 있는 비즈니스 전략가, 「이카루스 이야기」 저자

90년대 초 내가 몸담았던 회사는 대규모 투자를 결정했다. 400억 원을 투자하여 한국형 신문편집 조판 소프트웨어를 만들기로 한 것이었다. 그 당시만 해도 우리나라의 신문편집은 수작업이었다. 신문의 지면 편집 레이아웃을 손으로 그린 후 기사가 놓일 곳을 정하고, 기사 내용이 작성되면 제작국 직원들은 납으로 된 활자를 하나하나 틀에 맞춰 면을 완성한 후 필름에 찍어내던 시절이었다. 이미 미국이나 유럽, 일본의 모든 신문사는 소프트웨어와 특수 IT장비를 이용해 전 작업공정을 처리하기 시작했었다. 이럴 때였으니 회사의 투자 결정은 새로운 경쟁 시대에 생존이 어렵게 된 신문사

의 고민을 해결해줄 수 있는 획기적인 사건이었다. 개별 신문사가 프로젝트를 추진하기에는 비용이 워낙 크게 들어갔고 기술적인 문제를 감당할 수 없을 때였으니, IT회사가 이런 투자 결정을 내린 건 신문사와 국가를 위한 의미 있는 일이었다.

우선 A신문사와 2년 가까이 소요되는 대규모 프로젝트를 시작하였고, 더불어 다른 두 신문사와 프로젝트 시기를 논의하고 있을 즈음 나는 이 부문의 영업을 담당하게 되었다. A신문사와의 프로젝트는 이미 중반을 달리고 있었지만, 두 번째 신문사와의 계약이 지연되고 있을 때였다. 전년도에 이미 계약을 마쳤어야 했는데 담당 영업자의 실수로 계약이 원만하게 진행되지 않았고, 회사는 이에 영업자를 교체했다. 그 당시 담당 매니저는 나에게 "모든 것은 결정되었고 고객과의 가격 협상이 마무리되지 않았는데, 곧 고객이 우리의 조건을 수용할 것이다."라고 확신 있게 이야기했다.

고객의 진짜 속내를 놓치지 마라

새로운 조직 발표가 있던 다음 날, 나는 상견례차 매니저와 함께 고객사를 방문했다. 이제까지 매니저가 고객 담당상무와 업무를 협의해왔기 때문에 신년인사를 겸한 가벼운 티 미팅을 가졌다. 나는 지금도 25분 남짓한 그때의 미팅을 잊지 못한다. 25분이라는 시간 중 23분 이상을 매니저만 떠들어댔다. 'A신문사 프로젝트가 계획보다 빠른 진도를 내고 있다.' '고객도 대단히 만족하고 있다.'

'너무 계약이 지연되고 있다. 빨리 마무리 짓자.' 그야말로 자랑과 재촉의 연속이었다.

고객 중역과 업체 영업부장의 대화였지만, 그래도 그 자리는 격의 없이 화기애애했다. 25분간의 미팅 시간 중 고객 상무는 우리에게 딱 세 마디만을 했다.

"그런데 이제 T사도 신문을 잘 찍어내네요."
"쉽지 않아요. 실무자가 다시 검토하고 있으니 잘 협의해보세요."
"어제는 H사도 기회를 달라고 사장님을 만나고 갔어요."

고객 상무는 'T사'가 찍어낸 신문을 보여주며 이렇게 말했다. 하지만 나의 매니저는 듣지 않았다. 그는 T사를 경쟁사로 취급하지도 않았었기에 T사가 만들어냈다는 신문을 보려고도 하지 않았고 관심도 두지 않았다. 그리고 프로젝트 일정을 고려하여 이번 달 안에 계약이 완료되어야 한다는 말만 늘어놓았다.

"시간을 끄는 건 모두에게 도움이 안 돼요."
"우리가 제안할 수 있는 건 모두 말씀드렸습니다."
그렇게 티 미팅이 마무리되었다. 나는 고객사를 나오면서 매니저에게 심각하게 이야기했다.

"부장님, 뭔가 이상한데요. 아까 담당상무님께서 하신 말씀 중에……."

고객 상무가 이야기한 세 가지 포인트가 중요한 의미를 내포하고 있어 보인다고 말했으나, 매니저는 별로 중요하게 받아들이지 않았다. 나는 '현재 무슨 문제가 남아 있는지' 그리고 '고객이 이야기한 실무자가 누구인지'를 다시 물었다. 그는 고객이 우리가 최종적으로 제안한 금액에서 추가로 5퍼센트의 할인을 더 요구하고 있고, 그것을 우리가 받아들이지 않아 계약이 지연되고 있다고 말했다. T사의 신문을 들먹이는 것도 모두 우리를 압박하기 위한 말이며, 경쟁사인 A신문사가 프로젝트의 중반을 넘긴 사실을 잘 알고 있기 때문에 우리는 조금만 더 기다리면 계약을 완성할 수 있을 것이라 했다.

그런데 생각해보면 그날 미팅 자리에서 고객 상무는 추가 할인에 대해서는 한마디도 꺼내지 않았다. 무엇보다도 프로젝트 시작 시기에 대해 심각성을 느끼고 있다는 점을 전혀 드러내지 않았다. 두 사람의 대화는 '동상이몽'이었다. 하지만 나로서는 첫 고객 방문이었고 매니저가 1년 반 이상을 만나왔던 고객이었기 때문에 의견을 제시하는 것으로만 마무리했다.

그로부터 고객과의 줄다리기는 석 달 가까이 더 계속되었다. 하지만 나는 우리 회사와 매니저가 생각한대로 쉽사리 계약이 성사되지 않으리라는 판단을 내리는 데까지 채 한 주도 걸리지 않았다.

우선 실무 책임자를 만나려 했지만 그는 우리 측과의 만남을 거부했다. 우리 회사 사람과는 아무도 만나지 않겠다는 강경한 입장을 전해 들었고, 그 이유가 이전 영업자의 실수에서 비롯되었음을 알게 되었다. 또 다른 채널을 통해 실무 책임자가 전년 말부터 백지상태에서 프로젝트 업체 선정을 재검토하기 시작했으며, 경쟁사가 우리와 고객 간의 협상이 난항을 겪고 있다는 사실을 알고 더 적극적으로 고객사에 제안을 넣고 있다는 점도 파악할 수 있었다.

나는 매일 새롭게 입수한 정보를 보고하고 우리가 고객의 요구 조건을 수용하여 계약을 빠른 시일 내에 마무리해야 함을 주장했다. 하지만 1년 반 이상 이 일을 진행해온 매니저와 프로젝트팀은 전혀 동의하지 않았다. 그러면서 시간은 흘러갔고, 고객사 전산실 직원의 도움으로 5주가 지나서야 가까스로 실무 책임자를 만날 수 있었다. 단, 고객 실무자는 검토가 진행되고 있는 프로젝트에 대해서는 일절 이야기하지 않겠다는 전제를 달았다. 이런저런 이야기로 식사를 마친 후 고객 실무자는 악수를 청하며 말했다.

"내가 이장석 씨를 너무 늦게 만났네요."

하늘이 무너지는 줄 알았다. 프로젝트의 상황이 매우 부정적이라는 판단을 할 즈음이었고, 그의 한마디는 우리의 실패를 확실하게 못 박았다. 비록 프로젝트에 대해 직접적으로 논의하지는 않았지만, 나는 그 상황에서 고객의 메시지를 정확하게 이해할 수 있었다.

물론 또 다시 매니저와 프로젝트팀에 현재 상황의 심각성과 우리가 최종제안을 해야 한다고 이야기했으나, 그들은 고객 임원진과 논의한 결과 아무것도 달라진 게 없다며 조금 더 기다려보자는 입장을 취했다. 그렇게 또 4주가 지났을 즈음 우리는 통보를 받았다. 고객은 우리의 경쟁사인 T사를 파트너로 선정하였다.

읽느냐? 잃느냐?

이 일은 회사에 심각한 후유증을 남겼다. 적어도 세 군데의 신문사에 우리의 솔루션을 적용하겠다는 계획이 완전히 어그러지고 말았다. 당연히 엄청난 투자 손실이 발생했고, 미디어 산업의 비즈니스 전략은 전면적으로 수정되었다. 프로젝트를 위해 채용했던 전문 인력들은 다른 부서로 재배치되었고, 우리는 본사로부터 신뢰를 잃었다. 그 일이 일어난 지 25년이 지났지만, 우리는 여전히 이 시장에서 주도권을 회복하지 못하고 있다.

사람은 만나면 대화를 한다. 그리고 여러 형태의 접촉을 통해 친밀도를 높여간다. 이것이 바로 소통의 과정이다. 나의 매니저는 고객과 선후배 관계처럼 격의 없이 만났고 편하게 대화를 주고받았지만, 비즈니스 대화의 '기본'을 놓쳤다. 한 개인에게 실패의 책임을 묻는 것은 아니지만 어쨌든 프로젝트 실패의 주요 원인은 매니저의 순진한 커뮤니케이션이었다.

우선 그는 고객의 말을 제대로 듣지 않았다. 함께 만났던 고객 상무는 그의 커뮤니케이션 패턴에 익숙해져 있었다. 몇 차례 술자리도 가졌고 운동도 함께했기 때문이다. 그 과정에서 대화는 항상 매니저가 주도했고, 고객은 주로 듣는 쪽이었다. 바로 여기에서 비즈니스 대화의 기본이 무너졌다. 고객이 이야기할 기회를 주지 않고 영업자 자신이 말을 너무 많이 했다는 점이다. 25분의 시간 중 도리어 고객이 23분간 이야기하도록 유도했어야 한다.

어떤 경우일지라도 고객은 영업자에게 '메시지'를 준다. 직접적인 말로 표현하지 않더라도, 표정이나 제스처로 답을 한다. 길게 장황하게 이야기하지 않아도 상대는 항상 자신의 생각을 표현한다. 25분의 시간 동안 채 3분도 제대로 이야기하지 않았지만, 고객은 세 가지의 포인트를 주었다.

"그런데 이제 T사도 신문을 잘 찍어내네요."
'자네 생각대로 일이 진행되고 있지 않다. 좀 더 신중하게 사태를 바라보라.'
"쉽지 않아요. 실무자가 다시 검토하고 있으니 잘 협의해보세요."
'나와 이야기하지 말고 실무자와 협의하라.'
"어제는 H사도 기회를 달라고 사장님을 만나고 갔어요."
'다른 경쟁사들도 만만치 않다. 제대로 대응하라.'

그는 이런 메시지를 주고 싶었을 것이다. 이러한 의사를 그날만 드러냈겠는가? 실제로 모든 상황이 종료된 후 고객 상무는 "H 부장(매니저)에게 여러 차례 이야기를 했는데 말을 제대로 알아듣지 못했다."라고 말했다. 고객의 말속에 숨겨진 포인트를 정확하게 잡아내는 것이 영업의 핵심이다.

영업자로서 고객과 제대로 소통하기 위해서는 장시간의 투자가 필요하다. 교육을 받는 것도 중요하겠지만, 본인이 스스로 노력하는 일이 더욱 중요하다. 너무 크고 복잡하게 생각할 필요 없이 딱 두 가지만 기억하길 바란다.

첫째, 집중해서 들어야 한다.
비즈니스로 만난 사람은 반드시 본인의 의사를 표현한다. 직접적인 말이 아니라면 표정이나 제스처로 이야기한다. 고객의 성향에 따라 직설적으로 이야기하는 사람이 있는가 하면, 비유적으로 돌려서 이야기하는 사람도 있다. 장황하거나 간략하게 혹은 큰 소리로 말하거나 알아듣기 어려울 정도로 소곤대며 이야기하는 사람도 있다. 고객의 습관이나 성향을 영업자가 고칠 수는 없다. 그러므로 제대로 알아듣는 일은 온전히 영업자의 몫이다. 만날 때마다 고객의 표현 방법과 특성을 정확하게 파악하고 그에 맞는 이해력을 키워야 한다.

둘째, *나보다 고객이 더 많이 말하도록 해야 한다.*

주도적으로 말해야 하는 특수한 상황을 제외하고는 대화를 할 때 반드시 나보다 고객이 최소 두 배 이상은 말할 수 있도록 유도해야 한다. 그러기 위해서는 '질문의 기술'이 중요하다. 질문에는 크게 세 가지 유형이 있는데, 반찬을 고루 먹어야 하듯 질문 역시 이 세 가지 유형을 골고루 자유자재로 섞어서 던져야만 고객의 마음을 열 수 있다. 질문은 고객을 만나기 전 미리 준비해야 한다. 좋은 질문은 고객의 성의 있는 답변을 불러오고, 영업자는 그때 집중하여 듣고 메시지를 이해하면 된다. 읽으면 이기고, 못 읽으면 다 잃는다.

질문의 유형

① *Open Question*

의문사로 시작해 고객의 생각을 구체적으로 답하게 만드는 질문이다. '언제, 누가, 무엇을, 어디서, 어떻게, 왜'로 시작하는 질문으로, 고객의 설명을 듣고 의중을 파악하는 데 매우 효과적이다. 그리고 적절히 사용한다면 대화를 주도할 수도 있다. 미리 알고 싶은 점을 미팅 전에 육하원칙으로 나누어 점검하면 무엇을 질문할 것인지 명확하게 알 수 있다. 반대로 Open Question은 미리 준비하지 않으면 절대로 고객에게 물을 수 없다.

- 언제까지 보고하실 예정인가요?
- 언제 찾아뵈면 좋을까요?
- 누가 의사결정을 하나요?
- 어떤 기준으로 의사결정이 진행되나요?
- 왜 일정이 변경되었나요?
- 무슨 주제로 회의가 진행되나요?

② Closed Question

고객이 '예' 또는 '아니요'로 대답하게 하는 질문으로, 고객의 의중을 점검하는 데 사용된다. 만약 질문을 했을 때 고객이 '글쎄요'라고 대답했거나 응답하지 않았다면 부정에 가까운 대답이었다고 보는 것이 옳다. 이때 같은 질문을 반복하면 자칫 고객을 불쾌하게 만들 수 있으니 주의해야 한다. 하지만 반드시 고객의 의중을 확인해야 하는 경우라면, 다른 대화를 진행한 후 다시 돌아와 완곡하게 질문하는 편이 좋다. 역으로 고객이 나에게 Closed Question을 던졌다면, 먼저 '예' 혹은 '아니요'라고 대답한 후 필요한 설명을 덧붙이도록 한다.

- 내일 만나뵐 수 있을까요?
- 사장님의 승인을 받으셨나요?
- 보고를 마치셨나요?

- 워크숍에 참여하시나요?
- 저희 사장님을 직접 만나보시겠습니까?

③ *Reflective Question*

'확인 사살'이라고 봐도 무방하다. 고객의 의중을 재확인하거나 고객의 의중이 명확하지 않을 때 사용하는 질문으로 의사를 명확하게 확인할 수 있고, 고객을 다시 상기시키는 역할을 한다.

- 그럼 다음 주 월요일에 사장님 승인이 완료되는군요?
- 그러면 경영 평가는 다섯 분이 하시는군요?
- 그러면 7시에는 출발하시겠네요?
- 토요일 5시에 전화하신다고 알고 있으면 될까요?

한 회사의 전략적 투자 그리고 그를 통한 산업 재편 전략이 한 사람의 소통 실수로 무산되었다. 하지만 이런 황당한 일은 끊임없이 반복되고 있으며, 지금도 영업 현장에서 빈번하게 발생하고 있다. 매분기 영업자 한 사람이 한 번씩은 유사한 실수를 한다고 보는 게 현실적이다. B2B 영업에서도 이러할진대 B2C 혹은 P2P 영업에서는 오죽하겠는가?

04 영업자의 입: 프레젠테이션은 최고의 기회다

> 꿀로 더 많은 벌들을 끌어모아라.
> _에스티 로더Estee Lauder: 화장품 기업 에스티 로더 창업주

> 나는 할 수 있다. 나는 해낸다. 나에게는 저력이 있다. 나에게는 오직 전진뿐이다.
> 이런 신념에서 나오는 습관이 당신의 목표를 달성시킨다.
> _단테Alighieri Dante: 시인

'프레젠테이션의 대가, 세상을 떠나다!'

애플의 창업자 스티브 잡스가 췌장암으로 세상을 떠났을 때, 많은 매체의 헤드라인은 다음과 같았다. IT업계의 혁신적 아이콘이었던 그에게 반드시 따라다녔던 수식어는 '한 회사의 창업자'보다 '프레젠테이션의 대가'가 더 빈번했다. 그만큼 비즈니스 현장에서 프레젠테이션 능력은 중요하고 또 많은 사람에게 인상을 남긴다.

아티스트가 가장 아름답게 보일 때는 무대에서 주어진 역할을 제대로 했을 때이다. 운동선수는 경기장에서 관중을 열광케 하는 플레이를 할 때 사랑받는다. 그가 입은 옷이 무엇인지, 그의 사생

활이 어떠한지, 그가 마음이 얼마나 착한지, 그의 얼굴이 잘생겼는 지 따위는 중요치 않다.

영업자에게 프레젠테이션은 아티스트의 '퍼포먼스'와 같다. 운동선수가 경기장에서 펼치는 '플레이'와도 같다. 이름도 모르던 가수가 우연히 주어진 기회를 실력으로 증명하여 일순간 인정받는 스타로 떠오르거나, 슬럼프에 빠져 경기를 못하던 선수가 부상을 극복하고 경기장에서 좋은 모습을 보이면 흐뭇하지 않은가? 마찬가지로 아티스트가 무대에서 노래를 제대로 부르지 못하면 대중의 외면을 받고, 운동선수가 경기장에서 실수를 연발하면 결국에는 퇴출되고 만다.

영업자에게는 회사에 입사한 순간부터 다양한 형태로 프레젠테이션의 기회가 주어진다. 당연히 훌륭하게 잘해내는 사람에게는 더 많은 기회가 주어지고 중책이 맡겨진다. 반대로 프레젠테이션을 잘 못하는 사람은 동료에게 좋은 기회를 빼앗길 수 있고, 승진에서 불이익을 받을 수도 있다. 하지만 영업자로 살아가는 이상, 프레젠테이션은 못한다고 하여 피할 수 있는 일이 아니다. 인기 있는 가수는 화려한 무대에서 노래를 부르지만 인기가 없는 가수는 담배 연기가 자욱한 술집 무대에서 노래를 부르고, 실력이 좋은 운동선수는 1군에서 주전으로 뛰지만 그렇지 못한 운동선수는 관중도 제대로 없는 2군 경기장에서 경기를 치른다. 어쨌든 누구나 그 일을 하는 한 본업에 관련된 일은 계속할 수밖에 없다. 영업자에게 프레젠테이션은 본업이라고 봐도 무방하다. 업무를 맡으면 누구나 상사 앞에 서야 하고, 현장에 나가서는 고객 앞에 서야 한다. 그리고 자신의 의사를 명확하게 표현해야 한다.

비즈니스의 세계에서 프레젠테이션은 필수이다. 어차피 해야 할 일이라면 즐기는 게 답이다. 그리고 평생 해야 할 일이기 때문에 잘하고 볼 일이다. 프레젠테이션을 통해 메시지를 명쾌하게 전달하고 청중을 휘어잡을 수 있다면, 이는 최고의 희열이며 스스로의 자존감을 드높이는 가장 좋은 수단이 된다.

프레젠테이션 기회는 무조건 잡아라

입사 4년차가 되던 때에 대형 프로젝트를 진행하면서 고객사의 중간 관리자들을 대상으로 한 전략정보시스템 교육을 맡았다. 워낙 큰 고객사여서 교육 대상자가 800명이 넘었다. 일주일에 한 번, 40명씩 두 시간 프로그램으로 20회를 진행하기로 했다. 그런데 어려움이 생겼다. 교육 내용을 강의할 사람이 제한적인 것도 문제였지만, 교육 장소가 지방이었던 탓에 5개월 동안 하루를 온전히 투자해 강의해줄 사람을 구하기가 여간 쉬운 일이 아니었다. 매주 강사를 찾아 부탁하곤 했지만 그런 방법으로는 한 달 이상은 불가능했다. 더 이상 누구에게도 부탁할 방법이 없었고, 난감했지만 고민

끝에 내가 직접 강의를 진행하기로 결정했다.

강의 이전에 강사를 찾아가 미리 교육에 대한 특별 자료를 받고 관련 책을 공부해 16회 강의를 혼자서 진행했다. 아무래도 교육 대상자들이 모두 나이가 많고 직급도 높았으니 처음에는 어색하기도 했고 많이 떨렸다. 같은 교육 내용을 두 시간씩 설명하는 방식이었지만, 매번 나 스스로 강의 내용에 대해 아쉬움도 많았다. '다음엔 이런 이야기를 해야지', '이 내용은 조금 더 천천히 설명해야지', '아, 그때 내가 왜 그런 말을 덧붙였지' 등등 한 번도 후회하지 않은 적이 없었다. 하지만 시간이 흐르고 횟수가 반복될수록 나 스스로 진화하는 느낌을 받았다.

돌이켜보면 그 16회의 강의가 내 직장생활을 통째로 바꾸어준 결정적 계기가 되었다. 나도 모르는 사이에 프레젠테이션 스킬은 확실히 자리 잡았고, 고객 관리자들은 영업자로만 알던 젊은 직원이 전문 영역에 대해 교육까지 하는 모습을 보고는 인식을 많이 바꾸었다. 그 후 고객과 직급을 초월한 대화가 가능해졌고, 접점이 확대되면서 연속적으로 프로젝트가 성사되었다.

그만큼 프레젠테이션에서의 자신감은 다른 모든 일에 긍정적인 영향을 가져다준다. 프레젠테이션 스킬은 관련 서적을 통해 쉽게 배울 수 있고 전문적인 교육기관에 가서 훈련받을 수도 있다. 하지만 진짜 현장에서 영업자들이 쉽게 간과하는 기본적인 사항은 제대로 알려주는 곳이 많지 않다. 이 책에서는 내가 프레젠테이션을 직접 수행하며 반드시 지키고자 했던 네 가지 사항을 강조하도록 하겠다.

첫째, 차트는 프레젠터의 얼굴이다.
간혹 어떤 영업자들은 차트 만드는 일을 가볍고 부수적인 일이라 생각한다. '내용만 정확하게 전달하면 되지, 불필요하게 차트를 치장하는 일에 시간을 뺏길 필요가 없다'는 생각을 하는 사람이 의외로 많다는 뜻이다. 그러나 이것은 큰 착각이다. '연극 무대에 배우만 있으면 되지 무대 디자인이 왜 필요한가?'라는 생각과 같다.

차트는 프레젠터와 청중 간의 '말 없는 소통'이다. 듣는 사람이나 보는 사람이 차트를 보고 3초 내로 내용을 이해할 수 없다면 그것은 차트가 아니다. 쓰레기이다.

차트를 만들기 전 가장 먼저 해야 할 일은 전체 스토리의 '시나리오'를 생각하는 것이다. 무작정 차트부터 만들고 볼 게 아니라, 프레젠테이션의 목적에 맞게 이야기의 흐름을 정해야 한다. 그리고 반드시 대상이 누구인지를 정확히 이해하여 상대방의 입장에 맞게 차트를 준비해야 한다. 다양한 멀티미디어 기술, 시각적 기능 등을 효율적·창의적으로 활용하면 좋은 효과를 거둘 수 있다. 과거에 프레젠테이션 툴이 없었을 때에는 도리어 차트를 더 고민하고 창의적으로 만들었다. 그런데 요즘은 과거와 비교할 수 없을 정도로 쉽고 다양한 기능이 있음에도 불구하고 깊은 고민 없이 차트를 만드는 직원들을 자주 보게 된다. 그만큼 차트의 중요성을 망각하고 있다는 반증이다.

둘째, 내용을 모르면 청중 앞에 설 생각을 버려라.
가수가 노래 가사를 외우지 못하고 어떻게 무대에 오르겠는가? 하지만 놀랍게도 프레젠테이션 현장에서는 이런 일이 비일비재하다. 본인이 준비하고 사용할 차트라면 큰 내용은 물론이고 거기에 사용된 작은 수치 하나까지도 정확히 이해하고 머릿속에 정리되어 있어야 한다. 차트는 청중과 고객을 위한 것이다. 프레젠터는 차트를 보지 않고도 청중과 교감하면서 설명할 수 있어야 한다. 성공적인 프레젠테이션의 핵심은 '프레젠터의 자신감'이다. 그 자신감의 원천은 발표할 내용에 대한 정확한 이해이며, 내용에 대한 스스로의 확신이다. 가수가 손바닥에 가사를 적어 힐끗힐끗 보면서 노래한다면 시청자는 채널을 돌려버리면 되지만, 프레젠테이션을 보는 청중은 그렇게 하지도 못한다. 제대로 못할 바에는 아예 무대에 설 생각을 버려야 한다.

셋째, 프레젠테이션은 신나는 일이다. 즐겨라.
진정한 아티스트는 주어진 무대에서의 퍼포먼스를 스스로 즐긴다. 그리고 그 에너지가 청중에게 고스란히 전해진다. 프레젠테이션

현장에서 본인이 발표하는 내용을 모두가 경청하고 자신의 제안에 공감한다면, 이처럼 신나는 일이 또 어디 있을까? 스스로 즐기기 시작하면 프레젠터는 청중에게 좋은 에너지를 선물할 수 있다. 더불어 청중은 프레젠터의 팬이 되고 후원자가 될 것이다.

넷째, 연습하고 또 연습하라.
타고난 자질과 경험의 정도에 따라 프레젠테이션의 수준은 어느 정도 차이가 있다. 하지만 이제까지 했던 프레젠테이션은 앞으로 해야 할 것에 비하면 아무것도 아니다. 지금부터 얼마나 열심히 노력하고 연습하느냐에 따라 3년 내로 전혀 다른 결과가 나타날 것이다. 무대에 서는 가수나 경기에 나서는 운동선수 모두는 말 그대로 '피땀 흘리는 연습'을 한다. 프로가 연습하지 않는다는 것은 스스로를 포기한 것과 다름없다. 프레젠테이션도 연습이 답이다. 하지만 의외로 프레젠테이션을 연습하는 직원과 이를 제대로 가르치는 리더는 드문 게 현실이다.

그러니 누구의 도움도 기다리지 말고 지금 바로 스스로 연습하라. 남보다 일찍 연습을 시작해야 원하는 경지에 먼저 도달한다. 더불어 잘못된 프레젠테이션 습관이 교정되지 않은 채 계속 쌓이면 그때는 연습으로 고치기 어려운 지경에 이를 수 있다. 어떤 프레젠테이션을 하든지 실전에 앞서 최소 다섯 번 이상은 연습해보라. 다른 사람의 프레젠테이션을 볼 때 똑같이 따라 해보는 것도 효과적인 연습 방법이다. 차트는 어떻게 만들었는지, 화술은 어떠한지, 배울 점과 따르지 말아야 할 자세는 무엇인지를 생각해보는 것도 좋다. 또 틈날 때마다 프레젠테이션 대가들의 실제 동영상 자료를 보는 것도 중요하다. 에이브러햄 링컨의 게티스버그 연설, 존 F. 케네디의 대통령 취임식 연설, 스티브 잡스의 열정적이고 창의적인 프레젠테이션까지 수많은 사람을 감동시킨 프레젠테이션 자료는 우리 주변에 널리고 널렸다.

영업자에게 프레젠테이션은 지금까지 쌓은 공을 한 번에 무너뜨리기도 하고, 업무 실적을 크게 향상시키는 기회가 되기도 한다. 30년간 영업 현장에 있으면서 이런 경우를 수없이 보아왔고, 지금도 역시 경험하고 있다. 다른 모든 역량이 뛰어나도 남 앞에서 나의 의견과 제안, 생각을 제대로 전달할 수 없다면 절대로 결과를 만들어낼 수 없다. 프레젠테이션을 두려워하지 말고 배우고 노력하여 기회가 생길 때 붙잡을 수 있는 영업자가 되길 바란다.

05

영업자의 손:
'함께'의 크기가 '성공'의 크기다

> 오로지 홀로 해내려 하거나 또 그렇게 함으로써 모든 명성을
> 혼자 받기를 원한다면 결코 위대한 리더가 될 수 없다.
> _**앤드류 카네기** Andrew Carnegie: 미국 최초의 근대 자본가, 카네기 철강회사 설립자
>
> 광역전이나 종합전의 싸움터에서는 병력을 집중시킨 팀이 확률적으로 더 유리하다.
> _**프레드릭 란체스터** Frederick William Lanchester: 란체스터자동차 설립자

일하는 방식의 관점에서 30년 전과 지금의 가장 큰 차이를 꼽으라면 단연 '함께'이다. 다른 사람의 도움 없이 한 사람이 혼자서 해낼 수 있는 일이 있을까? 밥도 먹지 못하고 잠도 제대로 잘 수 없을 것이다. 원시 시대나 초기 농경사회에서 자연의 혜택에 의해 자급자족하던 때에야 100퍼센트 가능한 일이었지만, 지금은 거의 불가능하다고 봐야 한다. 산업은 급속히 더 세분화되었고, 서비스는 더 다양해졌으며, 이해관계자의 수는 기하급수적으로 늘어났기 때문이다.

미국에서 대학을 졸업하고 장교 훈련을 마친 아들을 둔, 한 어

머니가 전해준 이야기이다. 장교 훈련생은 크게 두 그룹으로 나뉘었는데, 한 그룹은 국내에서 대학을 졸업한 후보생이고 다른 한 그룹은 해외에서 공부한 후보생이었다고 한다. 아들이 교육을 마친 후 어머니에게 말했다.

"교육 훈련 중 팀별 과제가 주어지는 경우가 많아요. 그러면 유학파 후보생과 국내 대학 졸업생의 차이가 극명하게 드러나요. 과제를 받자마자 유학파 후보생들은 바로 모여서 어떻게 함께 해결할 것인가를 토론하고 역할을 분담하는 일부터 시작하는데, 국내파 후보생들은 그냥 각기 흩어져서 개별적으로 고민을 하더라고요."

돌이켜보면 30년 전 신입사원 시절의 나도 국내파 후보생과 다를 바 없었다. 그 당시에는 입사를 하면 1년간은 업무를 배정받지 않고 교육만 받았다. 3개월씩 4단계에 걸쳐 교육이 진행됐는데 각 단계마다 두 달은 국내에서 교육을 받고, 나머지 한 달은 아시아의 다른 나라 직원들과 함께 홍콩에 모여 교육을 받았다. 지금 생각해도 회사의 입장에서는 엄청난 투자였고, 직원의 입장에서도 큰 혜택이었다.

12개국에서 모인 다양한 나라의 신입사원들과 함께 교육을 받다 보면, 각 나라마다의 특성이 고스란히 드러난다. 한국과 일본의 직원들은 수업시간에 거의 질문이 없고 침묵 속에 있다가 쉬는 시간만 되면 자기들끼리 시끄러워졌다. 다른 아시아 국가의 직원들은 수업 후 예습·복습이나 과제를 함께했던 반면, 한국과 일본의 직원들은 각자 흩어져 경쟁적으로 과제를 하거나 한두 명이 과제를 해서 공유하는, 전형적인 우리만의 방식으로 교육을 이수했다.

왜 그럴까? 상대 평가에 의해 '승자와 패자'로 결과가 나뉘고 진로가 좌우되는 것을 반복적으로 경험한 우리의 젊은이들에게 '경쟁 의식'은 마치 DNA처럼 자리 잡고 있기 때문이다. 국내 영재 교육의 산실이라 불리는 한 학교도 '석차席次'를 학생들의 책상에 붙여둔다고 한다. 과학 영재를 길러내겠다고 설립한 학교에서도 본래의 취지를 잊은 채 '족집게 과외'를 받아 시험을 잘 보는 학생을 떠받들고, 순수하게 과학에 몰두하는 학생을 내팽개치는 것이 지금 우리의 현실이다. 이런 현실 속에서 미래의 주역들에게 '함께'라는 의식과 가치를 심어줄 수 있을까?

우리의 이런 구조적인 한계에도 불구하고 지금 그리고 앞으로의 비즈니스는 '함께'에 의해 결정될 것이다. 20세기의 '함께'가 '더하기'였다면, 지금의 '함께'는 '거듭제곱' 이상의 결과를 가져다 준다. 애플, 구글, 삼성, 현대자동차, 심지어 작은 음식점까지도 '함께'의 전략이 없는 곳이 없다. 혼자서 생각하고 자기만 생각하는 기업이나 개인은 절대로 성공할 수 없고, 잠시는 생명을 유지한다고 해도 반드시 고립되고 도태될 수밖에 없는 것이 현실이다.

하물며 영업의 본질은 무엇인가? 연구개발, 생산, 마케팅 그리고 후선 지원부서의 도움 없이는 영업 자체가 불가능하다. 세계 제일의 골퍼도 캐디가 없이는 경기를 치르지 못한다. 무쇠 팔 특급 투수도 호흡이 맞는 포수가 없이는 제대로 공을 던질 수 없다. 아니 오히려 훌륭한 캐디가 세계 최고의 골퍼를 만들고, 능력 있는 포수가 특급 투수를 만든다. 당연히 운동경기보다 기업은 더 세분화되어 있고 전문화되어 있다. 그러기에 주어진 역할에 맞는 일을 함과 동시에 동료에게 도움을 주고받는 것은 영업의 기본이며, 성공의 필수조건이다. 배타적 경쟁, 일대일 서바이벌 게임을 할 것이 아니라, '1+1'이 '3' 또는 그 이상이 되도록 하는 '협업의 힘'을 믿고, 제대로 실행하고 내재화해야 한다.

산적한 일을 혼자 다 처리하느라 끙끙대는 영업자는 실패한다. 아니, 조직과 회사에 치명적인 해를 끼친다. 아무리 '함께하라', '도움을 요청하라'고 주지시키고 교육을 해도 잘 바뀌지 않는다. 일을 그르치고 나서야 도움을 요청한다. 실제로 많은 영업자가 자신이 할 수 있는 일과 도움받아야 할 일을 제대로 구분하지 못해 일을 그르친다. 아무런 고민 없이 자신이 모든 일을 다 할 수 있을 것처럼 움켜쥐고 덤벼들지만, 절대로 혼자서 할 수 있는 일은 없다. 이는 진정한 의미의 '주인의식Ownership'과는 다르다. 진정한 주인의식은 주어진 일을 성공적으로 만드는 것이다. 항상 혼자 다 하려다 보니, 약속 시간에 정해진 일을 마치지 못하는 결과를 반복하게 된다. 일을 그르치고 난 후에야 '그때 누군가가 날 지원해주지 않아서……'라는 푸념을 늘어놓는다.

'함께'의 틀을 깨라

무슨 일을 하든 결과를 성공으로 이끌기 위한 첫 스텝은 '누구와 함께할 것인가'를 결정하는 일이다. 최적의 인력과 협업해야만 최상의 결과를 도출할 수 있다. 여기서 유의해야 할 점은 협업의 범주와 대상의 틀을 '깨야' 한다는 것이다. 물리적으로 같은 공간에 있는 팀뿐만 아니라 지리적 한계를 넘어선 팀까지 고려해야 한다. 같이 일하는 회사 내 팀만 생각할 것이 아니라, '함께'해서 시너지 효과를 얻을 수 있는 잠재적 협력자까지 생각의 폭을 넓혀야 한다. 넓혀진 함께의 틀만큼 성과도 더 커지게 마련이다.

좋은 제품을 가지고 있으면서도 전혀 성과를 내지 못하는 조직이 있다면, 그 이유는 명확하다. 제품의 우수성만 믿고 영업의 틀, 협업의 틀을 깨지 못한 채 과거에 하던 대로만 일을 하기 때문이다. 실제로 경쟁력 높은 솔루션이 있고 팀 구성원 모두가 열심히 뛰어다니고 있었음에도 결과가 개선되지 않는 팀이 있었다. 리더에게 무엇이 문제인 것 같냐고 물어보았다.

"솔직히 사람이 없습니다. 솔루션 전문가도 극히 소수이고 산업 전문가가 많지 않다 보니, 고객의 업무 단위까지 논의가 진행되기 어렵습니다."

맞는 이야기이다. 문제의 원인을 정확하게 인지하고 있었다.

"그래서요?"

"당분간은 지금 진행하고 있는 B사의 프로젝트에 집중하려 합니다. 다른 곳까지 신경 쓸 여력이 없기 때문에 그것이 가장 현실적이라고 봅니다."

이 역시 맞는 이야기이다. 인력이 부족하니 선택과 집중을 할 수밖에 없고, 가능성 있는 프로젝트를 성사시키는 것이 가장 현명한 판단이다. 지금이 만약 농경 시대라면 이 영업자는 아주 훌륭한 리더로 평가받을 만하다.

하지만 영업은 시간과의 싸움이다. 식당 앞에 손님들이 줄을 서 있는데 식당의 자리가 좁아서, 요리사가 한 명밖에 없어서 온 손님들을 다 돌려보낼 것인가? 돌려보낸 손님이 또 다시 돌아오리라 생각하는가? 식당 공간이 부족할 때 간이테이블을 준비해 손님을 맞이하는 식당도 있다. 피크타임에 아르바이트를 고용하여 빠르게 주문을 처리하는 식당도 있다. 만약 앞에서 이야기한 영업 리더처럼 식당 주인이 '협업'을 생각하지 않았다면, 식당에 온 손님들을 옆 가게에 빼앗기고 결국엔 문을 닫게 될 것이다. 이 영업 리더는 '함께'의 틀을 깨지 못했다. 왜 시장에 존재하는 수없이 많은 산업

별 전문가와의 협업을 생각하지 못할까? 솔루션이 없어서 비즈니스에 엄두도 내지 못하는 협력사가 얼마나 많은데, 그들과 '함께' 할 생각을 왜 하지 못했던 것일까? 현장에 있는 많은 리더가 경쟁력 있는 제품을 보유하고도 이런 기본적인 자세를 갖추지 못해 고객과 시장으로부터 잊히는 경우가 허다하다.

기업의 업무 프로세스는 과거에 비해 세분화되고 전문화되어, 자사의 인력과 역량으로 모든 사안을 직접 처리하는 회사는 더 이상 없다. 미국 종합경제지 포춘이 선정한 1,000대 기업의 100퍼센트가 이미 20세기에 비핵심업무영역은 각 분야의 전문 회사에 맡긴 것으로 조사되었다. 그리고 이제는 비핵심업무를 아웃소싱 Outsourcing하는 소극적인 협업 모델을 넘어, 그 범위와 강도가 급속하게 확대·심화되고 있다. 제품의 전략과 아이디어에만 집중하고 생산과 연구개발, 마케팅까지 '남'에게 맡기는 기업도 많다. 네트워크 기반을 소유하지 않고 가격경쟁력이 뛰어난 회선 사업자의 회선을 임대해서 사업을 하는 통신회사도 있다. 이제 '함께'의 범주를 얼마나 넓히느냐에 따라 게임의 판이 바뀐다. 골목상권을 파괴한다는 의견도 있겠지만 프랜차이즈형 유통회사, 제과점, 음식점은 전형적인 '함께 비즈니스'의 모델이다. 가장 경쟁력 있는 서비스가 가능한 외부 회사와 '손'을 잡고 새로운 생태계를 구축해나가는 것이다. 배송전문회사의 지원 없이 쇼핑몰 사업이 가능한가? 부품을 생산·납품해주는 협력회사 없이 삼성전자, 현대자동차가 존재할 수 있을까? 현재 가전제품의 유통은 누가 장악하고 있는가?

영업도 마찬가지이다. 영업은 하나의 고립된 업무가 아니므로 절대로 혼자서 할 수 없다. 회사 내 관련 부서와 유기적인 협업은 기본이고, 부족하거나 보완해야 할 점은 과감하게 외부와도 협력해야 한다. 그 시작은 고객이 어떤 경로Route를 통해서 AIDA Attention-Interest-Desire-Action 과정을 거치는지에 대해 정확히 이해하는 것이다. 즉, 회사나 영업자의 관점에서 벗어나 고객 또는 시장이 영업하고자 하는 제품 및 서비스를 어떻게 인지Attention하고, 흥미Interest를 갖게 되는지, 그리고 어떻게 구매 욕구Desire를 느끼고 실제 구매Action로 이어지는지를 정확하게 파악하는 것이 핵심이다. 그렇게 고객과 시장의 관점에서 역으로 추적을 하다 보면, 각각의 단계에 최적화된 회사 또는 개인이 누구인지를 판단할 수 있다. 고객은 제품을 대리점에서 구매하는데 영업자는 자신들이 직접 고객을 대상으로 판매하려 하고, 고객은 인터넷을 통하여 제품정보를 수집하고 비교하는데, 판매회사는 엄청난 광고비를 전통적 매체광고에 집중한다면 얼마나 어이없는 일이 되겠는가? 고객의 관점에서 AIDA의 각 과정을 살펴보면, 이런 일을 예방할 수 있다. 또한 고객 AIDA에 대한 대응주체가 자사自社의 인력이 될 수도 있지만, 협력회사가 될 수도 있고, 때로는 과거의 경쟁사가 될 수도 있다. '우리'라는 폐

쇄적 사고의 틀을 깨고, 합법적 테두리 안에서 선도적이고 적극적으로 '함께'할 상대와 협업하는 것이 현명한 영업이다. 프로야구만 봐도 알 수 있다. 미국 선수만으로 구성된 메이저리그 팀이 있는가? 뛰어난 외국인 선수 때문에 성적이 좋은 팀에게 손가락질하는 우리나라 야구팬이 있는가?

우분투, 함께의 가치

어떤 인류학자가 아프리카의 한 부족 아이들에게 게임을 제안했다. 조금 떨어진 나무 밑에 아이들이 좋아하는 싱싱한 과일과 음식을 매달아놓고, 제일 먼저 골인한 아이가 먹도록 하는 달리기 게임이었다. '출발!'이라는 신호와 함께 아이들은 뛰기 시작했다. 그러나 중간을 넘어설 즈음, 앞선 아이는 속도를 줄이고 뒤에 오는 아이들과 손을 잡고 모두 함께 골인 지점으로 들어왔다. 그리고 모두가 함께 음식을 나누어 먹었다.

인류학자는 아이들에게 "일등을 하면 혼자서 다 먹을 수 있는데 왜 모두 함께 들어왔니?"라고 물었다. 그러자 아이들은 "우분투Ubuntu!"라고 외치며, "다른 친구들이 모두 슬픈데 어떻게 한 사람만 행복할 수 있나요?"라고 대답했다.

이것이 바로 남아프리카 공화국의 건국 이념인 '우분투 정신'이다. 우분투는 반투족Bantu의 말로, '네가 있기에 내가 있다'라는 뜻이다.

어려서부터 친구를 경쟁자로 보고 이기고 앞서야만 칭찬받아온 탓일 수도 있겠지만, 안타깝게도 영업 현장에는 무엇이든지 혼자 하려는 직원과 리더가 많다. 영업의 성공은 협업의 크기와 깊이에 비례함에도 자기 제품에 도취되고 자기중심적 사고에 사로잡혀 스스로의 무덤을 파는 영업자가 너무도 많다.

영업은 이제 '함께'라는 필수 영양제가 있어야 가능하다. 때로는 어제의 경쟁자까지도 협업의 틀에 불러들일 수 있어야 하고, 당장은 손해를 보는 것 같아도 다른 이와 손을 잡을 수 있어야 한다. 지는 것보다 함께 이기는 길을 택해야 한다. 고객의 AIDA 프로세스 경로를 제대로 파악하여 그에 부합하는 영업 전략을 수립하는 것이 시장접근전략Go-To-Market의 핵심이다.

06

영업자의 발:
성과를 만들어내는 실행력

> 관리는 성공의 사다리에 올라가기 위한 효율성이며,
> 리더십은 그 다리가 적절한 벽에 세워져 있는지를 결정하는 것이다.
> _스티븐 코비Stephen Covey : 세계적 리더십 권위자, 경영 컨설턴트

> 마냥 사무실에만 앉아 있으면 아무 일도 일어나지 않는다. 활동만이 성과를 가져온다.
> _가이 베이커Guy E. Baker : BTA어드바이저리그룹 CEO

한 교실에서 같은 선생님으로부터 교육을 받은 학생들의 성적이 제각각 다른 까닭은 무엇일까? 성장 과정이 다르고, 기초에 대한 이해가 다르고, 지능 지수도 다르기 때문이라 생각할 것이다. 물론 가정형편 탓에 어떤 아이는 과외를 받을 동안 어떤 아이는 집안일을 도왔을 수도 있다. 하지만 이러한 이유로는 설명되지 않는 경우가 허다하다. 뒤처져 있던 학생이 어느 날 갑자기 앞서는 경우도 있고, 열악한 가정형편에도 불구하고 최고의 결과를 만든 학생도 있다. 결국 다른 결과는 얼마나 '열심히', 그리고 '제대로' 하는가에 달려 있다. 영업도 마찬가지이다. 모두가 교육을 받고 어떻게 하면

영업을 잘할 수 있는지 이론적으로는 잘 알고 있다. 하지만 결과는 다 다르다.

같은 회사에서 일하는 사람들은 어느 정도 균질성이 있다. 그 회사에 지원한 사람들은 회사에 대한 기대 수준이 비슷하고, 객관적인 스펙도 비슷할 수밖에 없다. 더욱이 입사 이전의 스펙은 참고 사항으로만 남을 뿐, 입사 후에는 모두 동일한 교육을 받는다. 하지만 채 1년이 지나지 않아 직원 간에 능력 차이가 드러나고, 3년이 지나면 사람들의 평가가 달라지고, 10년이 지나면 함께 입사했던 동기가 상사와 직원의 관계가 되기도 한다.

일을 하기 전에는 누구나 계획Plan이라는 것을 세운다. 계획 능력의 차이는 얼마나 되고, 성과에 어느 정도 영향을 줄까? 비슷한 수준의 사람들을 모아놓고 새로운 주제에 대해 교육을 한 후 과제를 수행하기 위한 계획을 짜보라고 하면, 거의 모든 경우 수준이 비슷하다. 신입사원 연수 때를 생각해보라. 생각의 범주와 업무에 대한 이해도가 비슷하니, 당연히 처음 수립한 계획 자체에는 큰 차이가 없다.

계획보다 실행이 핵심이다

결국 성과를 만들어내는 결정적 키Key는 미미한 계획 능력의 차이가 아니라 '실행력의 차이'이다. 실행력에 따라 '실적'이 달라지고,

'실적'이 쌓이면 '차별화된 능력'으로 발전한다. 실제 영업 현장에서 어떤 계획이 수립되었을 때, 원래대로 계획이 실행되는 비율은 얼마나 될까? 하나의 실행 항목으로 끝나는 간단한 계획은 80퍼센트 정도 실현된다. '누구를 만난다', '약속 시간을 정한다', '자료를 보낸다'와 같이 한 사람이 하나의 행위를 실행하면 종료되는 일 따위이다. 그러나 두 스텝 이상을 거쳐야 하는 일은 이야기가 달라진다. '내가 A 업무를 하고, 동료가 B 업무를 마무리한다'와 같이 두 가지 이상의 실행이 필요한 일은 계획의 40퍼센트도 완료되지 못한다. 게다가 중·장기 계획은 그 실행 비율이 20퍼센트도 안 된다고 보는 것이 현실적이다.

물론 회사마다 다르고 조직의 문화와 역량에 따라 편차는 존재한다. 그러나 30년 동안 영업 현장에서 내가 보아온 거의 모든 기업과 조직은 다 비슷했다. 계획된 일이 계획한 일정 내에 모두 완료되는 일은 영원히 기대할 수 없다. 그런데 여기에서 유의해야 할 포인트가 있다. 조직이나 회사마다 실행 비율의 평균엔 큰 차이가 없지만, 영업자 개인의 경우에는 편차가 정말 크다는 점이다. 학급 간의 편차는 거의 없어도 한 학급에서 만점을 받는 학생과 낙제점수를 받는 학생이 있는 것과 같은 이치이다. 어느 영업 조직에나 항상 목표를 초과 달성하고 모두의 기대를 충족시키는 영업자가 있는 반면, 항상 부진한 실적으로 전전긍긍하는 영업자도 있다. 마찬가지로 계획된 모든 일을 거의 근접하게 해내는 사람이 존재하는 반면, 일을 거의 실행하지 않는 사람도 반드시 존재한다.

학교에서 선생님은 숙제를 내고 반드시 검사를 해서 실행여부에 따라 상벌을 준다. 물론 직장에서도 과제가 주어지고 실행여부에 따라 평가가 달라진다. 하지만 직장은 학교처럼 모든 일을 완벽하게 관리할 수 없다. 특히 영업 현장에서 발생하는 '실행되어야 할 일'은 영업자 스스로가 관리하지 않으면 아무도 모르게 잊히는 경우가 너무나도 많다. 정형화된 업무를 수행하는 직원이 2차 방정식을 풀어야 한다면, 영업자는 시장의 변화에 대해 끝없이 연구하고 그에 따라 취해야 할 일과 고객과의 약속을 실행해야 하는 등 몇 배는 더 복잡한 방정식을 풀어내야 한다. 물론 계획된 일 중에서 불요불급한 일도 생기고, 안 하는 것이 모두에게 도움이 되는 경우도 발생한다. 하지만 실행하지 않음으로써 본인 또는 회사에 엄청난 영향을 미치는 일들이 아무도 모르게 지나가버리는 경우는 정말 큰 문제이다.

이러한 사태를 막는 단 하나의 방법은 실행여부에 대한 '자발적이고 주도적인 평가'이다. 이를 통해 무엇이 어떤 이유로 제대로 실행되지 못했는지를 빠르게 찾아내면 된다. 학교 수업을 마치면 복습을 하고 시험을 본 후에 틀린 문제를 복기하는 학생이 있는가 하면, 하교하는 순간 모든 것을 다 잊어버리는 학생도 있다. 이들의 실력에 차이가 없겠는가?

어떤 업무를 수행할 때, 핵심은 '계획Plan-실행Do-평가See' 프로세스이다. 계획을 세운 후 실행에 집중하고, 실행 후에는 중간중간 반드시 계획 대비 실행의 격차가 무엇이었는지를 평가·분석하고 그에 따라 계획을 수정·보완해야 한다. 누구나 계획과 실행까지는 입이 닳도록 강조하지만, 실행을 돌아보고 문제Gap를 분석하고 계획을 새롭게 보완하는 '평가'의 과정은 쉽게 놓치고 지나간다. 엄밀히 말하면 장기적으로 실행의 차이는 바로 평가의 과정에서 결정된다.

당장 매일 참석하고 있는 회의를 생각해보라. 사람이 사는 곳에는 항상 먼지가 남듯이, 회의를 하면 항상 '해야 할 일'들이 생긴다. 그러면 그다음 회의에는 반드시 전 주의 실행 계획이 무엇이었는지를 확인하고, 무엇이 완료되었고 무엇이 제대로 실행되지 않았는지를 점검하는 일이 첫 번째 순서가 되어야 한다. 초등학교에서 학급 회의를 할 때에도 첫 번째 순서는 전 주의 회의록을 낭독하는 일이었다. 모든 수업시간의 시작은 전 시간의 핵심을 되짚는 일이다. 그런데 직장에서는 이런 기본적인 일을 놓치는 경우가 허다하다. 이렇게 시간이 지나고 나면 실천되지 않은 많은 일들이 묻힌다. 이런 일이 반복될 경우 조직은 매너리즘에 빠지고 실패에 둔감해진다. 계획한 일의 실행을 10퍼센트만 개선한다면 그 회사의 실적은 20퍼센트 이상 향상되며, 조직의 문화가 달라질 것이다.

과연 우리 영업 조직은 실행 과정에서 발생한 문제가 무엇인지를 제대로 평가하고 있는가? 그나마 장기적·전략적인 계획은 정기적으로 점검 회의를 거쳐 관리된다. 그러나 단기적 실행 계획은 평가와 점검이 이루어지지 않는 경우가 많다. 영업에 있어서 단기적인 실행의 지체 및 불이행은 곧바로 심각한 문제를 야기한다.

'도대체 그 직원은 왜 그런가요? 매번 약속한 시간에 자료를 제출한 적이 없어요.'
'이젠 그 사람 못 믿겠어요.'
'어제까지 자료를 전달해주셨다면 일이 달라졌을 텐데요.'

실행이 점검되지 않으면 영업자는 고객과 동료로부터 신뢰를 잃게 되고, 회사는 비즈니스를 잃게 되며, 궁극적으로는 중요한 고객을 영영 잃게 된다. 그리고 조직 스스로의 가치를 잃게 될 것이다. 영업 현장은 복잡하고 다양한 일이 동시다발적으로 일어나고, 혼자의 힘으로 통제할 수 없는 상황이 반복된다. 그래서 체계적인 관리 시스템은 필수적이다.

실행을 유도하는 관리 시스템

본사에서 사장 및 본사 임원들에게 신新 프로젝트에 대한 브리핑을 한 적이 있었다. 회의가 끝나고 사장이 자리에서 일어서며 마무리 발언을 했다.

"새로운 주제인데, 앞으로 모두가 매주 모여 진행 과정을 토론하도록 합시다."

그렇게 회의가 끝나고, 나는 자리로 돌아와 다음 회의를 준비하고 있었다. 그런데 30분도 채 지나지 않아 조금 전 이야기했던 회의 초대 메일이 왔다. 9월부터 12월까지, 매주 수요일 오전에 45분간, 20여 차례의 미팅에 초대한다는 내용이었다. 10년도 더 지난 일이지만 나는 지금도 그 순간의 오싹함을 잊지 못한다. 사장이 마무리하며 이야기한 주간 점검 회의가 30분도 지나지 않아 확정된 것이었다. 나와 관련 임원들의 일정표에는 12월까지 회의 일정이 등록되었고. 물론 그 회의는 한 번도 거르지 않고 진행되었다.

이것이 바로 관리 시스템Management system의 정석이다. 실행력을 높이고 진도를 효과적으로 평가하기 위해서는 관리 시스템이 필수이다. 그리그 여기에는 'A, R, T'라는 세 가지 필수 요소가 있다.

<u>하나, 참석자(Attendee)를 명확하게 정하라.</u>
회의에는 많은 사람이 참석하는 것보다 '반드시 참석해야 할 사람'을 신중하게 결정하고 참석자의 역할을 정하는 일이 더 중요하다.

<u>둘, 반드시 정례화(Regularity)하라.</u>
회의의 일자와 시간을 명확하게 정하고, 그 일정이 참석자에게 제대로 통지되어 일정표에 반영되어야 한다.

셋, 공통의 관리 템플릿(Template)을 만들어라.
회의 참석자가 공통으로 사용하는 포맷이 정해져 있지 않으면, 불필요한 차트가 양산되고 비효율적인 회의가 반복될 것이다.

    계획보다 실행이 중요하다. 그리고 분석과 평가는 계획과 실행을 지속시키는 핵심 단계이다. 영업의 사이클이 길면 길수록, 비즈니스의 속성이 복잡하면 복잡할수록 관리 시스템은 필수이다. 여러 조직이 연관된 일을 할 때에도, 고객과의 정기적인 회의에서도, 협력사와의 협의에서도 영업자는 이 단계들을 잊어서는 안 된다.
    성공적인 영업은 집요하면서도 체계적인 관리 시스템에 의해 완성된다. 전체적인 비즈니스의 관리 시스템은 타 부서 담당자보다 영업자가 주도해야 하는 경우가 많다. 그러므로 관리 능력은 최고의 영업자가 갖추어야 할 필수조건이다.

PART3

| 실전 |

마법처럼 거래를 성사시키는 영업 고수의 비밀

정직함과 집요함이 이기는 영업을 만든다

"고객에게 가장 좋은 접대는
'최상의 제품과 서비스를 제공하여
고객이 성공하도록 도와주는 것'이고,
그런 가치를 끊임없이 제공하는 것이다.
더불어 스스로 당당한 접대를 하면
고객과 지속적으로 관계를 유지시켜나갈 수 있다."

Column 2

영업 카타르시스,
0%의 가능성에서 환희의 순간까지!

막 주니어 딱지를 뗐을 무렵, 내게 한국을 대표하는 국민 기업을 담당하라는 큰 미션이 주어졌다. 사업 다각화를 위해 정보통신 회사를 설립하기로 한 고객사는 새로운 비즈니스 영역에서의 성공적인 착륙Landing을 위해 우리 회사와 전략적 파트너십을 맺었고, 첫 프로젝트인 부가가치통신망VAN, Value Added Network 사업을 위한 기간 시스템은 우리의 제품을 채택하기로 잠정 결정을 한 상태였다. 이 프로젝트는 향후 전개될 후속 프로젝트의 시발점이었기 때문에 업계의 관심을 끌었고, 회사로서도 매우 전략적으로 대응했다. 경력이 채 4년도 되지 않은 나에게 책임을 맡긴 회사의 결정이 쉽지만은 않았으리라. 영업 담당자인 내가 고객을 잘 몰랐고 해당 산업도 낯설었기 때문에 설렘만큼 두려움도 컸다.

0%의 가능성, 냉대와 절망의 늪에 빠지다

회사에서 시무식을 마치고, 미리 인사를 드리기 위해 곧바로 고객사로 향했다. 입구를 들어서자마자 제일 먼저 눈에 들어온 사람은 창가에 걸터앉아 있던 고객사 본부장이었다. 신규 사업을 위해 외부에서 스카우트된 본부장은 걸터앉은 자세 그대로 우리를 맞이했다. 서로 명함을 교환하고 간단한 인사를 마친 후 그는 히죽히죽 웃으며 말했다.

"IBM에서 사람이 왜 왔나요? 제 이야기를 들으셨는지 모르겠지만 저는 이전에 여섯 차례나 IBM을 탈락시킨 경험이 있습니다. 이번이 일곱 번째가 되겠네요. 특히 VAN 솔루션은 개방형, 무無장애 시스템이 전제되어야 합니다. IBM은 그런 솔루션 없잖아요?"

당황스럽고 맥이 빠지기도 했지만 '참 특이한 사람이네'라는 생각이 더 강하게 들었다. 약 30분 동안 유쾌하지 않은 대화를 마친 후, 우리는 "열심히 하겠습니다."라고 인사를 하며 자리를 나왔다. 아직 새로운 본부장에 대해 회사에서는 잘 몰랐고, 상황이 그리 낙관적이지 않음을 미루어 짐작할 수 있었다. 사무실로 돌아와 매니저에게 미팅 내용과 상황의 심각성을 보고했다. 그러자 매니저는 "고객은 단순히 제품을 구입하는 것이 아니라 비즈니스 협력 파트너를 선정해야 하기 때문에 본부장 개인의 의견대로 일이 진행되지는 않을 겁니다."라는 답만 할 뿐이었다.

문제는 회사 내부에서도 발생했다. 안정적인 서비스 구현과 신속한 시장 진입을 위해 우리 회사 내부용 VAN 인프라를 임대하자는 점이 양 사 협력의 기본 전제 사항이었는데, 우리 측 본사에서 승인을 받지 못하게 된 것이었다. 우리 회사 내부 서비스용으로 사용하는 VAN 인프라를 상업적으로 판매하거나 제3자에게 제공할 수 없다는 결정 때문이었다. 6주 가까이 본사의 승인을 받기 위해 직원 모두가 나섰지만, 결론은 바뀌지 않았다. 어쩔 수 없이 고객에게 상황을 설명하고 대안을 제시했지만 고객의 입장은 확고했다. 협력의 전제가 무너지면 전략적 파트너십은 의미가 없고, 모든 일을 백지에서부터 다시 시작해야 한다는 것이었다. 도리어 고객사 직원들 사이에서는 우리가 갑자기 입장을 바꾼 게 아니냐는 부정적인 인식이 점차 퍼져나갔다.

결국 우리가 제시한 대안은 받아들여지지 않았고, 한 달 후 고객은 '상업용 제품을 도입하여 자체 시스템을 구축하는 것'으로 결론을 내렸다. 이제 상업용 제품에 의한 완전 경쟁 체제로 게임의 룰이 바뀌었다. 그런데 문제는 우리의 하드웨어와 운영 소프트웨어에서 가동되는 상업용 VAN 제품이 없다는 사실이었다. 불과 두 달 만에 상황이 180도 뒤바뀌었다. 영업할 제품이 없으니 우리가 프로젝트를 수주할 확률은 0퍼센트가 되었다. 의욕에 차 있던 팀은 무너졌고, 담당자인 나 역시 황당함을 감출 수 없었다. 함께 일하던 선배 엔지니어도 가능성이 없는 프로젝트에 시간을 쓸 수 없다며 다른 프로젝트로 옮겨갔다. 결국 팀 본부장은 나를 불러 다독였다.

"어쩔 수 없게 되었습니다. 그동안 수고했습니다. 잊읍시다. 그리고 곧 다른 일을 맡길 테니 조금만 기다리세요."

1년 단위로 담당 고객과 목표가 주어지기 때문에 본부장의 말처럼 연중에 고객을 바꾸는 일은 쉽지 않았다. 엄청난 일을 할 기세로 프로젝트를 시작한지 딱 석 달 만에 모든 것이 없어졌다. 이제 겨우 3월, 나에겐 그 고객 하나뿐이었기 때문에 갈 곳도 없었다. 팀원들도 모두 떠나고 회사의 리더들도 더 이상 그 프로젝트에 관심을 가지지 않았다.

"조금만 더 기다려보세요. 6월 초에 새 고객을 정해줄게요."
"알겠습니다. 하지만 저는 포기 못하겠습니다. 아직 공식적인 제안 요청서도 안 나왔는데요. 별도의 지시가 있을 때까지 계속 고객을 만나 방법을 찾아보겠습니다."

갈 곳이 없었던 나로서는 계속 고객사에 가서 진행상황을 듣고 우리가 제안할 방법이 없을지, 고민 속에 시간을 보내야만 했다. 그러는 사이 고객과의 만남과 대화가 잦아졌고 나를 안타깝게 생각해 어떻게든 도움을 주려는 사람들이 생겨났다.

그러던 어느 날, 저녁 식사를 마치고 지친 모습으로 고객사에 들렀을 때였다. 물론 고객 프로젝트팀은 제안 요청서를 준비하기 위해 매일 밤늦게까지 일을 하고 있었다. 고객 입장에서도 복수의 회사를 제안에 참여시켜 공개적으로 경쟁시켜야 하는데, 우리가 빠지게 되어 고민스럽게 생각하고 있었다. 프로젝트 룸을 들어서는 순간, 고객사의 C과장이 웃으며 나를 불렀다.

"장석 씨, 찾았어요. IBM 시스템에서 돌릴 수 있는 솔루션을 캐나다 VAN 사업자가 쓰고 있네요. 이것 좀 한번 보세요."

사막에서 오아시스를 만났을 때의 심정이랄까? 흥분되고 또 흥분되는 순간이었다. 요즘처럼 인터넷으로 언제 어디서나 무엇이든 쉽게 검색할 수 있는 때도 아니었다. 어지간한 노력과 집요함을 가지고도 불가능한 일이었을 텐데, 고객이 그것을 찾아주었으니……. 나는 "감사합니다."라는 말을 셀 수 없이 반복했다.

기회는 스스로 만드는 자에게만 찾아온다

다음 날 팀에 돌아와 기쁜 소식을 전했지만 이미 기울어진 형세에 그 누구도 적극적으로 제안을 주도하려 하지 않았다. 우리가 제안을 한다고 해도 선정될 가능성이 거의 없다는 판단에서였다. 결국 나는 가까스로 옆 부서 선배 엔지니어의 도움을 받아 혼자서라도 제안 작업을 시작하기로 했다. 우여곡절 끝에 한 달여간의 작업을 거쳐 제안서를 마무리했고, 마지막 제안 설명회 자료를 만들 때에는 밤을 꼬박 새워 9시 30분에 발표할 자료를 8시에야 완료할 수 있었다.

하지만 이것은 그저 경기에 참전할 기회를 얻은 것에 불과했다. 고객사 본부장의 부정적인 시선은 더 커져 있었다. '우리 회사가 국내 운영 사례도 없는 제품의 테스트베드Test Bed가 될 수 없다'는 그의 지적에, 고객 프로젝트 팀원들도 이의를 제기할 수 없었다. 나는 비록 원래의 계획대로 우리의 내부용 VAN 제품을 공유하지는 못했어도 공동시장개척을 위한 전략적 제휴 및 장기적인 비즈니스의 협업은 중요한 판단기준이 되어야 한다고 강조했다. 하지만 기울어진 분위기를 돌리기에는 역부족이었다. 고객사 본부장의 반응은 싸늘함으로 일관됐다.

제안 발표를 마치고, 나는 다른 프로젝트 제안을 위해 일본으로 출장을 떠났다. 제안 발표에 대한 평가가 일주일 후로 공표된 상태여서 걱정을 가득 안은 출장길이었다. 일본에서 돌아오기 전날, 그러니까 제안 평가 발표 3일 전에 프로젝트 리더인 고객사 S부장에게 전화를 했다. 그는 조직상으로는 본부장의 부하 직원이었지만 객관적이고 중립적인 사람이었고, 세 차례 사무실에서 회의는 같이했지만 개인적으로 만난 적은 없었다.

"부장님, 제안 발표 내용에 대해 저희가 보완해야 할 점이 있는지요?"
"아직 팀으로부터 보고받은 것이 없어서요. 기다려보시죠."
"향후 일정은 예정대로 진행되는 거죠?"
"제가 급한 일로 일본 출장을 가게 되어 일주일 정도 늦춰지게 되었습니다."
"일본에 오신다고요?"
"예."
"언제 오시나요?"
"왜 그러세요? 내일 저녁 비행기로 갑니다."
"사실은 제가 지금 일본에 출장을 와 있는데, 시간이 되시면 잠깐 뵙고 제 생각을 말씀드리고 싶습니다."
"……."

핸드폰도 없었던 시절, 국제전화로 질문을 해온 내가 기특하게 여겨졌던지 그는 잠시 망설인 후 만남을 동의해주었다. 호텔과 도착 시간을 확인한 후 나는 체류기간을 하루 더 연장했다.

다음 날 밤 9시 45분, 고객이 호텔에 도착했다. 로비에서 인사를 나누었을 때 그의 인상이 서울에서의 사무적인 모습과는 조금 다르다는 것을 느꼈다.

"식사하셨나요?"
"아뇨, 부장님도 못 드셨을 텐데, 같이하시죠."
"잠깐 기다리세요. 짐만 놓고 내려오겠습니다."

호텔 바로 앞 스시집에서 그와 마주 앉았다. 늦은 저녁이어서 맛도 있었지만 고객사의 발전 방향과 고민, 조직 운영상의 문제 등 격의 없는 대화로 두 시간을 보내며 그와 나 사이에 있던 벽이 점점 사라지는 것을 느꼈다. 식사를 마치고 일어서면서 말했다.

"저희는 나름대로 노력을 하는데 본부장님께서 여전히 저희에 대해 부정적인 시각을 강하게 갖고 계신 듯합니다. 부장님께서 균형을 잡아주셨으면 합니다."
"우리 회사는 한 개인에 의해 의사결정이 좌우되지 않습니다. 그것이 프로젝트팀이 존재하는 이유이고요. 어떤 경우에라도 팀의 의견과 평가를 존중합니다. 최선을 다해보세요. 다른 건 몰라도 공정성만큼은 내가 책임집니다."

첫 비공식적 대면이어서 그런지 서먹함도 있었지만, 두 시간 동안의 짧은 만남은 프로젝트 수주에 결정적 시간이 되었다.

'진심'은 차가운 고객의 마음도 돌릴 수 있다

그 후 경쟁사와 우리의 제안에 대한 고객 실무팀의 평가는 거의 대등한 것으로 알려졌다. 이제 최종 의사결정은 우리를 배제하려는 본부장과 중립적 입장을 가진 S부장, 두 사람에게 달려 있었다. 만약 일본에서 두 시간 동안 만나 이야기할 기회가 없었더라면 그도 우리를 전혀 모르는 사람이었을 테니 가능성이 0퍼센트였겠지만, 그나마 이제 25퍼센트 정도 가능성이 생겼다고 생각했다. 새로운 사업을 전개해야 하는 고객사 입장에서 보면, 이 결정이 단순한 하드웨어 구매가 아니라 향후 비즈니스 파트너를 선정하는 전략적 의사결정이어야 한다는 점이 우리의 강점이었고, S부장을 통해 우리의 가치를 직접 설명한 기회를 얻었기 때문이었다.

하지만 이것은 2막에 불과했다. 곧 결정할 것 같았던 고객의 선택은 엎치락뒤치락 반복되었고, 그로부터 또 두 달 간의 시간이 흘렀다. 고객에게는 신규 사업을 위한 첫 대규모 투자의 의사결정이었고 공정성과 전략적 요인 모두 고려해야 했기 때문에 신중할 수밖에 없었다. 시간이 흐르며 프로젝트팀의 의견은 두 갈래로 나뉘었고, 치열하고 지루한 공방이 계속되었다.

다행히 시간이 지나면서 우리가 강조한 사업 협력자로서의 제안을 S부장이 의미 있는 부가 가치라 받아들였고, 우리에 대한 부정적 기류는 조금씩 사그라졌다. 이제 가능성은 50퍼센트까지 올라왔다고 확신했다.

그런데 여전히 본부장이 문제였다. 우리에 대한 거부감은 여전했고, 하드웨어에 대한 기술평가와 가격만을 고려해야 한다고 팀을 몰아붙였다. 본부장인 자신의 의견이 받아들여지지 않을 경우, 사임까지 생각하겠다고 공공연하게 떠들고 다니기까지 했다. 이제 분위기는 본부장과 S부장의 대결로 변했다.

상황이 개선되지 않은 채 시간이 계속 흘렀고, 이제는 프로젝트를 수주해도 개발 일정에 차질이 생길 정도로 결정이 미루어졌다. 본부장은 우리의 이야기를 아예 들으려 하지도 않았다. 고민을 거듭하고 있을 무렵, 고객사 C과장이 나에게 언질을 주었다.

"본부장이 사무실에서는 매우 원칙적이고 차갑지만, 사석에서는 아주 개방적이고 유연합니다. 본부장과 따로 밖에서 만나 이야기를 해보세요."

그러나 '고양이 목에 누가 방울을 달 것인가? 도무지 우리를 만나주지도 않는데……' 하는 걱정이 앞섰다. 그러던 중 본부장이 모 카페에 혼자 자주 간다는 이야기를 C과장으로부터 듣게 되었다.

무작정 선배 엔지니어와 함께 그 카페에 가서 기다리기로 했다. 이틀 째 9시가 되었을까? 카페에 본부장이 들어섰고 역시나 혼자였다. 우린 우연히 그 자리에서 만난 것처럼 인사를 했다. 그리고 역시 그는 사무실에서의 그가 아니었다. 어색해했지만 웃으며 우리와 합석하자고 했다. 시간이 흐르고 대화를 나누면서 왜 그가 우리를 그토록 싫어했는지를 알게 되었다.

"IBM은 항상 고자세였습니다. 도대체 누가 갑인지를 모르겠는 정도로요. 도리어 고객이 을이 됩니다. 유연성도 전혀 없고요. 고객의 말을 들으려고 하지도 않잖아요."

오래전 그가 다른 여러 프로젝트를 통해 경험한 우리 회사의 이미지는 아주 좋지 않았고, 자신만의 편견이 아니라 많은 사람들 역시 같은 생각을 하고 있음을 일러주었다. 어떤 이유에서든 그런 일이 있었다면 우리의 잘못이 명백했다. 정중하게 사과를 했고, 회사의 문제이기보다는 관련 직원의 개인적인 문제로 보아줄 것을 부탁했다. 더불어 우리의 이번 제안 내용에 문제가 있다면 충고를 부탁한다고 말했다.

"당신들을 만나주진 않았지만, 지난 5개월 동안 당신들의 일거수일투족을 유심히 관찰했어. 그런데 이제까지 만났던 친구들과는 좀 다르다는 생각은 했지. 그래도 두 사람이 뭘 바꿀 수 있겠어?"

하지만 그날 이후, 분위기가 완전히 달라졌다. 며칠 후 본부장 측의 핵심 과장이 자료 보완 요청을 해왔고, 몇 차례 보완 작업이 반복된 후 마침내 우리가 최종 수주업체로 선정되었다.

환희의 순간은 결코 쉽게 찾아오지 않는다
회사가 완전히 뒤집어졌다.
 지난 8개월 가까운 시간 동안 일어났던 온갖 일들이 주마등처럼 지나갔다. '감격' 그 자체였다. 기술 협상이 마무리되어 프로젝트가 시작되었고, 시스템 가격 협상도 프로젝트팀과 순조롭게 진행되었다. 하지만 최종 계약 처리를 위해 고객사 구매부로 넘어가면서 문제가 발생했다. 무조건 '추가 할인'을 하라는 지시가 떨어진 것이었다.
 그때는 가격 결정이 지금처럼 실무 부서에 일임되어 있지 않았고, 가격 체계도 유연하지 않았다. 프로젝트마다 계약 금액에 대한 본사의 승인을 반드시 받아야 하는 시절이었다. 우리는 우리대로 고객 프로젝트팀과 협의가 완료된 가격으로 본사의 승인을 받아두었고, 이미 기기는 발주된 상태였다. 고객사 재무담당 전무는 '우리가 요구하는 할인 조건이 수용되지 않으면, 계약을 처리해줄 수 없다'는 자세를 완강히 내비쳤다.

회사의 모든 임원이 나서서 고객을 설득하고 협조를 부탁했지만 전혀 받아들여지지 않았다. 고객 입장에서도 첫 대규모 프로젝트였기 때문에 구매 프로세스의 원칙을 세워야 했다. 담당자인 나조차도 처음 그 고객을 맡은 터라 구매 계약에 대한 추가 가격 협상은 전혀 생각하지 못했다. 엄밀히 말하면 영업을 맡은 나의 불찰이자 실수였다.

시간은 속절없이 흘러갔다. 회사의 모든 임원들이 전전긍긍했고, 고객사 재무담당 전무는 일체의 논의를 거부했다. 그렇게 6주가 지났고 마침내 시스템은 서울에 도착했다.

설상가상이란 말처럼, 12월 28일에 할머니께서 노환으로 돌아가셨다. 남은 마지막 3일 안에 계약을 처리하지 못하면 심각해지는 상황이었다. 새롭게 발표된 시스템의 최상위 제품이 계약도 안 된 상태에서 발주되었고, 출고되어 서울로 도착했으니 이것은 심각한 규정 위반이었다. 회사는 초비상상태에 돌입했다. 상중喪中에 빈소를 지키면서도 내 머릿속엔 계약이 맴돌았다. 조문을 온 선배, 본부장, 전무 모두 내게 직접적으로 말을 꺼내진 못하고 한숨만 쉬다 돌아갔다.

할머니의 발인 예식이 끝나고, 장지葬地로 향할 시간이 되었다.

내가 장지에 다녀올 경우 연내 계약은 시간상 불가능했다. 결국 나는 가족들에게 용서를 구하고, 발인과 동시에 고객사로 향했다. 고객사 앞 사우나에서 간단하게 샤워를 하고, 재무 전무실로 향했다.

"아니, 당신 상 당했다면서. 어떻게 온 거지?"
"전무님, 제가 죽게 생겼습니다. 그래서 발인만 마치고 바로 왔습니다. 몇 번 말씀드렸지만 지금 상태에서 추가 할인은 정말 불가능합니다. 제가 구매 프로세스를 제대로 알았더라면 이런 일이 없었을 텐데요. 부디 조치를 부탁드립니다."
"……."
"전무님……!"

그 침묵의 시간은 지금 생각해도 아찔하다. 고객 전무는 담배를 깊게 들이마신 후, 구매부장을 불렀다. 그리고 소리치듯이 지시했다.

"계약 처리해줘!"
"내가 당신한테 졌네, 졌어."

회사에서는 모두가 시한폭탄의 타들어가는 심지를 보는 것 마냥 그저 상황을 막막하게 바라보고만 있었다. 발인 후 빈소에서 바로 고객사로 갔고, 결과를 장담할 수 없었기에 나는 고객사로 간다는 사실을 사전에 회사에 보고하지 못한 상태였다.

그리고 회사로 돌아가 매니저의 책상 위에 계약서를 내려놓는 순간, 그 이후 회사의 분위기는 상상에 맡기도록 하겠다.

처음 이 프로젝트에는 한 명의 영업자가 배정되었지만, 9개월 후 팀이 구성되어 직원의 수가 14명이 되었고, 이듬해에는 별도의 본부로 확대되어 지역 사무소까지 만들어졌다. 그로부터 이 고객과는 4년 동안 수백억 원의 대규모 프로젝트를 이어나갔고, 10년 이상 고객과 비즈니스를 독점하다시피 했던 경쟁사의 매출은 반토막이 났다.

사소한 일들이 모여 영업의 승패를 결정한다.
모두가 0퍼센트의 가능성이라 생각했고, 엔지니어까지 도망쳤던 이 프로젝트에는 첫 석 달 동안 영업자 한 사람만 있을 뿐이었다. 주변의 동료와 선배들은 계속 결과를 만들어가는데, 혼자 처절한 상황에서 답을 몰라 갈등했을 영업자의 심정은 어떠했겠는가?

결정적인 순간은 아주 작은 부분으로부터 만들어진다. 일본에서의 전화 한 통, 그리고 그 두 시간 동안의 진솔한 대화가 의사결정자와의 신뢰 수립에 결정적 계기가 되었다. 크고 복잡한 프로젝트일수록 사소한 일에서 변곡점이 만들어진다. 그리고 이는 계약서에 도장을 찍는 순간까지 반복된다. 그래서 영업을 하는 사람은 전장戰場의 군인처럼 끝까지 긴장의 끈을 놓아서는 안 된다.

승리를 위해서라면 적일지라도 놓치지 마라.
고객이 부정적일 때에는 항상 그럴만한 이유가 있다. 그럴 땐 감정적으로 대응하기보다는 왜 그런지 이유를 제대로 파악하고 문제를 풀어나가야 한다. 침묵하는 고객보다는 불만을 표출하는 고객이 훨씬 고마운 것이다. 이 프로젝트에서 본부장을 최소한 중립의 입장으로 바꾸지 못했다면, 분명 우리는 실패했을 것이다.

고객의 프로세스를 정확히 파악해야 한다.
마지막에 두 달 가까이 불필요한 시간을 보낸 까닭은 고객의 구매 프로세스를 완벽하게 이해하지 못했기 때문이다. 42.195킬로미터를 1등으로 뛴 마라토너가 골인 지점을 1미터 앞에 두고 쓰러진다면 승자가 될 수 있겠는가? 불가능한 일을 거의 다 이루어놓고 계약을 못한 채로 해를 넘겼다면, 이 영업자와 조직에는 큰 상처가 남을 것이다.

01
영업의 시작은
고객에 대한 공부이다

고객 명단을 확보하여 자신의 데이터베이스에 적용하라.
좀 더 가능성 있는 고객을 확보할수록 수익은 올라간다.
_제이 에이브러햄 Jay Abraham : 마케팅 전문가, 제이 에이브러햄그룹 CEO

비즈니스의 목적에서 올바른 정의는 단 하나밖에 없다. 그것은 '고객 창조'이다.
_피터 드러커 Peter Drucker : 현대 경영학의 아버지

이따금씩 마트에 가면 아주머니들이 입구에서 신문을 바꾸라며 영업을 하는 의아한 광경을 목격하게 된다. 1년간 무료 구독 서비스에 그 후 1년의 의무구독 기간이 조건의 전부이고, 여기에 1년 구독료보다 더 큰 경품을 제공한다. 기이한 신문 영업의 혜택으로 인해 주부 고객들은 2년에 한 번씩 신문을 바꾸며 재미를 보고 있다. 신문사는 영업을 하는 사람에게 실적에 따른 인센티브를 제공하고, 실제 회수되는 구독료의 세 배에 가까운 제작비용을 별도로 부담하고 있다. 물론 신문사의 주요 수입원이 광고이고 광고료 책정의 핵심 변수가 독자 수이기는 하지만, 이는 영업이라 부르기 어렵

고 상식에도 어긋난다. 비단 신문사만의 문제는 아니다. 엄청난 수당을 지불하면서 카드 회원을 확보하려는 신용카드사의 전쟁은 끝이 없고, 이동통신사의 가입자 뺏기 경쟁은 지금도 계속되고 있다. 이런 업태 모두가 '고객 이동Churn-Out'이 용이하다는 공통점이 있고 각 사마다 나름의 마케팅·영업 전략이 있겠지만, 이런 막장 드라마 같은 영업 행태가 15년 이상 반복되고 있는 것은 본질적인 문제를 해결하지 못하고 있다는 반증이기도 하다. 말도 안 되는 '경품과 조건'을 미끼로 잠시 고객을 유치하고, '떠날 것을 당연하게 생각하는 의식 구조와 전제'가 잘못이다. 수數 싸움을 위한 일시적 고객 유치는 진정한 '신규 고객의 확보'가 아니다.

이러한 산업의 공통점은 고객을 '고객'으로 보지 않는다는 것이다. 신문사는 고객이라는 말 대신 '독자Subscriber'라는 표현을 쓴다. 다수의 독자에게 신문사가 일방적으로 정보를 보낸다는, 전통적인 매스미디어적 사고의 상징이다. 통신사는 고객을 '가입자'로 생각하고, 카드사는 고객을 '회원'이라고 부른다. 이들은 자신의 독자·회원·가입자가 이탈한다는 점을 기본 명제로 받아들이고, 그들이 떠나는 것을 어쩔 수 없는 문제라 생각한다.

만약 회사가 독자와 회원, 가입자를 '고객'으로 생각한다면, 최소한 남의 고객을 뺏는 일에 쏟는 에너지만큼은 기존 고객을 위해 쓸 수 있어야 한다. 이는 회사를 이끌고 있는 리더들이 고객을 중요하게 생각하지 않아서 그런 것은 아니다. 관리 대상 고객이 많고 고객 성향의 변화가 빠르다 보니, 이를 관리할 '정보 코스트'를 감당할 수 없고 마땅한 기술력이 뒷받침되지 않기 때문이다. 그러나 정보 기술은 상상하기 어려울 정도로 빠르게 진화를 거듭하고 있으며, 정보 인프라의 '쌀'인 트랜지스터의 생산 비용은 실제 쌀 한 톨의 생산 원가보다 더 저렴한 시대가 되었다. 이런 변화를 미리 읽어낸 기업은 전혀 다른 게임의 주인공이 되었고, 세상이 변한 다음에야 쫓아가려는 나머지 기업들은 처절한 싸움에 허덕이고 있다.

과자, 라면, 세제, 치약, 화장품 등을 만드는 소비재 업체에서는 고객을 '소비자Consumer'라고 부른다. 불과 10년 전까지만 해도 소비자는 개별적으로 분석되는 대상이 아니었다. 신제품 출시를 위한 시장 조사와 표적집단 면접Focus Group Interview, 설문조사 등 소비자에 대한 마케팅적 접근은 다양했지만, 개별 소비자를 '고객'이라는 관점에서 바라보지는 않았다. 실제로 내가 국내 최대 화장품 회사의 최고경영자에게 고객 분석의 필요성을 제안했을 때 "소비재 산업을 잘 모르시는군요."라며 고개를 저었고, 언론사 중역에게 독자 분석을 이야기했을 때에도 "우리에게는 사치입니다."라며 웃어넘겼다. 패션과 유통 기업을 이끄는 회장에게도 이를 제안했는데, 역시나 "정보 코스트를 감당하기엔 아직 이릅니다."라는 답변만 돌아왔다. 모두 그리 오래되지 않은 과거의 이야기이다.

과연 이들의 판단이 맞았을까? 아마존은 이미 20년 전부터 고객 분석을 통해 차별화된 서비스를 제공했고, 고객과의 접점을 확대하고 있다. 이 때문에 수없이 많은 닷컴.com 1세대의 몰락에도 불구하고 아마존은 굳건히 최고의 자리를 지키고 있으며, 지속적인 혁신으로 이제는 IT서비스까지 이루어냈다. 고객에 대한 올바른 이해의 최대 궁극적 수혜자는 비즈니스를 하는 주체들이다. 비즈니스의 주체가 기업인지, 자영업자인지, 개인인지의 차이는 있겠지만 어김없이 비즈니스 주체들이 수혜자가 되는 것이다. 고객 정보는 쌓이면 쌓일수록 경쟁력의 원천이 되고, 그것을 전략적으로 분석하고 활용하면 가치가 된다. 이제는 소비재 기업에서도 '고객' 알기에 전력을 다하고 있다. 앞에서 언급한 화장품 회사의 경영자는 얼마 지나지 않아 고객의 정보를 집적하는 프로젝트를 시작하였고, 현재 고객뿐만 아니라 잠재 고객의 정보까지 축적했다. 다양한 분석기법을 통해 고객을 이해하게 되었고 그에 맞는 접근전략으로 시장을 확대했다.

이제는 작은 김밥가게에서도 계산을 하고 돌아서면 "감사합니다. 고객님!" 하고 인사를 한다. 산업에 따라, 회사에 따라 '고객'에 대한 호칭은 다르지만, 고객에 대한 이해의 중요성은 누구나 강조하고 있으며 '고객 확보 및 만족'을 위해 혼신의 노력을 다하고 있다. 하지만 아직 '고객'의 본질에 대한 이해에는 차이가 있다.

고객은 변한다

몇 차례 강조했지만, 영업의 궁극적인 대상과 목표는 언제나 '고객'이다. 그리고 세상 모든 일이 변하는 것처럼 고객도 변한다. 하지만 그 변화를 누구보다도 민감하게 읽고 인지해야 할 영업자들이 오히려 변화에 가장 둔감하고 느리다. 기술과 혁신을 이야기하고, 자사의 제품은 고도화되고 서비스는 더 개선되었다고 열심히 떠들고 다니지만, 고객은 과거에 그러했던 것처럼 주면 받고, 이야기하면 듣고, 항상 영업자 자신의 생각과 의도에 공감해주리라 착각한다. 고객을 둘러싼 환경이 변화하고 있음에도 영업자들은 처음 만났을 때 그 고객의 지위와 역할의 틀 속에서만 영업의 대상과 방향을 설정한다.

하루가 다르게 자라는 아이에게 계속 같은 사이즈의 옷을 사주는 부모가 있을까? 친밀하다는 것과 둔감하다는 것은 전혀 다르다. 지금 만나는 나의 고객이 오늘 무슨 고민을 할지, 어떤 니즈가 있는지를 생각하고 또 생각하면서 긴장감을 유지하는 것이 진정한 영업자의 자세이다. 언제나 고객을 만나기 전 다시 한 번 스스로에게 질문을 하고 사무실을 나서라. '나의 고객은 지금 무엇을 고민하고 있을까?'

고객에 대한 이야기를 하다 보면, 대부분의 B2B 영업자들이 현재의 고객, 즉 '지금 만나고 있는 고객'만을 생각하고 그 범주에만 머무르고 있다는 점을 발견하게 된다. 하지만 영업의 진짜 핵심은 '어떻게 새로운 고객을 확보할 것인가?'이다. 새로운 고객의 확보는 B2B 영업자들보다 B2C 영업자들이 상대적으로 더 적극적이고 창의적이다. 여기서 새로운 고객은 두 가지의 영역으로 나누어 접근해야 한다. 하나는 '새로운 구매자New Buyer'이고, 다른 하나는 '새로운 고객New Client'이다.

'새로운 구매자'를 어떻게 늘릴 것인가?

이미 고객관계가 형성된 고객으로부터 어떻게 '고객의 폭'을 넓히느냐의 과제이다. 비즈니스 환경의 변화와 기술의 개방화·일반화로 인해, 동일한 기업 내에서 구매 업무를 담당하는 사람은 다양해졌고, 점점 그 수는 늘어나고 있다. 하지만 영업자에게 "현재 담당하고 있는 고객이 몇 명인가요?"라고 물으면, 대부분 자신이 담당하고 있는 고객 회사의 수를 이야기한다. 당연히 틀린 답이다.

영업자에게는 한 회사 내에 최소 열 명 이상의 핵심 관리자와 중역이 영업 대상으로 존재한다. 실무자까지 포함한다면 그 수는 세 배 이상이 될 것이고, 주체는 계속 바뀐다. 이것을 전제로 '고객'을 정의해야 한다. 본인이 지금 만나고 있는 기존 영업의 대상뿐만 아니라 새롭게 '구매의 주체'가 되고 있는 조직과 사람을 생각하는 것에서 영업을 시작해야 한다. 더불어 자신이 지금 놓치고 있거나 제대로 만나서 영업 활동을 하지 못한 사람이 누구인지를 냉정하게 평가하고 정리해야 한다. 우리는 B2C 영업자들이 기존 고객의 가족과 친구까지 영업의 대상을 확장하는 사례를 무수히 보았다. 이것이 바로 전형적인 '새로운 구매자New Buyer'의 확대이다.

현장에서 이루어지는 영업 전략 및 계획을 검토해보면, '기존 고객'만을 대상으로 어떻게 영업할 것인지에 대해서만 90퍼센트 이상의 에너지를 쏟아붓고 있다. 그러나 '새로운 구매자'를 명확하게 정의한 후에 영업 전략을 고민해야 더 효율적인 계획이 수립된다. 이제까지 만나온 고객을 대상으로 최선을 다하는 것도 물론 중요하다. 하지만 새로운 구매자가 누구인지 고민하지 않고 기존의 고객에게만 안주하는 영업을 지속한다면, 과연 얼마나 버틸 수 있을까? 새로운 구매자를 고객으로 만들지 못한다면 종국에는 현상 유지도 어렵게 된다.

IT 비즈니스의 경우에 고객은 어떻게 바뀌었을까? 과거에는 전산실의 책임자와 제한된 팀원만이 고객의 전부였다. IT는 전문가만이 운용할 수 있는 영역이자 전문가의 폭이 극히 제한적이었기 때문에 의사결정자도 극소수였고, 그 프로세스도 단순했다. 하지만 고도의 전문성이 요구되는 특수업무 영역을 제외하고는, 현재 IT는 모든 업무에서 쉽게 활동되고 있고 비전문가들도 기본적인 문제는 스스로 해결하고 있다. 마케팅부서에서는 통계 프로그램을 쓰거나 웹 운영을 직접 하기도 하고, 기획·생산·재무 등의 모든 부서가 해당 업무의 핵심 도구로 IT를 활용하고 있다. 당연히 이 부서들은 기본적으로 IT부서의 도움을 받지만, 독자적으로 필요한 제품을 조사하고 평가해 업체를 선정한다. 기업에서 진행되는 IT 투자의 절반 이상이 비전산 부문에서 검토되고 결정되는데, 영업자가 전산실만 고객이라 생각하고 영업을 한다면 그 비즈니스의 결과는 너무도 뻔한 것 아니겠는가?

누구를 만나고 누구를 대상으로 영업해야 할까? 비즈니스를 하는 회사의 관점에서 고객을 보면, 하드웨어 비즈니스와 컨설팅 비즈니스, 그리고 소프트웨어 비즈니스의 고객이 모두 다르다. 하나의 고객사 내에 다양한 고객이 존재하는 것이다. 사용 목적과 주체가 다르니 의사결정 방식도 다르고 의사결정자도 다르다. 그러나 하드웨어 중심의 잘못된 영업 패러다임으로 지금까지 만나온 고객만 생각하고 영업의 에너지를 모두 그곳에만 쏟는다면, 그 영업의 결과는 불 보듯 뻔할 것이다.

통신사의 영업도 같다. 과거에는 총무부나 통신실이 일임하여 투자를 검토하고 의사결정을 했지만, 지금은 각 부서마다 직원들이 의사결정에 참여한다. 화장품 영업은 또 어떤가? 오랫동안 고객 관계를 유지해온 여성만을 고객으로 삼는 영업자가 있을까? 그녀의 남편은 다른 화장품을 쓰고, 아이들은 또 다른 화장품을 쓴다.

기존 고객에게서 어떻게 '새로운 구매자'를 발굴하고, 나의 고객으로 만들 수 있을까? 여기서 유의해야 할 점은 영업자 혼자의 힘으로 새로운 구매자를 확보하는 데에는 한계가 있다는 것이다. 최대의 효과를 얻기 위해서는 회사와 조직 차원에서의 공감대와 지원이 전제되어야 한다.

한 회사에서 생산되는 제품일지라도 제품에 따라 고객이 다르고 의사결정 기준도 다르며, 영업의 방법이 다르다. 같은 자동차 회사에서 생산되는 자동차도 다양한 등급이 있다. 그러다 보니 어떤 영업자에게 '새로운 구매자'가 다른 영업자에게는 '기존 고객'인 경우가 있다. 조직이 크고 독립적으로 운영되는 회사, 다양한 기업군을 가지고 있는 그룹사에는 흔히 있는 일이다. 하지만 현장에서는 각 부문의 고객 정보가 제대로 공유되지 못하여 영업에 실패하거나, 불필요한 노력과 투자를 반복하는 경우가 허다하다. 사업 부문이 다를지라도, 하물며 회사가 분리되어 있더라도 고객을 중심으로 함께 고민하고 전략을 수립하여 영업을 공조한다면, '새로운 구매자'의 확장은 훨씬 용이할 것이다.

'새로운 고객'을 어떻게 확보할 것인가?

이는 말 그대로 '새로운 고객'을 만드는 일이다. 새로운 고객은 '경쟁사의 고객'이나 '다른 패러다임의 고객'을 뺏어야만 생긴다. 즉, 경쟁자를 밀어내야 확보가 가능하다. 업계 최초, 세계 최초의 제품을 영업한다고 해도 언제나 극복해야 할 경쟁자는 존재한다. 처음 샴푸가 등장했을 때, 샴푸 회사의 경쟁 상대는 '비누 회사'와 비누를 쓰면 된다는 '고객의 의식'이었다. 80년대 중반에 실업계 여고생들을 고용해 컴퓨터가 아닌 '주산'으로 계산을 하게 했던 섬유 회사 CEO가 있었다. 이 회사에 컴퓨터를 영업할 때에는 다른 컴퓨터 회사가 경쟁자가 아니라, 주산을 고집했던 CEO의 의식이 극복해야 할 경쟁 상대였다.

새로운 고객 확보는 '고객 분석'에서부터 출발한다. 고객 분석을 이야기하면 영업자들은 '내가 할 일이 아닌데……'라고 생각하고 전문가에게 의존하려고 한다. 때론 전문가의 도움과 참여가 필요하지만 전적으로 남에 의해 고객을 이해할 수는 없다. 자기가 담당하고 만나고 책임지고 있는 시장과 고객을 영업자 자신보다 누가 더 잘 알겠는가? '경쟁사의 고객은 누구인가?', '그들은 왜 경쟁사의 고객이 되었을까?', '누가 의사결정을 했고, 누가 경쟁사의 지원자인가?', '고객은 경쟁사의 제품과 서비스에 만족하고 있는가?', '경쟁사의 영업 채널은 누구인가?' 등 알아야 할 정보는 많은데 제대로 파악하고 있는 것은 거의 없는 경우가 대부분이다. 그래서 영업자가 가장 먼저 해야 할 일은 '사실' 확인이다. 알아야 할 사실이 무엇인지를 먼저 정리하고, 그중 정확하게 알고 있는 사실이 무엇이고 모르는 사실이 무엇인지 구분하여, 모르는 일은 '누가 어떻게 언제까지 어떻게' 파악할 것인가를 결정해야 한다. 사실이 확인되면, 할 일이 명확하게 보인다.

'목표 시장, 그리고 고객은 누구인가?'
'고객의 고민은 무엇이고 원하는 것은 무엇인가?'

새로운 구매자를 확보하는 일과 마찬가지로 구체적 실행 방안을 계획하기 이전에 위 사항을 먼저 명확히 짚고 넘어가야 한다. '새로운 고객'을 끌어들이는 일은 새로운 구매자를 확보하는 일보다 훨씬 더 어렵고 긴 시간이 필요하다. 그래서 계획을 끝까지 집요하게 실행하기가 힘든 것이다. 남의 식구를 내 식구로 만드는 일이 쉬운 일이겠는가? 하지만 많은 영업자가 새로운 고객을 확보하는 일이 기존 고객과의 비즈니스와 비슷하다는 생각으로 접근하고 있다. 당연히 성과가 나올 리 만무하다.

아무리 완벽한 영업을 해도 신규 고객 확보의 성공률은 기존 고객을 대상으로 한 영업 성공 확률의 3분의 1이 채 안 된다. 그리고 영업에 필요한 시간과 노력은 두 배 이상 필요하다. 이것을 전제로 계획하고 실행하고 돌아보고, 인내심을 보여야 한다. 그러기에 영업자의 인내심도 중요하지만 회사 차원에서의 '정책적인 인내심'이 더 중요하다. 신규 고객 확보의 영업 주기 Sell Cycle가 2년 이상인데, 결과가 당장 안 나온다고 매년 영업자를 바꾼다면 제대로 영업이 되겠는가? 기존의 지표와는 다른 목표와 평가 시스템의 설정이 필요하다.

고객에 대한 세 가지 핵심 관점

먼저 영업의 시작점이면서 목적지인 '고객'이 계속 변한다는 사실을 알아야 한다. 매일 만나온 고객일지라도 오늘은 어제와 다른 생각과 고민을 한다. 그뿐만이 아니다. 역할도 바뀌고 심지어는 성향도 바뀐다. 또 필연적으로 영업자에게는 새로운 고객이 계속 생겨나고 그들 또한 변한다. 이제까지는 전혀 관련 없던 사람이 갑자기 의사결정자로 등장하기도 하고, 외부에 노출되지 않은 채 영향력을 행사하는 사람이 나날이 늘어나기도 한다. 매일 푸르게 보이는 나무와 풀은 하루도 같은 날이 없다. 쓰러져가는 고목 틈으로 새싹이 오르고, 잡초도 하루가 다르게 자라난다. 생명과 죽음, 성장과 고통이 어우러져 숲을 만들지만 이를 세밀하게 관찰하고 느끼지 못하면 숲은 그저 푸르게만 보일 뿐이다. 영업도 마찬가지로 타성에 젖어 고객을 보거나 무심코 지나치면 아무런 변화도 감지할 수 없다. 고객의 변화를 감지하여 적절한 타이밍에 반응하고 대응하는 것이 바로 영업이다.

두 번째로 어떠한 영업자도 고객을 완벽하게 지배하지 못한다는 사실을 인정해야 한다. 전자회사에 다니는 영업자의 경우, 그 가족들이 모두 자사의 제품을 사용하고 있을까? 영업자라면 고객을 이제까지 보아왔던 시야로 고정시킬 게 아니라 더 넓혀서 생각해야 한다. 즉, 기존 고객의 내부 혹은 관련된 잠재 고객을 100퍼센트 나의 고객으로 만들어보겠다는 의지로 접근해야 한다. 고객이 어디에 예산을 집행하고 누가 그것을 사용하는지 아는 일이 그 시작이다. 그래야만 '새로운 구매자'가 보인다. 물론 고객 지배력 Wallet Share을 100퍼센트로 끌어올릴 수는 없어도, 이제까지와는 분명 다른 결과를 만들어낼 수 있을 것이다. '새로운 구매자'를 어떻게 찾아내고 나의 고객 동심원으로 들어오게 만들 것인가? 이는 상대적으로 적은 노력으로 최대의 효과를 얻을 수 있는 고객 확대의 지름길이다.

세 번째로 무엇보다도 '새로운 고객' 확보는 영업의 꽃이고 완성이라는 점을 잊지 말아야 한다. 하지만 이는 그만큼 힘들고 긴 여정이다. 여행이 더 길고 멀수록 준비를 철저히 해야 하는데, 이상하게도 영업의 현장에서는 도리어 더 가볍게 생각하고 실패하면 '안 되면 그만이지!'라고 위안해버린다. 이런 기업이나 영업 조직은 성장도 없고 성공도 없다. 역시 시작은 '고객에 대한 공부'이다. 새로운 고객은 당연히 현재 경쟁사의 고객일 수밖에 없다. 다른 사람의 동반자를 나의 동반자로 만드는 일이 쉽겠는가? 그만큼 고객에 대한 연구와 고민이 더 많이 필요하며, 상대적으로 긴 영업 주기 동안 실행의 집중도를 유지하는 것이 성공의 필수조건이다. 그러기 위하여 영업자는 누구보다도 집요해야 하고, 동시에 회사는 장기적인 지표와 인센티브로 인내심을 갖고 영업자들을 지원해야 한다.

02
기억에 남는 영업자는 첫 만남에 결정된다

> 첫인상을 좋게 하라. 언제나 미소를 지어라. 가까울수록 예절을 지켜라.
> _**클레멘트 스톤** W. Clement Stone : 에이온 코퍼레이션 창업자

> 우리는 매일 5만 번이나 되는 결정적인 순간을 경험하고 있다.
> 고객과 접하는 최초의 15초에서 100-1=0이 될 수 있다.
> 15초 동안에 당신과 회사의 운명이 결정된다.
> _**얀 칼슨** Jan Carlzon : 전 스칸디나비아항공 CEO

벌써 25년이나 지난 일이지만, 서대문 부근에 있는 한 식당에서 식사를 한 기억은 지금도 생생하다. 요즘이야 서비스업에 종사하는 사람들을 대상으로 서비스 교육이 활발하게 이루어져 훌륭한 업소가 많이 늘어났지만, 그때만 해도 '서비스 정신'이라는 말이 생소한 시절이었다. 식당을 방문했을 때엔 네 사람이 일행이었으며, 그 집은 고기와 냉면을 파는 가게였다. 상상이 되겠지만, 이런 집에서는 식사를 하면서 '반찬 더 주세요.', '소주 한 병 더 주세요.', '아까 이야기한 것 왜 아직 안 주시나요?' 등의 이유로 종업원을 수도 없이 부르거나 벨을 누르게 되어 있다.

그런데 그 집에서 식사를 했던 한 시간 남짓 동안, 손님으로 가득 찬 가게 안에서 종업원을 부르는 소리를 단 한 번도 듣지 못했다. 물론 벨 소리도 들리지 않았다. 우리 테이블도 밑반찬이 있고 채소도 있었는데, 그릇이 비워지면 그때마다 누가 부르지 않아도 여지없이 종업원이 반찬이나 채소 그릇을 가져와 채워주고 "맛있게 드세요."란 말까지 덧붙였다. 처음엔 일행과 이야기를 나누느라 무심코 지나쳤는데, 종업원들이 각각의 영역을 담당하며 손님의 식탁 위를 주의 깊게 보았고, 손님이 어떤 음식을 주로 먹는지 확인하고 부르기에 앞서 서비스하고 있다는 점을 깨닫게 되었다. 그곳은 호텔도 아닌 평범한 한식당이었다.

무척 감동적이었다. 이 식당에 대한 이야기를 지난 25년 동안 지인들에게 백 번은 넘게 한 것 같다. 지금도 나에게 가장 기억에 남는 식당을 이야기하라면, 주저 없이 이 집을 꼽는다. 솔직히 음식 맛은 기억이 안 난다. 그리고 그 집은 지금도 성업 중이다.

맛없는 음식점에 어찌 손님이 들겠는가? 품질이 떨어지는 제품을 고객이 선택하겠는가? 음식의 맛, 제품의 품질, 기본적인 서비스는 비즈니스를 위한 최소한의 필요조건이다. 하지만 이것만으로는 고객을 감동시키지 못하고 고객의 만족도 기대하기 어렵다. 차별화된 손맛이나 나만의 비법으로 성공을 거둔 음식점들이 있긴 하지만, 그것만으로는 지속적인 성공이 보장되지 않는다.

첫 만남 = Moment of Truth

영업은 어떤 형태로든 만남Contact에 의해 시작된다. 직접 대면이나 유선상 혹은 메일이나 메시지로 시작될 수도 있다. 이제는 SNS를 통해 고객과 첫 만남이 이루어지는 경우도 종종 발생하고 있다.

어떤 형태이든 첫 만남은 상대에게 강한 기억과 인상을 남기고, 향후에 전개되는 모든 순간에 실루엣이 되어 따라다닌다. 그러기에 기업, 공공기관, 자영업체 구분 없이 서비스와 관련한 조직은 첫 만남을 '가장 결정적인 순간Moment Of Truth'이라 여기고 직원들에게 교육을 한다. 백화점이 매장을 오픈할 땐 모든 직원이 도열하여 인사로 고객을 맞이한다. 고객으로부터 주문을 받을 때 직원이 무릎을 꿇는 식당도 있다. 고객의 차가 도착하면 문을 열어주면서 인사하는 호텔의 도어맨도 있다. 모든 기업이 고객과의 첫 만남을 보다 긍정적으로 만들기 위해 노력하고 있는 것이다. 서비스 산업에서 성공한 기업들은 기존 게임의 룰을 뒤엎고 짧은 시간 안에 경쟁사를 압도한 비결을 항상 '첫 만남'이라 말한다.

영업이나 비즈니스 관계가 아닌, 일상생활에서 맞닥뜨리는 모든 관계에도 상대방의 첫인상이 그 관계의 지속 여부에 70퍼센트 이상 영향을 미친다. 소개팅을 떠올리면 쉽게 이해할 수 있다. 상대방의 첫인상이 나빴다면 다음의 만남은 이루어지기 어렵고, 만약 첫인상을 극복했다고 하더라도 적지 않은 시간과 노력을 들였을 것이다.

그렇다면 영업자는 고객을 처음 만날 때 어떤 인상을 남겨야 마음을 사로잡을 수 있을까?

첫째, 제대로 알고 준비한 후에 만나야 한다.
고객을 만나기 전에 고객을 제대로 이해하고 알아야 한다. 기업이라면 그 회사의 비즈니스에 대해 기본적으로 이해를 해야 하고, 당면한 현안까지도 파악해야 한다. 더불어 만나는 사람이 조직 내에서 어떤 고민을 하고 있는지를 알면 더욱 좋다.

그런데 많은 영업자의 경우, 고객의 '사적 프로필'을 조사하는 것이 고객을 제대로 파악하는 방법이라고 착각을 한다. 개인의 취미나 관심사 등 기본 사항에 대한 이해는 대화를 전개하는 데에 일정 부분 도움이 되지만, 이는 고객에 대한 주요 정보가 아니다.

고객에 대한 이해의 깊이가 깊을수록 영업자는 질 좋은 질문을 준비할 수 있고, 준비된 질문은 효과적인 대화를 가능하게 만든다. 질문은 간단하고 명료하게, 그리고 고객이 이야기하고 싶은 주제로 준비하되 시나리오대로 질문해야 한다는 강박 관념을 가져서는 안 된다. 아무리 많은 질문을 준비했더라도 대화의 단절과 이탈을 부르는 질문은 독이 될 뿐이다.

둘째, 고객을 리드하려고 하지 마라.
영업 교육 중에는 영업자가 자신의 시나리오대로 고객과의 대화를

주도하고, 그것을 제대로 실행했는지에 대해 평가하는 과정이 포함되어 있다. 하지만 이는 대화의 목표를 인지시키고 논리적으로 이야기를 풀어나가는 능력을 향상시키기 위한 연습이지, 실전에서 이렇게 대화를 해서는 절대로 안 된다. 고객과 만나 이야기를 나누어보면 연습 때처럼 틀에 짜인 대화를 나누는 경우는 거의 없다. 변수도 많고, 영업자의 시나리오대로 끌려 다니는 고객도 없다.

모든 만남이 그러하듯 첫 만남에서는 많이 질문하여 상대방의 이야기를 유도하고, 대답에 숨어 있는 의중을 이해하는 것이 가장 중요하다. 고객이 더 많이 이야기하도록 하는 기술이 진정한 대화의 기술이다. 적어도 고객이 나보다 두 배 이상 많이 이야기하도록 유도했다면, 비록 준비한 답변을 모두 듣지는 못해도 그 첫 만남은 성공이라 볼 수 있다.

역으로 첫 만남 이후 고객이 '참 말 많은 사람이다', '그 사람 왜 왔었지?'라고 생각했다면, 이는 잘못된 만남이다. 그러나 현장에서는 고객으로부터 이런 이야기를 듣는 영업자와 리더가 너무 많다.

셋째, 너무 아는 척하지 마라.
특히나 첫 만남에서는 정직하고 자신을 낮추는 자세가 필요하다. 모르면 모른다, 준비가 안 되었으면 그렇다고 이야기할 줄 알아야 한다. 더불어 대답하기 힘든 질문일수록 사실에 입각하여 간결하게 아는 범위 내에서 대답해야 한다. 모르는 것을 덮으려고 아무리

애써 봐도, 상대방은 내가 모르고 말하는지 알고 말하는지를 단번에 파악한다. 모르면서 아는 척하면 자칫 실없는 사람으로 각인될 수 있다.

무엇보다도 자신이 잘 아는 영역이 대화의 주제로 나왔을 때, 균형을 잃지 않도록 조심해야 한다. 떠들고 싶은 충동을 억제하고 말수를 줄여야 한다. 영업하러 온 사람이 제 잘난 척만 하다 갔다는 인상을 남기면, 그 관계는 돌이키기가 어렵다.

물론 첫 대면의 짧은 시간 동안 한 사람의 인격을 100퍼센트 파악할 수는 없다. 하지만 몇 마디 이야기를 나눠보면, 상대가 어떤 유형의 사람인지를 알 수 있다. 그리고 이는 상대방도 마찬가지이다. 특히 고객의 직급이 높으면 높을수록, 경력이 길면 길수록 더 쉽게 나를 파악한다.

넷째, 애프터를 꼭 챙겨라.
애프터After를 확인하지 못한 소개팅은 첫 만남으로 끝이다. 영업으로 만난 자리도 다음을 기약해야 지속적인 관계를 이어나갈 수 있다. 물론 고객이 먼저 나서주면 좋겠지만, 영업의 특성상 영업자가 주도적으로 만남을 제안할 수밖에 없다. 그런데 고객이 첫 만남을 무척 만족스럽게 생각했다면, 필요에 의해 고객 쪽에서 다음 만남을 제안할 수도 있다. '추가 자료를 더 받고 싶다', '더 상세한 내용을 듣고 싶다', '직원들을 위한 자리를 만들겠다'는 등 다양한 형태

로 고객은 만족감을 표현하게 되어 있다. 행여나 고객이 첫 만남의 자리가 파할 때까지 다음 만남에 대해 언급하지 않을 경우를 대비해 영업자는 최소 세 가지 정도 마무리 시나리오를 준비하면 애프터 받을 확률을 더 높일 수 있다.

첫 만남 후에는 고객에게 함께해준 시간에 대해 감사를 표하고, 논의된 내용을 메일이나 SNS 등 고객이 불편해하지 않을 방법으로 간단하게 정리하여 공유해야 한다. 이는 어떠한 경우에라도 놓쳐서는 안 될 에티켓이다.

오늘도 우리는 수없이 많은 사람과 첫 만남을 한다. 적어도 하루에 열 번 이상은 처음 보는 사람과 대화를 하지 않을까? 식당에서, 전철 안에서, 매장에서 '갑'의 입장이 되어 '을'을 만나기도 하고, 회사에서는 업무상 새로운 동료를 알게 되거나 새로운 고객을 만나기도 한다. 각종 단체나 동문, 커뮤니티 등의 사회생활 속에서도 새로운 만남은 계속된다.

하루를 마무리하며 돌이켜볼 때, 과연 몇 명이 나의 기억 속에 남을까? 누구나 기억의 대부분은 기존에 만나온 사람들일 것이다. 특별히 계획하고 만나는 경우가 아니라면, 우리는 많은 첫 만남을 하나하나 분석하거나 기억하려고 하지 않는다. 마찬가지로 영업을 업業으로 생각하는 영업자는 고객과의 만남을 중요하게 기억하겠지만, 고객은 영업자를 매일 찾아오는 여러 사람 중 한 사람으로 인식할 수 있다.

그러나 영업자가 고객과 처음 만날 때 위의 네 가지를 제대로 실행했다면 그 영업자는 고객의 기억 속에 남을 것이고, 고객은 흐뭇하게 미소를 지을 것이다. 그렇게 되면 게임의 70퍼센트는 이미 이긴 것과 다름없다.

03
불가능을 가능케 하는 디지털 영업을 시작하라

기술이 경제의 틀을 바꾸고 기업과 소비자의 양상을 변화시키고 있다.
_윌리엄 델리 William Daley: 前 미국 상무장관

비효율적 프로세스는 실제 작업에 소요되는 시간의 열 배를 소모한다.
효과적인 프로세스는 시간낭비를 없애며, 정보기술은 작업에 소요되는 시간을 단축시킨다.
_빌게이츠 Bill Gates: 마이크로소프트 창업자

20세기를 살고 21세기에도 사는 사람은 정말이지 행운아다. 정보혁명이라 할 수 있는 제3의 혁명과 인터넷에 의한 제4의 혁명, 그리고 디지털 소셜에 의한 제5의 혁명을 직접 경험하고 주도하여 세상을 대반전시킬 수 있는 기회를 부여받았기 때문이다.

인터넷에 의해 정보의 개방화와 표준화 혁명이 일어났다면, 모바일은 시간과 공간의 제약을 완전히 해제시켰다. 더욱이 우리나라는 전 세계에서 가장 빠른 인터넷과 모바일 인프라를 갖추고 있다. 지하철이나 버스를 타면 거의 모든 사람이 고개를 숙이고 휴대전화로 인터넷을 하고 있다. 카페에 자리를 잡고 있는 절반 이상의

젊은이들이 노트북을 펼쳐놓고 공부도 하고 일도 한다. 산에서도, 심지어 섬에서도 낮과 밤을 가리지 않고 모바일에 의해 인터넷 접속이 가능하다. 더 이상 인터넷과 모바일은 IT 전문가들의 고유 영역이 아니다. 이제는 누구나 언제 어디서든 원하는 정보에 닿을 수 있고, 업무 처리도 가능하다.

1967년, 우리나라에 최초의 범용 컴퓨터가 도입되었다. 5년마다 실시되는 인구주택총조사를 위해 경제기획원 통계국이 도입한 것으로, 당시에 한 신문은 이렇게 보도했다.

'…… 이 계산기는 시가 40만 달러에 해당하는 것으로 통계국은 IBM 회사에 대해 매달 9,000달러의 사용료를 내고 빌려 쓰게 된 것이다. 이 전자계산기의 성능은 1초에 6만 자를 읽을 수 있는 고성능으로, 예를 들면 아직 세밀한 분석을 해보지 못한 지난 66년의 인구 조사 결과를 완전히 분석하려면 통계국 직원 450명과 2억 1,000만 원의 돈, 그리고 14년 반의 시간이 걸리는데, 이 계산기를 쓰면 9,000만 원의 돈과 시간은 1년 반으로 단축할 수 있다.'

그 당시 우리나라의 일인당 국민소득이 145달러였으니, 지금의 가치로 환산하면 월 20억 원의 사용료를 지불한 셈이었다. 그리고 그 컴퓨터의 성능은 지금 우리가 쓰고 있는 노트북 컴퓨터 성능의 1,000분의 1 수준이라고 보면 된다. 이후 컴퓨터는 킬로바이트 Kilobyte, 메가바이트 Megabyte를 시작으로 90년대에는 기가바이트 Gigabyte, 2000년대 초에는 테라바이트 Terabyte, 2007년에는 페타플롭스 Petaflops 프로세스가 등장했고, 현재는 바야흐로 엑사바이트 Exabyte 시대를 예고하고 있다.

이제 우리는 아침에 눈을 뜨면 신문을 보기 전에 휴대 전화를 확인하고, 이메일보다 SNS를 먼저 훑어본다. 글로벌 상위 다섯 개 SNS를 한 달에 한 번 이상 배타적으로 사용하는 사람의 수가 17억 명을 넘었다. 불과 6년 전에 전 세계에서 하루 동안 만들어지던 전체 데이터의 양보다 더 많은 데이터가 하나의 SNS에 의해 하루만에 유통되고 공유된다. 개인의 프라이버시는 계속 논란의 중심에 있지만, SNS의 확산 속도와 그 파괴력은 상상을 초월한다.

모바일과 인터넷의 보편화, 사물시스템과 정보기기의 연결, 빅데이터, 그리고 소셜 미디어의 확산으로 설명되는 이른바 '제5의 혁명' 시대의 영업자라면, 당연히 이를 어떻게 활용할 것인지에 대해 고민을 해야 한다. IT는 더 이상 전문가들만의 주제가 아니라, 이 시대를 살아가는 모든 사람이 공기처럼 받아들여야 할 도구가 되었다.

디지털 영업의 시대에 빠르게 적응하라
약 500개의 다국적 기업을 담당하는 영업자가 있었다. 담당하는 회사가 워낙 많다 보니, 그가 만나야 할 고객은 최소 3,000명 이상이었다. 일주일에 열 명 이상의 고객을 만난다 해도, 1년에 한 번도 제대로 만나지 못하는 고객이 더 많을 정도였다. 그런데도 이 영업자는 무리 없이 고객을 관리하고 프로젝트를 진행했다. 어떻게 이런 일이 가능할까?

답은 바로 '디지털 영업'에 있다. 이 영업자는 기존 고객을 관리하는 일뿐만 아니라 신규 고객 유치에도 무척 능했는데, 여기에도 '디지털'이라는 수단을 적극 활용했다. 일례로 고객과 잠재 고객에게 '정보 보완'과 관련한 자료를 이메일로 보낸 후, 자신이 보낸 메일을 고객이 읽었는지, 첨부 파일을 열어보았는지를 확인해 고객이 자료에 대해 관심을 가지고 있음을 파악했다. 파일까지 열어본 고객에게는 관련된 자료를 추가로 보내고 전화로 인사를 했다. 그리고 자신을 소개하며 해당 주제에 관심이 있는지를 직접 물어보았다. 얼굴을 마주한 적 없는 영업자이지만 메일로 정보를 주고받으며 상대의 신원을 알았기 때문에, 고객의 경계심은 누그러졌고 보내온 정보에 대해 고마움까지 느꼈다.

얼마 후 고객은 자신이 회사의 보안 대책 수립을 맡고 있으며 추가로 도움을 줄 수 있는지를 물었고, 영업자는 관련 정보를 계속 전송해주었다. 약 5개월 동안 그는 고객과 직접 만난 적이 없었지만 고객과 긴밀한 관계를 쌓았고, 결국 두 달여 간의 검토와 직접 상담을 통해 고객은 이 영업자가 제안한 정보 보안 솔루션을 채택하였다. 3억 남짓의 크지 않은 프로젝트였지만, 영업자는 네 번의 만남만으로 서비스 프로젝트 수주에 성공했다.

해당 이야기는 중국계 은행과 프로젝트를 진행한 실제 사례이다. 서비스 프로젝트는 규모와 관계없이 영업 주기가 길고 경쟁도 치열해서 수주 성공률이 30퍼센트도 채 안 된다. 하지만 이 영업자는 총 12시간 남짓의 영업 활동으로 서비스 계약을 성사시켰다. 이것이 바로 '디지털 영업'의 전형적 모델이다. 상대적으로 적은 시간과 노력을 들여 원하는 결과를 얻을 수 있다는 점이 디지털 영업의 가장 큰 장점이다. 만약 이 영업자가 고객을 직접 방문해 면담을 하는 기존 영업 방식을 고수했다면 아마 열 배 이상의 시간이 들었을 것이고 고객을 직접 만나지 못할 가능성도 더 컸을 것이다.

이미 인터넷과 모바일, 사물 인터넷, 빅데이터, 소셜 네트워크 등은 우리 삶의 한 축이 되었다. 하지만 왜 그런지 많은 영업자가 아직도 전통적인 영업 방식에서 탈피하지 못하고 있다. '내가 SNS에는 조금 약해서', '휴대 전화로 연락하는 건 내 체질이 아니라서' 등등 자신의 취향이나 선호 여부는 영업에 있어 중요하지 않다. 이미 고객은 '디지털화' 되었고, 시장 역시 급속히 전환되고 있다.

고객 데이터, 디지털로 더 전략적으로 활용하라

이사를 하면 한동안 우편함에 이름 모를 수취인 앞으로 발송된 우편물이 쌓인다. 카드 청구서, 보험 안내서, 백화점 프로모션 안내장 등 다양한 우편물들이 제 주인을 찾아가지 못한 채 버려진다. 왜 이런 일이 계속 반복될까?

과거에 C보험회사와 고객 정보를 활용한 캠페인 활성화 프로젝트를 진행할 때였다. 하지만 캠페인 전략을 짜기도 전에, 회사가 관리하고 있는 고객 정보의 절반 이상이 잘못된 데이터임을 발견하였다. 고객이 이사를 간 지 오래되었는데도 주소는 정정되지 않았고, 회사를 그만둔 고객에게도 계속 기존 직장으로 안내물이 발송되고 있었다. 이는 마치 잘못된 좌표를 설정하고 포탄을 쏘는 일과 같다. C보험회사의 경우 영업 및 고객 관리가 재무설계사FP, Finance Planner에 의해 주도되니, 해당 재무설계사가 제때 본사에 정보 변경을 보고하지 않으면 정확한 정보 관리가 불가능한 시스템이었다. 그래서 실제로 고객이 거주하거나 근무하지 않는 곳에 아까운 비용을 쓰면서 무작정 자료를 보내왔던 것이다. 프로젝트 전략을 짜기에 앞서, 근본적인 문제의 해결이 시급했다. 우선 고객 정보를 재정비하는 방향으로 프로젝트의 내용이 변경되었고, 이후 C회사는 정확한 정보를 가지고 프로젝트를 성공적으로 마무리할 수 있었다.

고객 정보는 영업자에게 매우 중요한 자료이다. 페타바이트만큼의 자료가 쌓여도 불필요한 자료이거나 잘못된 고객 정보라면, 전략적으로 활용할 수 없다. 반대로 정확한 고객 데이터를 축적하고 정확성을 지속적으로 유지한다면, 전략적인 디지털 활용의 50퍼센트 요건을 갖춘 것으로 봐도 좋다. 이렇게만 된다면 고객의 소비 패턴을 쉽게 분석할 수 있고, 잠재적 이탈 고객도 미리 찾아낼 수 있으며, 제품 전략도 탄력적으로 수립할 수 있다. 더불어 고객의 고민도 한 스텝 빨리 읽어내고, 영업의 각 단계에서 발생하는 문제를 보다 수월하게 해결할 수 있다.

정확한 정보 생성의 시작은 영업자이고, 그 최종 수혜자도 영업자이다. 그러므로 영업자는 고객과 시장에 관련한 정보에 대해 스스로가 주인의식을 가져야 한다. 자신이 담당하는 고객의 정보가 제대로 생성되고 변화가 반영되어 살아 있는 데이터가 되도록, 주기적으로 점검해야 한다. 잠시 잊으면 정보는 쓰레기가 된다.

모 도넛회사 사장이 나에게 이런 말을 한 적이 있다.

"이번에 통계학을 전공한 사람 세 명을 뽑아서 마케팅팀과 기획팀에 배치했습니다. 비가 몇 시에 오느냐에 따라, 상품을 어떻게 배열하는가에 따라, 플레이트를 어느 쪽에 몇 개 비치하느냐에 따라 매장의 매출이 달라져요. 분명 어떤 고객 패턴이 존재하는데, 그것을 본사에서 연구하고 테스트한 후에 전국 매장에 적용할 계획입니다."

물론 엄밀히 말해 그는 직원을 새로 고용해서 연구할 필요까지는 없었다. 이미 고객 정보를 분석해주는 툴과 방법론이 많이 존재하기 때문이다. 하지만 앞서가는 최고경영자의 생각임에는 틀림이 없다.

"우리가 만들어내는 콘텐츠의 90퍼센트 이상이 인터넷을 통해 시청자에게 전해지는데, 우리는 아직도 90퍼센트 이상의 투자를 전통적인 방송 설비에 집중하고 있습니다. 기업으로 치면 90퍼센트 이상의 고객이 있는 곳에 10퍼센트 미만의 투자를 하고, 10퍼센트도 안 되는 고객을 위해 90퍼센트 이상의 자금을 쓰고 있는 것입니다. 그런데도 이 문제를 심각하게 생각하는 사람이 없습니다."

한 방송사 사장이 내게 털어놓은 고민이다. 이제는 자영업을 해도, 인터넷 쇼핑몰을 운영해도, 섬에 펜션을 열어도 그 정도와 비중의 차이는 있겠지만 인터넷과 모바일, 사물 인터넷, 빅 데이터, SNS는 피할 수 없는 소용돌이가 되었다. 디지털은 이미 고객의 생활이 되었고 비즈니스의 기본이 되었다.

영업자들은 이러한 변화를 은혜이자 축복으로 받아들여야 한다. 그리고 디지털의 파도에 올라타기 위해 굳어 있는 자신의 사고를 완전히 개조해야 한다. 이제 디지털을 내 것으로 만들지 못하면 영업을 포기한 것과 다름없다.

디지털이라는 신무기를 제대로 활용하기 위한 첫 번째 관문은 바로 고객에 대한 정보를 신선하게 유지하는 일이다. 그래야만 고객과의 소통, 고객 관리, 협업 등 전 과정에서 효율적이고 경제적으로 디지털을 활용할 수 있다.

04
항상 적어라, 그리고 정리하라

> 늘 종이와 펜을 가지고 다녀라. 정보의 입력과 추출에서 메모보다 더 좋은 기억 매체는 없다.
> _스즈키 야스토모 鈴木康友: 보험 세일즈맨

> 성공의 비결을 묻는 사람들에게 해줄 수 있는 단 한마디는 색인카드다.
> 메모야말로 성공의 비결이다.
> _하비 맥케이 Harvey Mackay: 휴먼 네트워크 전문가, 세계적 비즈니스 연설가

지방으로 회사를 이전한 고객과 모처럼 만에 식사를 하기로 했다. 5년 정도 알고 지낸 사이였는데 사무실 밖에서는 세 번 정도만 만남을 가졌고, 저녁 식사도 6개월 만이었다. 그와 나이는 동갑이었지만 고객 관계로 만난 지라 아주 편한 시간은 될 수 없었다. 식사가 시작되고 여느 때처럼 사무적인 이야기를 나누는데, 그가 갑자기 던진 질문에 나는 무척 놀랐다.

"유진 양은 귀국했나요?"

딸이 미국에서 대학을 졸업하고 귀국한 지 3주가 지났을 즈음이었다. 만난 지 6개월이 지났는데, 어떻게 딸 이야기를 알고 질문을 했을까?

"예. 이제 들어온 지 3주 정도 되었습니다."

딸에 대한 이야기를 나누고 잠시 다른 주제의 이야기를 주고받다가, 또 한 번 나는 그의 질문에 당황했다.

"승민 군도 이제 졸업이 얼마 남지 않았네요."

다시 아들의 진로 계획, 요즘 젊은이들과의 갈등 문제로 한참 이야기를 주고받았다. 심각한 업무 현안이 있어서 만난 것은 아닌지라 이런저런 사는 이야기를 나누며 기분 좋은 저녁 식사를 마쳤다. 하지만 나는 그가 어떻게 아이들 일까지 기억하고 질문을 꺼냈는지 궁금했다.

"제가 사실 오늘 좀 놀랐습니다. 저희가 6개월 전에 식사를 했고 그때 나누었던 아이들 이야기를 어떻게 또렷이 기억하고 계신가 해서요. 관심 가져주셔서 감사합니다."

"하하, 좀 당황해하시는 것을 느꼈습니다. 제가 뭐 천재인가요.

저는 중요한 분을 만나고 돌아갈 때 그분의 연락처와 함께 만난 날과 주요한 이야기 내용을 메모합니다. 그리고 다시 만나기 전에 그 메모를 읽고 오지요. 지난번에 만났을 때 유진 양과 승민 군 이야기를 해주셨지요."

신선한 충격이었고, 다른 한편으로는 부끄러웠다. 그리고 그에게 나는 크게 한 수를 배웠다. 업무상 누군가를 만날 때 업무 외의 이야기는 제대로 기억하지 못하는 편이 보통인데 그는 다른 사람들과는 확실히 달랐다.

국내 프로야구 감독 중에 가장 유명한 사람을 꼽자면 바로 김성근 감독일 것이다. 고희를 넘긴 나이에도 꼿꼿이 앉아 경기를 지휘하고 선수들의 플레이와 승부 결과를 그때그때 수첩에 메모하는 모습을 보면서 나는 그 자체만으로도 존경심을 갖게 되었다. 야구 경기의 모든 순간은 포수의 사인에 의해 투수가 공을 던지고, 타자가 그에 따른 반응을 하는 데에서 시작한다. 아무리 선수들이 과거의 경기를 참고하고 준비한다고 해도, 수천 번 쌓인 데이터의 흐름을 파악하지는 못할 것이다. 김 감독은 본인이 적고 정리하고 분석한 상대 선수의 기록과 본인 팀 선수의 기록을 대조해 승부 상황에서의 결과를 예측하고, 그에 따른 작전을 실행한다. 그러니 김 감독이 맡은 팀이 우승을 하지 못해도 잘못될 가능성은 없다고 본다. 프로페셔널의 기본을 지키고, 끝없는 노력으로 핵심 선수를 조련하고, 그 위에 자신만의 기록과 데이터로 경기를 통찰하기 때문이다. 성적이 나쁘거나 문제를 해결하지 못하고 헤매는 팀이 가장 먼저 떠올리는 카드가 김 감독인 것도 결국 그의 기록에 의한 차별화된 가치 때문이 아닐까 한다.

인류가 머문 곳 어디에든 '기록'이 존재한다

인간의 기억 능력에는 '한계'가 있다. 사람에 따라 기억력에 차이가 있을 수 있지만, 모든 기억은 영구적이지 못하다. 시간이 지나면 뇌 속 정보벽이 상실되는 것은 어찌할 수 없는 인간의 한계이다. 그렇다면 인간은 평균적으로 얼마나 빠르게 정보를 '망각'할까? 대부분 한 시간이 지나면 56퍼센트를 잊고, 또 하루가 지나면 64퍼센트를 잊고, 한 달이 지나면 70퍼센트를 잊는다고 한다. 다만, 기억과 망각을 반복하는 이른바 '반복 학습'이 뇌 속 정보벽을 단단하게 만들어 더 오래 기억할 수 있도록 해줄 뿐이다.

사회생활을 하며 우리는 자신의 직무와 전문적인 업무 기술에 관한 일을 제외하고는, 기억을 반복하는 일이 많지 않다. 우리가 접하는 현상이나 매 순간 발생하는 많은 일들은 순간적으로 스쳐 지나가곤 한다. 마찬가지로 대부분의 아이디어나 창의적인 생각도 순간적으로 떠오르고 잊힌다. 아무리 중요한 일도 반복적으로 기억을 하지 않는 이상 이내 새로운 이슈에 파묻히는 것이 보통이다.

기억력의 한계를 극복하기 위한 유일한 방법은 바로 '기록'이다. 그래서 예로부터 인간은 적어왔다. 누군가에게 메시지를 알리기 위해, 그리고 이를 공유하기 위해 적고 또 적었다. 3만 년 이상이 된 것으로 추정되는 프랑스의 '퐁다르크의 장식동굴'에도 염료를 이용한 그림이 있고, 담배의 종이 껍데기에 그림을 그린 화가도, 자작나무 껍데기에 편지를 쓴 시인도 있다. '기록'은 모든 지식과 정보의 생성과 유통, 저장의 첫 단계이다.

기록으로 창의와 전략적 사고를 포착하라

불현듯이 갑자기 떠오르는 생각과 아이디어는 그 순간을 놓치면 다시 돌아오지 않는다. 이럴 땐 바로 그 자리에서 적어두는 방법밖엔 없다. 발명왕 에디슨은 평생 기록한 메모의 양이 책 3,400권 분량이었고, 새벽에 잠을 자다가도 아이디어가 떠오르면 벌떡 일어나 손바닥에 메모를 하는 기업 총수도 있다.

누구나 기록의 중요성을 잘 알고 있다. 하지만 사람에 따라 얼마나 놓치지 않고 적느냐의 차이는 꽤 크다. 강의를 듣거나 회의를 할 땐 너나없이 모두 수첩을 펼치고 열과 성을 다해 적는다. 하지만 기록하기에 불편한 환경에 처하거나 돌발적인 상황에서는 순간적으로 수첩을 꺼내 아이디어를 적는 사람이 그리 많지 않다.

차별화를 만드는 기록 능력은 크게 두 가지로 볼 수 있다. 먼저 사람은 항상 무언가를 생각하고, 불현듯 아이디어를 떠올리기도 한다. 머릿속으로 추론하고 분석하고 결론을 내리는 과정을 모두 적을 수는 없지만, 새로운 생각이 떠올랐다면 즉시 적어야 한다. 이것이 기록으로 남으면 아이디어가 되어 전략으로 바뀌고, 실행으로 이어져 결과로 나타난다. 분위기를 해치거나 상대방이 불편해할 수 있는 상황을 제외하고는 항상 적어야 한다. 적을 수 없는 상황에서는 최대한 빠른 시간 내에 자신의 단기 기억장치에 저장되어 있는 내용을 불러내어 적어놓아야 한다. '항상 기록하는 습관'이 그 하나이다.

누구나 수업시간에 선생님이 말하는 내용을 열심히 적는다. 하지만 훌륭한 학생은 그 순간 강조된 핵심 포인트를 메모하고, 연관 및 파생 문제까지 표기한다. 영업의 현장에서도 다르지 않다. 같은 시간과 공간에서 동일한 사람으로부터 정보를 제공받아도, 사람에 따라 그것을 기록하고 활용하는 방법이 다르다. 행간을 제대로 읽어내고 핵심을 잡아내 기록할 수 있는 능력이 두 번째이다.

그리고 차별화를 만드는 '기록 능력'을 갖추기 위해 영업자가 꼭 지켜야 할 세 가지 팁을 공유한다.

첫째, 항상 적을 준비가 되어 있어야 한다.
적과 마주쳐 싸우는 데 칼이 없고 총이 없다면 어떻게 싸울 수 있

겠는가? 아무리 좋은 생각이 떠오르고 무언가를 적어야 할 긴박한 상황에 처했더라도, 종이와 펜이 없다면 다 무용지물이 되어버린다. 이제 웬만한 메모는 휴대 전화의 메모 기능으로도 가능해졌지만, 영업 현장에서 보란 듯이 휴대 전화를 꺼내놓고 입력하기는 어려운 경우가 많다. 그러므로 항상 메모를 위한 백업Back-up 도구를 준비해두어야 한다. 주머니에 작은 메모 패드와 펜을 넣어 다니는 습관을 기르도록 하자. 이는 어쩌면 자신의 몸을 두르고 있는 옷보다 더 중요한 물건이다.

비즈니스 관계로 만난 사람일지라도 업무에 관한 이야기만 하지는 않는다. 이때 영업자들은 영업과 직접적으로 관련된 이야기가 아니면 상대방의 말에 집중하지 않는다. 사랑하는 아들딸의 이름이나 결혼 이야기, 현재 가장 고민하고 있는 사안 등의 개인적인 이야기는 상대방이 보내는 친밀감의 표현인데도 정작 기록하지 않고 기억도 하려 하지 않는다. 물론 극히 사적인 이야기를 하는 사람을 앞에 두고 수첩을 펼치거나 대놓고 휴대 전화에 입력하기는 어려운 일이다. 이런 경우에는 화장실을 갔다 오는 시간이나 자리가 끝난 후 잠깐 짬을 내어 자신만의 메모 도구에 간단히 적어두어야 한다. 그러면 시간이 지난 후에 이 정보를 활용하여 상대방에게 관심을 표할 수 있다. 수험생인 아들의 이야기를 들었다면 시험 전날 응원의 메시지를 보내고, 결혼기념일을 적어두었다면 축하 메시지를 보내고, 병원에 입원해 있는 아버님의 이야기를 들었다면 쾌차를 기원하는 메시지를 보낼 수 있다. 작은 관심과 습관만 있으면 고객은 상상 이상으로 나에게 호감과 고마움을 느낄 것이다.

둘째, 적는 데에도 매너가 필요하다.
평소에 내가 기록의 중요성을 워낙 강조하다 보니, 고객과 심각한 주제로 회의를 할 때에도 배석한 영업자는 마치 속기사처럼 열심히 대화 내용을 적느라 바쁘다. 고개를 처박고 기록하는 사람을 앞에 두고 업무와 관련된 이야기를 편하게 할 사람은 아무도 없다. 특히 '을'을 앞에 두고 말하는 '갑' 회사의 중역이라면 당연히 부담과 경계심을 느낀다. 막역한 관계라면 불편함을 직접적으로 표현하겠지만, 대부분의 경우는 말을 중간중간 끊거나 극도로 줄여버린다. 그리고 상대가 말을 줄인다는 것은 영업자에게는 기회가 사라짐을 의미한다. 회의를 마치 기자회견하듯 일방적으로 말하고 적는 장으로 만들어서는 안 된다.

고객과의 만남에서는 당연하고, 상사와의 대화 또는 처음 만난 사람과의 인사에서도 공식적으로 적을 일이 있다면 먼저 상대방에게 양해를 구해야 한다. 동의를 얻었다 하더라도 머리를 처박고 글씨만 쓸 게 아니라, 상대방과 눈을 맞추며 대화에 집중해야 한다. 그러려면 메모를 문장으로 적지 말고 나중에 자기 스스로 알아볼 수 있을 정도의 단어나 숫자 등으로 간단하게 적어야 한다. 어떤 경우에라도 상대방을 불편하게 해서는 안 된다. 다만 프레젠테이션을 듣거나 상사의 지시를 받을 때, 혹은 교육 수업을 들을 때에는 되도록 현장에서 정확하게 문장으로 기록하는 것이 더 효과적이다.

셋째, 적은 내용을 반드시 주기적으로 정리해야 한다.

많은 사람이 다양한 방법으로 메모를 한다. 매년 다이어리를 받으면 그 속에 메모를 가득 채우고, 해가 바뀌면 또 다른 수첩에 빼곡히 메모를 한다. 특히 영업자들은 필사적으로 기록을 한다. 그런데 그렇게 적은 일들이 제 때에 실행되는 경우가 극히 드문 이유는 무엇일까? 실행력, 책임 의식, 역량의 문제라고 이야기할 수 있겠지만 근본적인 문제는 매일 새롭게 주어지는 '해야 할 일'에 의해 '이전의 일'들이 파묻히기 때문이다. 지금 당장 지난달에 메모해두었던 일이 어떻게 진행되고 있는지 돌아보라. 잊히고 묻힌 일이 더 많을 것이다. 그래서 기록한 내용을 주기적으로 정리하는 일이 중요하다. 매일 열심히 적기만 하는 것은 아무런 의미가 없다. 불과 3주 전에 지시했던 사항이 실행되지 않아 다시 확인해보면, 영업자는 수첩부터 뒤적거린다. 이렇듯 많은 영업자가 마구잡이로 적어둔 기록을 그냥 내버려두기 때문에 중요한 일을 잊거나 사장시켜버린다. 수업시간에 아무리 강의에 집중하고 필기를 잘해두어도 복습하지 않고 다시 핵심을 요약해 외우지 않는다면 성적이 제대로 나올 리 만무하다. 우리 모두에게는 적기 위한 펜과 메모장이 있고, 누구나 열심히 적고는 있다. 하지만 가장 큰 차이는 적은 내용을 '정리하느냐 하지 않느냐'에 의해 만들어진다.

수첩이나 휴대 전화, 컴퓨터에 본인만의 '기억 창고'를 만들고, 주기적으로 관련 분야별 메모를 분류하고 정리하는 습관을 들여야 한다. 그래야만 놓치는 일을 줄일 수 있고, 우선순위가 역동적으로 실행되며 생산성이 올라간다.

나는 개인적으로 오래 전부터 수첩이나 다이어리를 쓰지 않는다. 모든 회의에서 메모 패드에 메모를 하고, 그날 저녁에 요약하여 컴퓨터에 입력한 뒤에 찢어서 버린다. 업무상 외부에서 사람을 만날 때에도 작은 메모장을 가지고 다닌다. 이 역시 마찬가지로 컴퓨터에 정리한다. 적는 일은 그 자체만으로도 중요하다. 하지만 이는 단지 '구슬'을 모은 단계에 지나지 않는다. 반드시 하루에 단 30분만이라도, 아니면 10분 정도의 자투리 시간에라도 적어둔 내용을 정리하고, 실행의 우선순위를 점검해 확인하는 것이 중요하다. 정리하는 일은 구슬을 엮어서 '보배'로 만드는 작업이다. 적는 일이 성공의 요건 중 20퍼센트라면, 나머지 80퍼센트는 정리하고 실천하는 일이다. 하루는 어쩔 수 없이 건너뛰는 상황이 생기더라도, 반드시 이틀이 지나기 전에는 메모를 정리해두어야 한다. 정리하지 않고 지나치는 시간이 길어질수록 메모 내용의 의미가 머릿속에서 사라지고 귀찮은 일이 되어버리기 때문이다.

어떠한 사안이라도 메모를 하면 일이 정확해지고 체계가 잡혀 중요한 사실을 잊지 않게 되고 실수를 줄일 수 있다. 결과적으로 스스로 자신감이 넘치니 모든 일에서 앞설 수밖에 없다. 영업자에게 기록은 세상에서 가장 뛰어난 비서와 참모를 두는 것보다 더 가치 있는 일이다. 항상 적을 준비를 하고, 상대에게 부담을 주지 않는 메모 습관을 기르며, 주기적으로 정리하면서 실천해야 함을 명심하자.

05
경쟁의 본질을 놓치지 마라

> 어떤 비즈니스든 경쟁이 없다면 성과 달성을 꿈꾸기 어렵다.
> 길게 봤을 때 사업의 성공을 위해서는 둘 이상의 동종 업계 경쟁자가 반드시 필요하다.
> _**테리 켈리**Terri Kelly : 고어텍스 CEO

> 맥도날드는 버거킹과 웬디스를 경쟁자라고 말한다.
> 하지만 더 크게 본다면 조리된 음식을 판매하는 슈퍼마켓도 경쟁자에 포함시켜야 한다.
> _**필립 코틀러**Philip Kotler : 켈로그경영대학원 교수, 마케팅의 아버지

모든 운동 경기에는 상대가 있다. 직접 상대와의 대결을 통해 승자와 패자를 가르기도 하고 기록으로 순위를 정하기도 하지만, 보이든 보이지 않든 경쟁은 필연적이다. 그리고 어떤 경우에라도 모든 운동선수와 지도자는 경쟁자에 대한 분석을 기본으로, 자신의 현재 위치와 목표를 정하고 그 목표를 이루기 위해 땀 흘리며 연습한다.

영업도 마찬가지이다. 심지어 동네에서 치킨가게를 운영해도 가까운 거리에 있는 다른 치킨가게의 맛과 고객 분석을 필수적으로 한다. 일부 독과점 업태가 존재하기는 하지만, 중소기업과 대기

업을 막론하고 경영자의 머릿속에는 '경쟁'이라는 단어가 떠나지 않는다.

경쟁에서 이기려면 선수는 경기 전에 상대방의 전력과 전술을 파악하여 상대를 무력화시켜야 한다. 하지만 상대에게 자신의 전술을 쉽사리 알려주는 선수가 어디 있겠는가? 우리 쪽은 상대의 정보를 알려고 하고, 반대로 상대는 우리의 전술을 파악하기 위해 노력한다. 분석된 상대의 전술이 실제 경기에서 그대로 나타난다면, 경기에서 승리할 확률은 그만큼 높아진다. '지피지기知彼知己면 백전백승百戰百勝'이라고 했다. 적의 전술을 정확히 파악해야만 경기를 시작할 수 있다.

하지만 사전에 계획한 전술만으로 경기가 진행되는 일은 거의 없다. 그래서 경기가 시작되면 이른바 '탐색전'이 시작된다. 경기장 밖의 코치와 감독은 상대 선수의 움직임을 분석하여 다시 한 번 상대의 전술을 확인한다. 그리고 그에 따라 목소리와 몸동작으로 경기장의 선수에게 작전을 전달하고 행동을 독려한다. 상대의 움직임을 분석하고 그 다음을 예측할 수 없다면 게임에서 질 확률이 높고, 적의 전술적 변화를 감지해내면 상대를 제압할 수 있다.

이길 가능성이 없는 경쟁에 시간을 쓰는 것은 어리석은 짓이다. 참혹한 결과가 뻔히 예상되는데도 이제까지 하던 대로 전술을 펼치고 막연히 시간을 흘려보내면 안 된다. 때로는 합법적인 방법으로 과거의 경쟁자와 제휴하여 'Win-Win 전략'을 펼쳐야 하고, '혹

묘백묘黑猫白猫적 사고*를 해야 한다. '협력'과 '제휴'는 경쟁에서의 핵심 변수이다.

영업 현장에서도 '경쟁'은 피할 수 없는 현실이다. 운동 경기와 같이 경쟁 상대와 그들의 전술을 분석해야 하고, 영업을 하는 중간 중간에 전술의 변화를 감지해야 한다. 그리고 때로는 상대와 협력 또는 제휴를 도모해야 한다.

이것이 진짜 경쟁이다. 기업이나 개인 사업자를 막론하고 폐업의 유일한 원인은 '경쟁에서의 패배'이다. 바로 옆 치킨가게와의 경쟁에서 졌거나, 대체 신기술에 의해 도태되었거나, 외국의 앞선 기술력에 졌거나, 다윗을 우습게 본 골리앗처럼 오만한 판단에 의해 실패한 것이다. 경쟁에서의 승리는 생존의 기본 조건이다.

경쟁자를 정확히 아는가?

'회사'라는 영업자가 있는가? 회사는 따로 존재하지 않는다. 영업자의 성과가 모여 한 회사의 실적이 되고 영업자의 실수 또는 실패가 모여 회사 전체에 치명적인 영향을 미친다. 그런데 현장에서는 영업자가 지금 상황이 '경쟁'이라는 점을 잊고 행동하는 경우를 자주 접하게 된다. 그런 영업자가 많은 회사라면, 결과는 너무나 뻔

---

* '검은 고양이든 흰 고양이든 쥐만 잘 잡으면 된다'는 뜻으로, 1970년대 말부터 덩샤오핑이 취한 중국의 경제 정책.

하다. 그 회사는 문을 닫을 일만 남았다.

경쟁이라는 단어를 모르는 영업자가 있을까? 처음부터 경쟁을 생각하지 않고 달려드는 영업자가 있겠는가? 그러나 경쟁자를 모르고 그들의 움직임을 전혀 인지하지 못하는 영업자가 허다하다.

"전혀 예상치 못한 회사가 뛰어들었습니다." 현장에서 영업자들이 많이 하는 말 중 하나이다. 그런데 '전혀 예상치 못한 회사'란 있을 수 없다. 단지 영업자가 사실 관계를 제대로 파악하지 못했기 때문에 예상할 수 없었을 뿐이다. 경쟁자를 예측하지 못하는 영업자는 눈을 감고 상대와 검을 겨루는 것과 같다. 이러한 이유 때문에 패배하는 영업이 전체 실패의 30퍼센트를 차지한다. 이런 사람은 영업을 하려고 해선 안 된다.

경쟁자의 움직임을 감지하고 있는가?

경쟁에서 지는 경우의 절반 이상은 경쟁자를 '가볍게' 보는 행태에서 비롯된다. 고객과의 관계만 믿고 자신의 제품과 서비스를 과신하니, 상대방이 안중에도 없는 것이다. 자신감 자체는 좋지만, 문제의 본질은 상대를 알지 못하고 알려고도 하지 않으면서 자신감을 갖는다는 것이다.

'경쟁자는 무엇을 제안하는가?'
'그들의 셀링 포인트 Selling Point 는 무엇인가?'

'그들의 강점은 무엇인가?'
'그들은 누구의 지원을 받고 있는가?'
'그들과 함께 뛰는 협력회사는 어디인가?'

경쟁자의 정보를 정상적인 루트로 알아내는 일은 결코 쉽지 않다. 하지만 자신이 움직이는 것처럼 경쟁자도 똑같이 움직인다. 움직이면 '흔적'이 남고, '말'이 남는다. 때로는 고객이 주는 피드백을 통해서, 때로는 경쟁자 스스로가 떠벌려서, 때로는 협력회사를 통해서 정보가 조각조각 떠돌아다닌다. 이를 수집해 내 것으로 만들고, 해석하고 분석하는 능력이 진정한 '영업력'이다. 누가 경쟁자의 정보를 제공하겠는가? 영업자 스스로 밝혀내야 한다.

고객의 의사결정 주체는 한 사람이 아니다. 최종 의사결정자는 한 명일 수 있어도, 의사결정 과정에 참여하는 사람은 다수이다. 다양한 이해관계를 가진 사람이 의사결정 과정에 관여하면서, 그들 사이에서도 의견 충돌이 일어날 수밖에 없다. 만약 의사결정자 중 한 사람이라도 경쟁사의 손을 강하게 들어주고 그 세력이 점점 늘어나게 된다면, 게임의 판도는 순식간에 뒤바뀌어버린다.

비즈니스에 참여한 회사라면 반드시 나름의 '계획'을 가지고 있다. 어떤 정신 나간 회사가 패배가 뻔한 비즈니스에 인력을 투입하고 시간을 허비하겠는가? 이길 가능성이 10퍼센트이든 50퍼센트

이든 누구나 경쟁에 뛰어들었을 땐 그만한 이유가 있다. 경쟁자를 제대로 모르면서 상대를 우습게보면 반드시 큰 재앙이 기다리고 있을 것이다. 실제 영업 현장에서는 이런 일이 계속 반복되고 있다.

그래서 영업자는 경쟁에 임하기 전에 반드시 알아야 할 경쟁자에 관한 정보를 명확하게 정리하고, 파악된 정보와 파악하지 못한 정보를 구분해야 한다. 그 다음, 파악하지 못한 정보를 '누가, 어떻게, 언제까지' 수집할 것인지를 정하고 실행하면 된다. 누군가가 경쟁자에 대한 정보를 물어보았을 때, 모르면 모른다고 대답하는 것이 올바른 영업자의 자세이다. 모르면서 아는 것처럼 이야기하면 잘못된 정보를 유통할 수 있고, 이로 인해 회사 전체가 상대를 제대로 파악하지 못하게 될 가능성이 있기 때문이다.

때로는 '경쟁하지 않는 지혜'도 필요하다

7년 전의 일이다. 새롭게 맡은 영업 본부에는 중요한 의사결정 사안이 하나 있었다. 이미 8개월 이상 영업이 진행되어온 대규모 프로젝트의 제안 방향에 관한 내용이었다. 규모가 큰 만큼 제품과 서비스가 다양하고 복잡했다. 우리 측 경쟁 상대는 두 회사였지만, 담당 영업본부장은 우리의 승리에 매우 낙관적이었다. 이미 1차 프로젝트를 성공적으로 수행한 우리 인력에 대해 고객사의 신뢰가 매우 컸고, 가격 경쟁력도 이미 확보했다고 믿었기 때문이다. 하지만 내 직감으로는 A라는 경쟁사가 이 분야에서 좋은 성과를 내고 있는 회사였으므로 팀의 지나친 자신감에 동의하기 어려웠다.

나는 프로젝트 팀을 불러 A사를 '고객의 입장'에서 다시 분석하고, 예상 가격 비교도 새로이 해보라고 지시했다. 우리가 직접 납품하는 제품 및 서비스가 50퍼센트도 채 안 되고 나머지는 협력회사의 것들로 진행이 됨에도 우리가 가격 경쟁력이 있다는 프로젝트 팀의 판단을 믿을 수 없었다.

"지금은 중요한 결정을 해야 할 때입니다. 여기에서 결정의 기준은 우리가 아닌 고객 및 경쟁사가 되어야 하고, 정확한 사실$_{Fact}$에 바탕을 두어야 합니다. 난 여러분이 상황을 너무 낙관적으로 보고 있다고 생각합니다. 여러분이 보고한 경쟁사 가격 분석은 여러분의 시각으로 작성된 것입니다. 내가 경쟁사라면 그런 제안을 하지 않습니다. 그들도 고객이 우리의 인력과 경험을 높이 평가한다는 사실을 잘 알 텐데, 영업에서 이기려고 들어온 회사가 어떻게 뻔히 질 가격을 제안할 수 있을까요?"

"저희가 분석하고 판단한 바로는 A사가 이 가격 이하로 제안하기는 어렵습니다. 그것은 A사의 엄청난 손실을 의미하니까요."

"마지막으로 다시 묻겠습니다. A사는 이 비즈니스를 끝까지 합니까? 아니면 중간에 포기할 것 같습니까?"

"포기하지 않을 것입니다. 회사 차원에서 이 프로젝트를 지원한다고 들었습니다."

"그럼 여러분의 판단이 틀렸습니다. 그들은 여러분의 생각과 전혀 다른 제안을 할 것입니다."

"죄송하지만 저희는 더 이상 가격 조정이 불가능합니다. 지금의 제안 가격이 최선이고, 그 이상의 안이 없습니다. 정말 자신 있습니다. 저희가 총괄 제안할 수 있도록 승인해주십시오."

"여러분이 8개월 이상 고객을 만나고 고생했으니 현장의 분위기를 가장 잘 알겠다마는, 내 판단은 다르다는 것을 밝혀둡니다. 나는 여러분이 이 비즈니스를 완전히 새롭게 다시 보고 접근해야 한다고 생각합니다. 우리의 제품 및 서비스, 그리고 우리가 가장 잘할 수 있는 것만 직접 공급하고 나머지는 A사와 협력하세요. 그러면 우리는 불필요한 가격 경쟁을 하지 않아도 되고, A사도 무모한 게임을 하지 않을 겁니다. 물론 우리의 매출액은 절반으로 줄어들겠지만, 길게 생각하면 이기는 싸움입니다. 강자인 우리가 먼저 칼을 접으면 상대는 우리의 입장을 존중할 것이고, 그에 따라 우리의 몫을 더 키울 수 있습니다. 그리고 앞으로는 이 영역에서 A사와 경쟁하지 않고 서로 전략적 파트너로서 시장을 함께 개척할 수도 있습니다."

하지만 담당 영업본부장과 프로젝트팀은 승리에 대한 확신에 젖어 내 말을 듣지 않았다. 몇 차례 더 회의를 했지만, 계속해서 총괄 제안에 대해 승인을 요청해왔고 결국 나는 승인을 해주고 말았다.

그리고 안타깝게도 결과는 내가 예상한 대로 흘러갔다. A사는 상상을 뛰어넘는 파격적인 가격을 제안했고, 기술 평가의 우위에도 불구하고 우리는 탈락되었다. 이 비극은 단지 그 프로젝트 하나로 끝나지 않았다. 그 후 우리는 유사한 프로젝트에서 A사와 다시 세 번 경쟁했지만 모두 번번이 고배를 마셨다.

경기장에 들어서면 선수는 경기장을 볼 수 없다. 상대만 보고 싸우거나 공만 쫓아다니느라 정신이 없다. 나는 지금도 그때 모두의 반대를 무릅쓰고라도 방향을 바꾸지 못했던 것을 후회한다. '싸우지 않고 이기는 법'과 '적과 협력하는 법'을 더 강하게 가르쳐야 했다.

06
고객의 평가 기준이 곧 게임의 법칙이다

하고자 하는 일은 반드시 착수하기 전에 충분히 연구하라.
_데일 카네기Dale Carnegie: 미국의 작가, 『카네기 인간관계론』 저자

영업에서는 황금률보다 한 걸음 더 나아간 백금률(platinum)이 필요하다.
상대가 원하는 대로 대응해주는 것이 바로 백금률이다.
_토니 알레산드라Tony Alessandra: 리더십 부분 레버리지 전략의 세계적 권위자

22년 전, 그러니까 90년대 중반에 R고객사가 진행하는 발권 시스템 구축 프로젝트는 그해 가장 큰 프로젝트로, 연초부터 업계의 주목을 끌었다. 하지만 프로젝트의 복잡성과 해당 전문 인력의 부족으로 인해 제안에 참여할 수 있는 회사는 극히 제한적이었다. 고객사도 프로젝트의 난이도를 고려해 해외 사례를 연구하는 등 사전 준비를 철저히 하고 있었다. 마침 우리 회사는 주요 국가 내 유사한 서비스를 하는 회사에 프로젝트를 수주한 경험이 있고, 전문 인력까지 보유하고 있던 터라 프로젝트 수행에 자신이 있었다. 하지만 고객의 계약 조건을 수용하기가 어려워 고민에 빠졌다. '프로

젝트 지연 및 문제 발생 시'의 배상 기준이 걸림돌이었는데, 고객은 '무한 배상 책임' 조건을 고집했다. 우리가 프로젝트에 참여하기 위해서는 해당 조건을 고객이 철회하고, '배상 규정 및 한도'를 새롭게 정해야 했지만, 고객은 설득이 불가능했다. 결국 우리는 고민 끝에 경쟁 관계에 있던 다른 회사와 공동 제안을 추진하기로 했다.

공동 제안을 할 협력회사로 경쟁 관계에 있던 두 회사를 선정하였고, 제안 역량과 신뢰도 측면을 고려하여 B사가 더 적합하다고 판단했다. 하지만 이미 진행되고 있었던 다른 영역에서의 비즈니스 협력 관계를 고려해 A사를 먼저 만났다. 해외 사례가 많고 전문 인력을 보유하고 있는 우리의 강점은 역으로 두 회사의 약점이었기 때문에, 어떤 경우에도 협력을 이끌어내는 데에 자신이 있었다. 하지만 A사 담당 중역은 '아직 회사 차원에서 제안 여부를 결정하지 못했다. 최종 의사결정을 위해 한 주가 더 필요하니 기다려줄 수 있겠는가'라고 답을 했다. 우리는 제안 준비 일정이나 인력 계획을 이유로 결정을 미룰 수 없다는 점에 대해 양해를 구했고, A사도 이해를 표했다. B사를 마음에 두고 있었던 나는 내심 안도했다. A사가 공동 제안을 받아들였으면 다른 협력 관계를 고려할 때 받아들여야 했기 때문이다.

곧이어 B사와 협의가 시작되었다. 비교적 쉽게 공동 제안이라는 결론에 이르렀고 이내 양해각서까지 교환했다. 양사의 역할이나 인력 투입 계획, 제안 일정에 대한 상세 협의도 순조롭게 진행되었다. 역시 나의 판단은 옳았다고 생각했다. B사는 준비가 잘 되어 있었고, 우리와 시너지 효과도 극대화할 수 있는 좋은 파트너였다.

그로부터 일주일 후, A사도 이번 제안에 참여한다는 공식 입장이 들려왔다. 어느 정도 예측했던 일이었고 역량으로 볼 때 크게 걱정하지 않아도 되는 상대라 판단했기 때문에 우리는 계획대로 일을 진행했다. 그리고 그날, 주간 회의에서 B사의 총괄 PM(프로젝트 책임자)이 어떤 명단이 적힌 종이를 펼치며 내게 이야기했다.

"이 팀장님, 이것이 R프로젝트의 평가 교수단 명단입니다. 총 15명인데, 우리가 맡을 수 있는 교수는 이렇게 6명입니다. 나머지 평가 교수 중 5명은 A사 쪽 사람들입니다. 문제는 이 4명인데, 혹시 아시는 분 있는지 회사에서 알아봐주세요."

'아니 이런 것을 어떻게 확보했단 말인가?'
고객의 평가단은 평가가 완료될 때까지 외부에 발표하지 않게 되어 있었는데, 명단을 확보하고 평가의 선호도까지 알고 있다는 사실에 나는 무척 당황스러웠다.

"저희는 그런 정보가 없습니다. 확인해보겠지만 아마 아는 사람도 없을 겁니다."

당연히 우리 쪽에서는 아무런 도움이 안 되었다.

4주에 걸친 제안 작업으로 500페이지가 넘는 제안서를 제출하고 B사와 함께 결과를 기다리면서 나는 정말로 놀랄만한 현장을 많이 목격했다. 매번 때마다 R고객사에서 벌어지고 있는 상황을 부정한 방법으로 속속들이 알아오는 B사의 행태에 놀라움을 금치 못했다. 역시나 B사의 PM은 공식적인 업체선정 결과 발표 한 시간 전에 'B사가 선정되었음'이라는 정보를 받아 제안 팀에 공유하였고, 함께 있던 팀원들은 모두 만세를 불렀다.

하지만 발표 예정 시간 5분 전, 갑자기 발표가 연기될 것이라는 이야기가 다시 전해졌고 그로부터 2시간 후에 B사가 아닌 A사가 최종적으로 선정되었다는 사실이 전해졌다. 순간 모두가 침통해졌다. 고객사 내부 보고 과정에서 변화가 있었고, 그 과정에 A사 역시 부당하게 개입되어 있었음을 확인할 수 있었다. 사실 확인을 위해 PM은 나갔고 팀은 해산되었다.

이것이 22년 전의 일이다. 휴대 전화도 없었고 인터넷도 없던 시절이었다. 하지만 고객사 내부에서 일어나는 모든 일이 '을'에게 실시간으로 중계되고 있었고, 그 사이에 부당한 거래가 오고갔다. 어떻게 이런 일이 가능할까? 더군다나 더 큰 충격인 건 A사와 B사

모두 우리의 경쟁 업체라는 사실이었다. '아! 이런 자들과 우리가 경쟁하고 있었구나. 어떻게 이런 경쟁에서 이길 수 있단 말인가?' 패배의 충격보다 현실이 더 충격적이었다. 고객의 평가 기준을 제대로 알아야 한다는 의식조차 없던 우리도 부족했고, 부당한 방법으로 거래를 따내려고 했던 A사와 B사, 그리고 R고객사까지 모두 진흙탕 싸움을 했던 것이다.

고객은 사업자 선정 과정에서 '완전 경쟁 입찰', '기술 평가 80% 대 가격 평가 20%', '공정 평가' 등을 요란하게 강조했지만, 그 속에서는 우리가 상상하지도 못할 일들이 벌어지고 있었다. 고객 내부의 정보가 제안 업체들에게 실시간으로 유출되고 있었고 그들이 공공연하게 강조했던 공정 경쟁은 지켜지지 않았다. 공정성과 완전 경쟁이라는 그들의 공언 뒤에는 거짓과 허구, 온갖 부정적인 행태가 판을 치고 있었다.

"평가 위원이 누구인가요?"

지난해, 영업자들 사이에서는 'JS의 저주'라는 말이 회자되었다. 그즈음 나는 주간회의 형태로 영업자와 관리자, 그리고 담당 중역과 함께 주요 비즈니스 기회를 검토하고 코치하는 시간을 가졌다. 그 자리에서 나는 항상 직원들에게 "평가 위원이 누구인가요?"라는 질문을 던졌다. 그러나 직원들의 이야기를 듣고 질문을 하다 보면, 그들이 상황을 오판하고 있음을 쉽게 알 수 있었다. 평가의 주체와 고객의 판단 기준도 모른 채, 자신들만의 기준으로 막연한 희망을 갖고 비즈니스를 예측하는 일이 반복되고 있었다.

왜 그럴까? 정보기술 비즈니스의 특성상 '제안의 내용'과 '업체의 실행 역량'이 판단 기준으로 작용해야 하지만, '공정성'을 이유로 많은 기업들이 '경쟁 입찰 방식'을 통해 업체를 선정하고 있었다. '완전 경쟁 입찰', '기술 평가 80% 대 가격 평가 20%', '공정 평가' 등 과거에 공공기관에서만 취했던 경쟁 입찰 방식이 지금은 일반 기업에게까지 확대되고 있다. 자신의 프로젝트에 대해 가장 정확한 평가를 내릴 수 있는 기업들은 스스로를 평가의 주체에서 배제시키고, 공정성을 이유로 외부 평가단에게 평가를 위임하고 있는 게 현실이다.

어쨌거나 현실은 이렇게 흘러가는데, 정작 영업자와 리더들은 상황을 전혀 인식하지 못하고 있다. 고객을 만나고, 고객으로부터 가치를 인정받고, 최선의 제안을 했다면, 그리고 결과적으로 고객이 이를 판단하는 주체라면 영업자의 판단이 옳은 것이다. 하지만 앞에서 말했듯이 현실은 다르다. 평가의 주체가 과거와 달라졌고 고객의 의사결정 기준이 바뀌었는데 이를 모르고 영업자들은 과거의 기준으로 비즈니스를 판단하고, 프로젝트 수주를 기정사실화하여 보고하며, 리더는 영업자의 장밋빛 희망을 그대로 믿는다.

'평가 위원이 누구인가요?'라는 질문에 영업팀 대답의 90퍼센트는 '그건 아직 공개되지 않았습니다' 또는 '잘 모르겠습니다'이다. 과연 경쟁자도 똑같이 모르고 있을까? 22년 전에 그랬듯이 우리만 모르고 있는 것이다. 그리고 어김없이 이런 대답을 들은 비즈니스의 결과는 참혹했다. 물론 평가를 가장 정확하게 할 수 있는 고객이 평가를 외부 평가단에게 맡기는 일 자체는 우매한 짓이다. 하지만 이것 역시 전적으로 고객의 결정이다. 잘잘못을 따지기 전에, 평가 위원도 모르는 비즈니스에 시간을 쓰고 에너지를 낭비하고 있는지를 먼저 따져봐야 한다. 누가 어떤 기준으로 업체를 선정하는지도 모르면서 제대로 된 영업이 가능하겠는가? 영업자라면 영업 활동 이전에, 먼저 고객을 통해 정당한 방법으로 평가 위원을 미리 확보하고 움직여야 시간과 에너지를 낭비하지 않을 수 있다.

여기서 중요한 점은 고객의 평가 기준과 의사결정 방식이 공정하지 않을 경우에 이를 공식적으로 이의 제기해야 하고, 고객이 규정이라는 이름으로 불법을 합법화한다면 그러한 게임에는 발을 들여서는 안 된다는 것이다. '평가 위원이 누구인지', '고객의 평가 기준이 정당한지'를 알지 못하고 에너지를 쓰고 난 뒤에 비즈니스에 실패하고 부당함을 호소하는 영업자를 여럿 보아왔다. 미련한 영업 행위가 아닐 수 없다.

하지 말아야 할 영업은 과감히 버려라

90년대 중반에 한 고객의 요청으로 프로젝트 제안 평가에 자문을 해준 일이 있었다. 그 일을 인연으로 고객은 우리에게 공동 협력 프로젝트를 진행하자고 제안을 해왔다. 다만 과거 업계에서 그 회사와 거래를 하기 위해서는 '리베이트'를 주어야 한다는 이야기를 들었던 터라, 고객 담당부장에게 직접적으로 나의 의사를 표했다.

"부장님, 잘 아시겠지만 저희 회사에서는 리베이트 같은 일이 절대로 용인되지 않습니다. 제안 작업을 하려면 인력이 투입되어야 하는데 그 전에 먼저 리베이트가 필요한지부터 확인해주셔야 진행이 가능하겠습니다."
"당연하죠. 걱정하지 마세요. 제가 책임지고 공정하게 진행하겠습니다."

그는 회사에서 능력을 인정받아 젊은 나이에 부장으로 승진을 한 핵심 관리자였다. 그의 말을 믿고 팀을 투입시켰고, 계획서가 마무리되어 견적서를 제출하였다. 고객은 우리의 제안 내용에 만족감을 표했고, 일주일 내로 승인 절차를 마치겠다고 했다. 그런데 이틀 후, 고객사 부장이 상기된 얼굴로 나를 급히 찾아왔다.

"죄송합니다. 저도 우리 회사에 이런 관례가 존재하는지 몰랐습니다. 리베이트가 있었네요. 제 나름대로 배제시키려고 노력을 했는데 불가능하게 되었습니다. 정말 죄송합니다."

이미 인력까지 다 투입된 상황이라 황당하고 어이가 없었지만 나는 그의 진정성 있는 사과를 받아들였고, 개인적으로는 만나도 이 회사에 다니는 한 비즈니스 관계로는 만나지 말자고 선을 그었다. 20년 후 그가 그 회사의 사장이 되었을 때 우리는 다시 만났다.

비즈니스는 언제나 '정확한 평가'에 의해 시작되어야 한다. 길바닥에 물건을 펼치는 노점상도 사람이 얼마나 오고갈지, 그곳을 지나는 사람이 내가 팔 물건에 관심을 보일지, 단속은 없는지를 살펴본 후에 좌판을 펼친다. 영업에 뛰어들기 전에 '고객은 누구인지', '실무자는 누구인지', '의사결정자는 누구인지', '영향력을 행사하는 사람은 누구인지', '고객의 의사결정 기준이 무엇인지'를 하나하나 짚어야 한다. 우리가 아무리 경쟁력 있는 제품을 가지고 있고 프로젝트 성공에 확신이 들어도, 고객의 의사결정 기준에 부합하지 않는다면 과감히 버리거나 대안을 찾아야 한다. 즉, 모든 영업의 성패는 고객이 결정한다. 물론 고객의 의사결정 프로세스를 바꾸는 것이 가장 이상적인 방법이겠지만, 이는 그야말로 꿈이다. 그래서 영업은 냉정해야 한다. 판을 깔 영업이 있는 반면, 해서는 안 되는 영업은 과감하게 포기할 줄도 알아야 한다. 이길 확률이 제로인 비즈니스는 아예 시작조차 해서는 안 되는 것이다. 향후 프로젝트를 위한 포석일 경우도 있겠지만, 되지도 않을 비즈니스에 뛰어드는 것은 시작 시점부터 손실을 야기한다.

보다 더 심각한 상황은 '이미 기울어진 비즈니스', 그리고 '결과가 뻔히 보이는 비즈니스'를 영업자 개인이 '자기 희망'에 따라 이길 것으로 잘못 예측하고 리더는 이를 제대로 확인하지 않는 경우이다. 이는 '재무적 손실'뿐만 아니라 '신뢰의 손실'을 부르기도 한다. 재무적인 손실은 다른 비즈니스로 보충할 수 있지만, 신뢰의 손실은 조직을 무너뜨린다. 영업자는 승패에 관한 자기 자신만의 희망을 지우고, 항상 최악의 상황을 염두에 두어 상황을 판단할 수 있어야 한다. 실패로 인한 질책이 아무리 두려워도 실패를 '졌다'라고 이야기할 수 있는 용기를 가져야 한다.

고객은 어떤 경우에라도 지켜야 한다. 그러나 아무리 큰 비즈니스 기회일지라도, 아닌 것은 아니다. 버릴 줄 아는 것이 영업이다.

나는 지금도 22년 전 R사의 프로젝트에서 우리가 진 것에 감사하고 있다. 그때 프로젝트를 수주했다면 우리는 그 후로도 그런 고객을 지원하고, B사와 함께 이상한 짓을 하고 다녔을지도 모르기 때문이다.

07
축배를 들기 전까지는 마지막 한 걸음도 조심하라

> 시작했을 때처럼 마무리에 신중을 기하면 실패는 없다.
> _**사마광**司馬光: 중국 북송 시대의 학자

> 조금만 가면 되었을 텐데,
> 실패하는 사람들은 얼마나 가까이 목적지에 왔는지 알지 못하고 포기해버린다.
> _**토머스 에디슨**Thomas Alva Edison: 발명가

일본의 한 남부 지방에서는 매년 나무 오르기 대회가 열렸다. 곧게 뻗은 50미터짜리 나무를 두고 누가 가장 먼저 올라갔다가 내려오는지를 겨루어 우승자를 뽑았다. 40개 마을의 대표 선수들이 예선을 거치고, 네 명이 살아남아 결승전 마지막 경기를 치른다. 결승전에 진출한 선수를 배출한 마을은 그야말로 축제 분위기 속에서 경기를 즐기지만, 그렇지 못한 마을 사람들은 침울한 마음으로 구경꾼 신세가 된다.

지난 5년간, 단 한 번도 본선에 진출하지 못한 마을이 있었다. 예전에는 매년 결승에 올랐고 다수의 우승자를 낸 마을이었다. 그

런데 이제 그 마을 사람들은 대회가 다가오면 스트레스에 시달렸다. 이번 해에도 예선 탈락이라는 불명예가 계속되었다. 대회를 마치고 마을 이장은 더 이상 이런 치욕을 반복할 수 없다며 주민 회의를 소집해 대책을 마련했다. 긴 토론의 결과, 마을에서는 선수들의 기량을 끌어올릴 수 있는 지도자를 데려오자고 결론을 내렸다. 수소문 끝에 다섯 번이나 대회에서 우승을 한 나무 오르기 명인을 섭외했고, 마을 주민들은 마치 우승이라도 한 듯 기뻐했다.

역시 명인은 마을 주민들의 기대를 저버리지 않았다. 성실히 선수들을 가르치고 훈련시켰으며, 선수들의 자신감은 하늘을 찌를 듯 높아져만 갔다. 이제 마을 주민들과 선수들은 대회 날을 손꼽아 기다리게 되었다.

그리고 다음 해, 예선 첫 경기가 열렸다. 주심의 '시작' 소리와 함께 경기가 펼쳐졌고, 각 마을 선수들과 코치들의 기합 소리가 경기장을 가득 메웠다. 특히 코치들은 선수의 동작 하나하나에 목이 터져라 지시를 하며 자신이 경기를 하는 것처럼 몸까지 비틀었다.

그런데 새로 영입한 명인은 경기가 시작되고부터 계속 팔짱을 낀 채 아무 말도 하지 않았다. 마치 나무처럼 서 있기만 했다. 하나 둘 마을 주민들은 그런 그의 모습을 보고 의아해했다.

'아니 무슨 명인이 저래? 다른 코치들은 저렇게 열심히 선수들

을 독려하는데, 저 사람 정말 명인 맞아?'

어느덧 경기는 절정에 다다랐다. 시간이 흐르면서 마을의 선수가 꼭대기에 제일 먼저 도착했고, 더 빠른 속도로 내려오기 시작했다. 모두가 열광의 도가니였다. 그리고 마침내 마을의 대표 선수가 결승점 직전에 다다랐을 때, 명인이 소리쳤다.

"조심!"

경기장의 모든 함성을 지배할 만큼 큰 소리였다. 짧은 순간이 지나고 곧이어 이 마을 선수가 제일 먼저 땅에 발을 디뎠다. 마을 주민들은 모두 부둥켜안고 감격의 눈물을 흘렸다. 이장은 경기 후 축배를 나누며 명인에게 물었다.

"왜 경기 중에는 아무 말도 하지 않으셨나요? 다른 코치들은 목이 터져라 지시하고 독려하던데……."

"나무를 오를 때는 체력이 핵심이고 연습의 결과를 믿어야 합니다. 아무리 소리쳐도 선수에게는 도움이 되지 않습니다. 높은 곳에서 내려올 때도 마찬가지지요. 선수들의 긴장감이 최고조에 달해 있으니, 연습한대로 하면 됩니다. 그리고 가장 위험한 때가 '이제 끝났구나!' 하는 순간입니다. 이때 사고가 가장 많이 나지요. 그래서 마지막에 '조심!'이라고 외친 것입니다."

사소한 일 하나가 비즈니스 전체를 그르친다

돌이켜보면 30년 영업 인생 중에 가장 충격적이고 뼈아픈 실패는 어이없는 곳에서 발생했다. 디지털 콘텐츠 시장에서의 입지를 확고히 하고, 향후 1,000억 원 이상의 시장을 확보할 기회를 한 순간에 날려버린 사건이었다. 당시 우리는 인력을 전략적으로 선투입하고 팀이 하나가 되어 노력한 결과, 교두보가 될 E사의 프로젝트에서 우선 협상 대상자로 선정되었다. 그 자체만으로도 200억 원이 넘는 프로젝트였고, 곧이어 유사 프로젝트를 확보할 수 있었기 때문에 기대에 차 있었다. 우선 협상자로 지정되고 프로젝트 책임자를 선정한 후, 프로젝트팀이 2주간 고객사에 방문하여 상세 계획을 수립하였다. 그동안 나는 담당 상무로부터 순조롭게 협상이 진행되고 있음을 계속 보고받았다. 그리고 2주차 마지막 날 오전 11시, 고객사 부사장으로부터 급한 전화를 받았다.

"이 부사장님, 보고받으셨나요? 잘못하면 협상이 결렬될 상황입니다."

"어제까지도 아무 문제가 없다고 보고받았는데, 무슨 일이지요?"

"지금 급히 좀 만나시지요."

영업 담당 상무에게 다시 확인했지만, 그는 역시나 "큰 문제가 없는데요."라는 답만 했다. 다시 확인할 것을 지시하고, 고객사로 향했다. 먼저 프로젝트 책임자를 불러 문제가 무엇인지 물었다.

"정말 이해가 되지 않습니다. 편집기에 대해 김 과장이 고집을 부리고 있습니다. 저희가 제안한 장비가 최신 모델이고 기능도 더 뛰어나고 가격도 싼데, 왜 꼭 그 장비만 고집하는지를 모르겠습니다. 그리고 지난주까지는 별다른 문제를 제기하지 않더니, 그저께부터 갑자기 꼭 그 장비를 납품하라고 하네요."

"그럼 그 제품으로 변경하면 되잖아요."

"그 장비를 공급하는 회사가 한 군데밖에 없거든요. 그런데 그 회사가 연락이 안 됩니다."

황당한 이야기였지만 대충 그림이 그려졌다. 해당 장비는 우리의 경쟁 회사만 제안했었고, 공급회사는 우리에게 납품권을 주지 않으려고 연락을 받지 않은 것이었다. 고객 임원들과 실무자들을 배석시켜 회의를 열었다. 한 시간 이상 논의가 오갔지만, 고객 실무 책임자는 원칙을 반복했다.

"제가 처음부터 제안 요청서에 해당 제품을 명기했고, 협상 테이블에서도 이 부분이 제안 요청서와 다르니 수정하라고 몇 차례 이야기를 했잖아요. 그런데 듣지 않았지요. 자기 얘기만 했잖아요. 지난주에도 제가 최후통첩을 했죠. 이 부분을 바꾸지 않으면 제가 자리를 걸고 프로젝트를 원점에서 시작하겠다고요. 어쨌든 우리는 제안 요청서 기준에 어긋난 제품을 지적한 것이고, 업체는 이를 정정해야만 합니다. 만일 그렇지 못하면 이 협상은 결렬됩니다. 협상 유효 기간은 오늘 오후 6시까지이고, 이제 두 시간 남았습니다."

순조롭게 일이 진행되고 있다는 영업 담당 상무의 말도 잘못이었거니와, 설상가상으로 장비 공급업체와 연락까지 안 되니 일이 완전히 어긋나버림을 느낄 수 있었다. 계속 장비 공급업체와 연락을 시도했으나 실패했고, 마지막으로 고객사 부사장과 마주 앉았다. 그는 곤혹스러운 표정으로, 시간 내에 문제를 해결해줄 것을 요청했다. 나는 그것이 불가능하다는 걸 알았기 때문에 고객이 직접 해당 업체를 불러 납품하도록 지시하는 것이 유일한 해결 방법임을 이야기했다. 하지만 고객은 규정상 계약자의 하청업체를 고객이 직접 접촉할 수 없음을 설명하며, 우리가 문제를 해결할 것을 요청했다.

그로부터 두 시간은 지옥이었다. 분명한 것은 팀이 '트랩$_{trap}$'에 빠졌다는 것이었다. 만일 처음 문제에 부딪혔을 때 제대로 보고가 이루어졌다면, 해결할 수 있었다. 팀의 제안이 극히 합리적이었고,

충분히 설득할 방법도 있었다. 하지만 이제 우리에게 남은 시간은 두 시간밖에 없었다. 이미 넘지 못할 강을 건넌 뒤였다. 오후 6시가 되어 양사의 책임자와 실무자가 모두 모여 최종 회의를 했으나, 협상은 결렬되었다. 고객사 부사장은 다음 날 12시까지 시간을 연장해주겠으니 문제를 해결해보라고 했다.

"감사합니다. 노력해보겠습니다. 하지만 우리가 문제를 해결할 가능성은 1퍼센트도 되지 않습니다. 이제까지 의도적으로 우리의 연락을 받지 않는 업체가 내일이라고 연락이 되겠습니까? 유일한 방법은 고객이 그 업체를 불러 협조를 요청하는 것입니다."

나에게 남은 단 하나의 카드를 써야 할지에 대해 심각하게 고민했다. 고객 사장에게 직접 이 문제를 얘기하고 도움을 요청하려 했다. 하지만 그 방법은 훗날 고객 최고경영자에게 큰 부담이 될 수 있었다. 밤새워 고민했지만, 결국 나는 그 방법을 택하지 않았다. 역시 예상한대로 공급업체는 다음 날까지 연락되지 않았고, 우리는 우선 협상권을 경쟁자에게 넘겨주었다.

고객이 아니라면 아닌 것이다

문제는 아주 사소한 것에서부터 시작되었다. 계약서 내에 작은 조건 하나와 담당자의 안일한 생각으로 1년여 동안의 노력이 물거품

되었다. 우리의 제품이 더 뛰어나도, 가격 경쟁력이 있어도 결국 판단은 고객이 한다. 그러므로 고객의 한마디 한마디를 그냥 흘려서는 안 된다. 어찌 담당자 한 사람만의 실수라 하겠는가. 현장의 상황을 더 세밀하게 들여다보지 않은 나와 리더들의 실수이기도 했다. 그 영향으로 우리는 해당 분야의 전문 인력을 유지할 수 없게 되었고, 확보된 다른 프로젝트에서도 투입할 인력 부족이 문제가 되어 물러났다. 200억 원, 1,000억 원의 매출이 문제가 아니라, 새로운 비즈니스 영역을 개척할 수 있다는 꿈이 사라졌다. 50명 이상의 전문가 그룹이 역동적으로 일했고, 후배들이 세계를 향해 꿈을 펼칠 수 있는 기회를 아주 사소한 실수로 날려버렸다.

고층빌딩의 붕괴도 작은 균열에서부터 시작된다. 거대한 담벼락도 실눈 같은 금에 의해 무너진다. 운동 경기의 승패는 패자의 작은 실수에서 비롯된다. 나무 오르기 대회의 승자가 되려면 마지막 5미터를 조심해야 한다. 42.194킬로미터를 1등으로 달려도 결승선을 먼저 통과하지 못하면 챔피언이 되지 못한다. 영업도 마찬가지이다. 작은 실수가 패배를 가져온다.

때로는 고객이 어떤 상황을 의도적으로 몰아가는 경우가 있다. 하지만 이는 승패의 이유가 안 된다. 축구 경기에서 주심이 상대편에게 유리하게 판정했다고 하여 주심을 쫓아낼 수 있는가? 어떤 경우에라도 나에게 호의를 갖는 고객이 있다면, 반드시 경쟁사에

호의를 베푸는 고객도 존재한다. 이것이 경쟁 상황의 기본 구도이다. 그리고 경쟁자에게 호의적인 고객의 말도 고객의 말이고, 나에게 털어놓는 불평도 고객의 말이다. 고객의 말을 무시하거나 우습게 알고, 고객을 가르치려 드는 영업은 무조건 실패한다.

08
시시각각 변하는 고객의 마음을 확인하라

> 고객은 원래 왕이고 까다롭고 변덕이 심한 존재다.
> 어떤 주문을 해도 당연하다고 마음먹으면 어떤 일이든 흔쾌히 할 수 있다.
> _**정송주**: 기아자동차 영업본부장

> 고객을 꼭 붙잡아라. 다른 사람이 당신의 고객을 훔쳐가게 내버려두지 마라.
> _**토드 던칸**Todd Duncan : 자동차 영업자, 던칸 그룹 설립자

전년도 말에 프로젝트 수주가 결정되고 일주일 내에 마무리될 예정이었던 프로젝트 계약이 3주째 지연되고 있었다. S사의 데이터 센터 구축 및 이전 프로젝트였다. 새롭게 맡은 사업 부문에서 그해 가장 중요한 프로젝트였기 때문에, 담당 전무 및 본부장과 함께 새해 첫 주부터 점검 회의를 진행하고 있었다. 전년도 말에 고객이 추가 가격인하를 요청해왔으나, 전임 부사장이 '더 이상의 가격 조건은 불가하다'는 입장을 고객에게 명확하게 전달했고, 그 후 고객은 본사의 승인 프로세스를 밟고 있다는 것이었다. 회의에 참석한 담당 본부장에게 '어떤 회사가 내부 승인 절차에 3주씩이나 걸

린단 말인가?'라고 물으며 더 정확하게 문제를 파악해 보고하라고 했지만, 고객은 계속 '기다리라'는 답만 보내왔다고 했다. 프로젝트의 완료 시점이 정해져 있었고, 기간 내에 프로젝트를 완료하기 위해서는 일주일 내에 시작을 해야 하는데 이렇게 무작정 승인이 지연되는 일을 납득하기가 어려웠다.

"아직도 본사 승인 프로세스가 끝나지 않았나요?"
"예, 아직 승인을 받지 못했다고 합니다."
"고객도 다음 주부터 프로젝트를 시작해야 완료 시점을 맞출 수 있다는 사실을 인지하고 있고요?"
"예."
"아직 승인되지 못했다는 점을 누가, 누구에게 확인했나요?"
"그게……."

이렇게 일정이 미뤄지고 있음에도 어느 것 하나 분명하게 파악된 일이 없었다. 느낌이 매우 좋지 않았다. 직접 고객사 부사장과 만나 사안을 확인해야 했으나, 이 역시 제대로 진행되지 않았다. 첫 점검 회의 때부터 신년인사를 겸해 고객사 부사장과의 회의를 주선하라고 팀에게 지시했지만, 이런저런 이유로 계속 지연되고 있었다.

"더 이상 기다릴 수는 없습니다. 지금 즉시 고객 부사장과의 회의를 준비하세요. 내가 고객사로 가겠습니다. 정 시간이 여의치 않다면, 내가 들어가서 기다려도 좋습니다."

어이없게도 강경하게 지시한 다음 날, 바로 약속이 잡혔다. 약속 시간에 맞추어 고객사에 거의 다다랐을 즈음 팀 본부장이 풀이 죽은 목소리로 전화를 걸어왔다.

"부사장님, 죄송합니다. 방금 고객사로부터 이번 프로젝트를 B사와 진행하기로 결정했다는 통보를 받았습니다. 면목 없습니다."
"B사라니요? 이제까지 본사 승인 대기 중이라고 하지 않았나요? 그런데 갑자기 B사가 왜 등장하나요?"
"네, 그게……."

황당하고 어이가 없었다. 나쁜 예감은 항상 틀리는 법이 없다. 하지만 고객과의 약속은 약속이니 가던 길을 계속 가야 했다. 새로운 부서를 맡고 첫 대면하는 모습이 우스꽝스럽게 되었지만, 어쩔 수 없었다. 고객사 부사장과 첫인사를 나누고 의례적인 말을 주고받은 후, 해당 프로젝트에 대해 의견을 구했다.

"저희가 연말에 귀사에서 제출한 최종 가격이 예산을 초과해

조정해줄 것을 전임 부사장님께 요청했습니다. 저희의 요구를 받아들이기 어려울 것이라 생각을 했고, 그 후에도 답을 안 주셔서 거절의 의미로 판단했지요. 그래서 B사의 제안을 다시 검토했습니다. 사실 처음부터 본사에서는 B사가 본사와 함께 유사한 프로젝트를 진행한 사례가 있고 가격 조건도 좋으니 B사와 협력할 것을 권고했어요. 하지만 저로서는 국내에서의 풍부한 경험을 고려해 원래의 안대로 진행을 하고자 했죠. 그런데 B사의 조건이 워낙 파격적이었습니다. 저희 내부 기술 팀에서도 지난 3주간 기술력을 재검토하여 '문제없음'을 보고해왔고요. 그래서 최종적으로 제가 B사를 결정했습니다. 새롭게 부임하신 분께 이렇게 첫인사를 드리게 되어 유감입니다."

나 역시 고객사 부사장에게 우리가 제대로 대응하지 못해 이런 일이 생긴 것이라고 유감을 표한 후 사무실을 나섰다. 회사로 돌아오는 길이 정말로 황막했다. 화가 머리끝까지 치솟았다. 어떻게 이런 일이 벌어질 수 있단 말인가? 우리는 명확하게 의사를 전달했다 생각했는데, 고객은 우리의 답을 기다리고 있었다니…….

더구나 지난 3주간 나와 리더들이 모여 주고받은 이야기는 전부 거짓이었다. 작년 하반기에 프로젝트 수주를 위하여 우리 측 영업자들은 6개월 이상 매일 고객을 만났을 텐데, 그리고 고객은 분명 누군가에게 이러한 사실을 이야기했을 텐데 왜 아무도 모르고 있었을까? 왜 리더들은 직원들이 현장에서 놓치고 있는 점들을 바로잡아주지 않았을까?

결과적으로 이 프로젝트에 관여한 영업자는 둔감했고, 리더들은 정직하지 못했다. 그리고 영업자로서의 기초적 의무를 다하지 않았다. '본사의 승인 프로세스가 3주씩이나 지연되고 있다'는 뻔한 사실을 정확히 인지했다면, 그리고 이에 대한 해결책을 회사에 강하게 요구했다면 결과는 어찌되었을까? 리더가 문제에 대해 의심을 품고 직접 나서 해결하려 들었다면 어땠을까? 둘 중 어느 한 가지만 이루어졌어도 이런 어처구니없는 일은 발생하지 않았을 것이다.

눈에 보이는 사실을 인지하지 못하고, 문제를 읽어낼 줄 모르는 사람은 되도록 영업을 해서는 안 된다. 본인 스스로도 불행해지고 조직과 회사에 막대한 영향을 끼치기 때문이다. 하지만 이런 사람일지라도 리더가 제대로 가르치고 도와주면 개선될 수 있다. 더불어 정직하지 못하고 성실하지 못한 사람은 어떤 일이 있어도 본인이 영업을 하겠다고 나서서는 안 되고, 회사에서도 영업할 기회를 주어서는 안 된다. 이들은 회사와 조직을 파국으로 몰고 갈 가능성이 높다. 결정적인 순간에 자신은 도망치고 동료와 조직, 회사를 망칠 것이다.

비즈니스는 '생물'이다

프로젝트 일정이 지연되거나 계획이 갑작스럽게 바뀌는 등의 문제점은 사안에 대해 계속 촉을 세우고 있어야만 감지할 수 있다. 고객의 변화를 빠르게 감지하는 일은 영업 현장에서 고객과 직접 만나는 '영업자'의 몫이다. 그러므로 성실하지 못한 영업자는 변화를 볼 수 없고, 그 이유 역시 감지하지 못한다. 흔히 '사실과 다르게' 이야기하는 것을 '거짓말'이라 하지만, 영업 현장에서 반복되는 더 나쁜 거짓말은 '확인되지 않은 점을 사실처럼' 이야기하는 것이다. 이러한 거짓말은 조직이 잘못된 판단을 하게 만들고, 움직여 대처할 기회를 박탈해버리는 계기가 된다. 그리고 이보다 더 나쁜 거짓말은 '사실을 알면서 제때에 보고하지 않는 것'이다. 이는 조직을 바보로 만들고, 궁극적으로는 파괴한다. 안타깝지만 이런 영업자는 개선이 어렵다. 그래서 영업을 시켜서는 안 된다.

리더 역시 마찬가지이다. 영업자가 보고하는 내용을 확인도 제대로 하지 않은 채 상사에게 그대로 보고하는 이른바 '리포터' 같은 영업 리더는 방관자이기도 하지만 거짓말쟁이이기도 하다. 영업자를 100퍼센트 신뢰하고 존중한다고 합리화하고, 직원의 어깨를 두드려주고 술잔을 기울이는 것을 직원에 대한 격려라고 생각하지만, 진정한 영업 리더는 직원의 보고와 판단에 올바른 가이드를 줄 수 있는 사람이어야 한다.

앞에서 이야기한 프로젝트를 담당했던 리더와 영업자들은 예외 없이 이런 말을 반복했다.

"담당자가 해외 출장을 가서 2주 정도 지연되었습니다."
"새로운 CFO(재무담당최고책임자)가 부임해서……."
"김 과장이 모친상을 당해서요."
"승인을 기다리고 있습니다."
"그냥 기다려달라는데요?"

고객의 의사결정이 지연될 때 영업자들이 흔히 하는 말이다. 이러한 경우 이미 그 비즈니스에는 변고가 생겼고, 그런 보고가 두 번 이상 반복될 때에는 더 이상 유효한 이유라고 보아서는 안 된다. 이러한 보고를 받은 리더는 즉시 '지연된 이유'를 제대로 파악하도록 영업자를 코치하거나 직접 현장에 뛰어들어 확인해야 한다.

투자 및 비용의 집행이 수반된 프로젝트를 추진하는 회사나 조직은 그 규모에 관계없이 명확한 일정 계획을 가지고 있다. 개인이 이사를 계획해도 날짜가 정해지면 특별한 이유 없이 바꿀 수 없는데, 하물며 기업에서 이유 없이 일정을 변경할 수 있겠는가? 중요한 일을 맡은 직원이 자리를 비울 때 백업 계획이 없는 회사가 있겠는가? 담당자가 출장을 갔다고, 직원이 상을 당했다고, 새로운

CFO가 왔다고 추진해야 할 프로젝트를 미루는 회사는 그 어디에도 없다. 더군다나 요즘은 모든 업무가 인터넷으로 해결되고 모바일로 사내 프로그램이 연결되어 있는데, 승인이 일주일 이상 미뤄지는 회사는 더더욱 없다고 보면 된다. 이런 일이 발생했을 때에 '왜 그런가?', '이유가 무엇인가?'라고 질문을 던지지 않은 채 그냥 넘어가는 영업자나 리더가 되어서는 안 된다.

적도에서 형성되어 한반도에 영향을 주는 태풍은 수백 년 전에도 있었고, 올해도 있었고, 내년에도 또 있을 것이다. 이와 같이 당연한 일이라도 언제 인지하고 어떻게 대비하느냐에 따라 피해의 규모는 달라진다. 영업 현장에서 고객은 시시각각 변하고 있다. 경쟁사를 고려 대상에 넣을 수도 있고, 갑자기 가격 협상안에 대해 재고(再考)가 필요하다며 통보를 해올 수도 있다. 여기에서 핵심은 그 문제를 언제 어떻게 인지하고 대응해서 더 큰 문제가 발생하기 전에 미리 처리하느냐에 있다. 경기장에서 뛰는 선수는 경기의 흐름을 크게 볼 수 없듯이, 현장에서 뛰는 영업자는 비즈니스의 흐름을 놓칠 수 있다. 그리고 이제까지의 흐름에 도취되어 새로운 변화에 둔감할 수밖에 없다. 이럴 때 빈틈을 빠르게 캐치하여 보완하고 도와주는 영업 리더가 있다면 일은 순탄하게 흘러갈 것이다.

비즈니스는 '생물'이다. 쉽게 부패하고 썩어간다. 독점적 제품이거나 누구도 범접할 수 없는 수준의 서비스가 아니라면 고객은 여러 가지 이유로 생각과 상황을 변화시킬 수 있다. 고객사 내부에도 다양한 의견이 존재하고, 계약이 완료되기 전까지는 경쟁사가 계속 문을 두드릴 것이다. 그러므로 정해진 일정이 지연되고 명확한 이유를 모른다면, 이미 그 비즈니스는 부패하고 있다고 보면 된다. 그래서 영업자는 어떤 현상이 보이면 명확하게 원인이 규명될 때까지 스스로에게 혹은 조직에게 '왜?'라는 질문을 반복해서 던지고 생각해야 한다. 변화의 이유를 모르면 그 비즈니스는 진 것과 다름없다.

항상 기억하길 바란다. 영업 현장에서 정해진 선로를 벗어난 사건이 생긴다면 '왜 그런가?', '이유는 무엇인가?'라는 물음에 답을 할 수 있어야 한다.

09
지연이나 학연으로는 절대로 계약서에 도장을 찍을 수 없다

> 지인에게 영업을 하면 한두 달은 높은 실적을 낼 수 있겠지만 롱런하기는 어려울 거라는 판단에, 일부러 일면식도 없는 고객들을 꾸준히 찾아갔다.
> **_임재만**: 푸르덴셜생명 라이프플래너

> 영업을 하면서 세 가지를 다짐했다.
> '견고 판매는 하지 않는다. 남보다 더 부지런히 발로 뛴다. 정직하게 고객을 대한다.'
> **_정송주**: 기아자동차 영업본부장

영업은 '인간관계'가 전부라 해도 과언이 아니다. 나 혼자서 할 수 있는 일이 하나도 없고, 모든 일이 서로 상호작용을 하며, 궁극적으로는 하나로 얽혀 있기 때문이다. 하지만 인간관계의 최종적인 목표는 모든 만남이나 관계에서 상대가 나를 '믿도록' 만드는 것이지, 얼마나 '많은 사람을 만나는가'의 문제는 아니다. 관계를 질적으로 심화시키고 신뢰도를 높여야만 성공적으로 인간관계를 구축할 수 있다.

우리 사회의 줄긋기는 이미 도를 넘어서고 있다. 외로워서일까? 도와주고 싶은 사람을 찾기 위해서일까? 아니면 시간이 남아 돌아서일까?

　당연히 영업을 하는 사람은 고객의 신상정보를 파악하고 잘 알아야 한다. 고객을 모르고선 배려할 수 없고, 자칫하면 치명적인 실수를 할 수 있기 때문이다. 특정 지역에 민감한 고객을 만나서 말 한마디를 잘못해 심기를 자극하는 경우도 있다. 종교적 배타성, 특정인에 대한 극심한 거부감, 정치적 현안에 대한 민감성, 도덕적 결벽주의, 아픈 가족사 등 사람에 따라 매우 민감하게 반응하는 주제가 있다. 보통 사람들은 웃어넘길 수 있는 이야기도 특정인에게는 치명적일 수 있다. 그런 사안은 제대로 파악해야 한다.

　하지만 수준 높은 영업은 고객의 정보를 상대를 배려하기 위해 사용하고, 간접적이고 보조적으로만 활용한다. 반면에 격이 떨어지는 영업은 고객의 정보 자체를 주요 수단으로 활용한다.

　당신의 눈에는 '고향 후배입니다', '학교 후배입니다'라고 이야기하면서 지연이나 학연을 매개로 접근하는 영업자들이 어떻게 보이는가? 시도 때도 없이 연락해오는 다단계 회사의 직원들을 어떻게 생각하는가? 어쩔 수 없이 한 번은 도와줄 수 있어도, 그 이상은 어렵다. 그것도 개인적인 도움은 가능하겠지만, 회사의 일을 오롯이 지연이나 학연에 의해 결정하기는 어렵다.

연줄에 기대면 결코 오래가지 못한다

회사 선배 한 분이 식당을 오픈했다. 한 번 찾아와달라고 해서 저녁 시간에 직원 몇 명과 함께 방문했다. 규모가 제법 큰 식당이었고, 개업한 지 얼마 되지 않아서인지 활기가 넘쳤다. 푸드 코트를 연상케 할 만큼 다양한 음식 코너가 있었고, 한쪽에는 전통음식 연구소까지 마련되어 있었다. 음식점이었지만 선배는 큰돈을 투자했다. 곧 매우 흥분된 표정으로 선배가 우리 테이블에 앉았다. 함께 간 직원들을 소개하자 그는 바로 종업원을 불렀다. 그러고는 우리에게 묻지도 않고 두 가지 메뉴를 내오라고 시켰다. 그리고 열심히 설명했다. 식당의 구성이 어떻게 되어 있고, '지금 시킨 메뉴가 가장 맛있는 음식'이며, '방금 전에 다니던 회사 직원들이 왔다 가서 좀 정신이 없다'고 하며 어수선한 분위기를 설명했다.

선배는 이내 다른 지인이 와서 자리를 떠났고, 테이블엔 주문된 음식이 나왔다. 안타깝게도 음식 맛은 정말 아니었다. 대충 먹고 계산을 마칠 즈음, 선배는 '바빠서 같이 못 있어 미안하다. 어쨌든 이 음식점은 새로운 역사를 쓸 것이다'라는 말을 남기고 우리를 배웅했다. 나는 돌아오는 길에 함께 갔던 직원에게 물었다.

"음식 맛이 어떤 것 같아요?"
"심각한데요."
"그렇지요. 정말 걱정이네."

그 후 선배는 자기네 식당에서 직원 회식을 할 수 없겠냐고 여러 차례 전화를 해왔지만, 사무실과 너무 떨어져 있어서 도와주지 못했다. 다녀온 다른 친구들도 선배의 성화로 한 번은 갔다 왔지만, 두 번 가기는 힘들었다고 이야기를 했다. 결국 가족 친지의 돈을 끌어들여 의욕적으로 시작한 식당은 6개월 만에 문을 닫았다. 하지만 나는 그 실패를 두 가지의 이유로 쉽게 예상할 수 있었다.

먼저 그는 비즈니스의 기본을 모르고 사업을 시작했다. '제품'과 '고객' 그리고 '영업'이라는 극히 상식적인 비즈니스 트라이앵글을 제대로 이해하지 못했다.

제품은 고객이 받아들여야 비로소 제품이 된다. 그가 자신 있는 음식을 추천한 점까지는 열정으로 생각할 수 있지만, 고객에게서 음식에 대한 객관적이고 진심 어린 평가를 듣지 않았고 자기 자랑에만 도취되어 있었다. 고객이 구입한 제품을 버리는 것처럼 우리가 음식을 그대로 남기고 나왔지만, '손님이 왜 음식을 남겼는지'를 알려고 하지 않았다. 그는 다른 지인에게도 똑같이 행동했을 것이다. 무엇보다도 그 집은 정말 음식 맛이 별로였다. 식당에서 음식의 맛은 가치의 전부이자, 생존의 기본 요소이다. 고객으로부터 제품의 가치를 인정받지 못하고, 영업자는 고객의 이야기를 들으려하지 않으면 그 회사가 살아남을 수 있겠는가?

두 번째로 그는 고객에 대해 잘못 생각했다. 그는 선후배, 전 직장동료 및 직원들, 동창 등 수없이 많은 사람을 예상 고객으로 계산했다. 이동하려면 차로 한 시간 반 이상 소요되는 전 직장 직원들이 예의상 한 번은 오겠지만 어떻게 계속 올 수 있겠는가? 지역을 기반으로 하는 식당에서 그 지역의 고객을 어떻게 흡수할 것인가에 대해 고민하지 않고, 개인적 친분 관계를 매개로 한 매출 산정의 오류에 빠져 헤어 나오지 못했던 것이다. 처음부터 지역 고객 유치에 집중하여 하루하루 고객 수를 늘리고, 관계와 연줄을 보조적 고객으로써 생각했어야 한다.

그런데 이런 식당과 회사는 지금도 허다하고, 오늘도 망하고 있다. 하지만 똑같은 생각으로 또 생겨나고 있는 게 현실이다.

조커를 마지막까지 쓰지 않고 이겨라

7년째 고객 CEO로 만나온 분이 있다. 업무차 한 해에 평균 여섯 번 정도 만나왔다. 그가 학부 후배인 건 알았지만 만나는 자리가 항상 공식적이었고 식사시간도 비즈니스 주제로 만나는 자리여서 동문이라는 점은 전혀 우리의 이야깃거리가 되지 않았다. 그리고 그는 지난해 말 대표이사직을 사임했다. 그동안 업무상 협력해왔던 것들에 대해 감사인사를 하고, 새로운 출발을 축하하기 위해 저녁식사 자리를 가졌다. 만나서 인사를 나누고 자리에 앉자마자, 그는 "선배님, 그동안 감사했습니다. 선배님이라는 걸 알고 있었지만, 선배님도 표하지 않으셨고 일도 일인지라 제대로 인사를 드리지 못했습니다. 이제 편하게 말 놓으시지요."라며 말했다.

그가 나의 동문이라는 것을 알고 있었던 것처럼, 그 역시 내가 동문인 사실을 알고 있었던 것이다. 7년간 우리에게는 중요한 비즈니스 안건도 많았고, 심각한 현안도 끊이지 않았다. 하지만 비즈니스 현안은 '비즈니스 그 자체'로 풀었다. 그러한 점이 고마웠을 테고, 나 역시 그에게 당당할 수 있었다.

고객은 반드시 제대로 알아야 한다. 하지만 고객에 대한 정보를 대단한 카드인 것 마냥 생각하고 달려들어서는 안 된다. '내가 누구의 직속 후배입니다', '내가 누구의 고향 친구입니다', '나는 그 사람과 전화 한 통만 하면 언제든지 만날 수 있는 사람입니다' 등등 영업을 하다 보면 이런 이야기를 하는 사람을 수없이 만나게 된다. 하지만 바르고 정상적인 영업은 이런 관계에 의해 좌우되지 않는다.

여기저기 모임에 발을 걸쳐놓고 '누구를 안다'는 사실을 자랑하는 사람은 모두 허당이다. 영업은 뒷골목 패싸움이 아니다. 부정하고 싶겠지만, 비즈니스로 얽힌 사람들은 모두 뒤에서 계산기를 두드리고 있다고 보면 된다. 법정 스님의 말씀대로, 진정한 친구는 서로 영혼의 울림을 주고받을 수 있어야 한다. 이렇게 수없이 많은 모임과 만남 속에서 어떻게 진정한 관계가 형성될 수 있으며, 영혼의 울림을 주고받을 수 있을까? 이상한 관계로부터 만들어지는 비즈니스는 반드시 차후에 문제를 낳고 파행을 부른다.

영업의 기본은 인간관계이며, 진정으로 성공하려면 모든 관계로부터 신뢰를 얻어야 한다. 하지만 목적이 불분명한 각종 모임이나 단체에 쓸데없이 시간을 보내는 일은 되도록 없어야 한다. 그렇다고 하여 고립되어 살라는 뜻은 아니다. 무작정 휩싸이고, 따라 하고, 어쩔 수 없이 하는 일은 없어야 한다는 말이다. 냉정하게 판단하여 잘라내고 도려내야 할 관계는 버림으로써 스스로 당당해지면 된다. 수數의 게임에 빠지지 말고, 진심으로 영업의 본질에 집중해야 한다.

전혀 몰랐던 사람이 선배라고 말하며 어려운 부탁을 해오는 경우, 동문이라는 이유로 부당한 거래를 눈감아달라고 하는 경우에 자신이 느꼈던 감정을 생각해보면, 영업을 할 때 학연과 지연을 어떻게 활용해야 하는지 쉽게 판단할 수 있을 것이다. 게임은 게임이다. 정정당당하게 룰에 따라야 한다. 그렇게 이겨야 한다. 게임이 끝난 후 경기장을 나설 때, 결과에 관계없이 선배였다면 깍듯이 인사를 드리고, 후배였다면 어깨를 두드려주면 된다. 결코 다른 이유와 관계를 내세워 고객에게 접근하는 어리석은 짓은 배우지 말길 바란다. 진정한 고수는 한 장의 조커를 마지막까지 가지고 있다.

10

백 가지 뇌물보다
한 가지 가치가 진짜 관계를 만든다

> 영업은 세상에서 가장 공정한 직업이다. 바로 이것이 영업의 매력이다.
> 영업직만큼 열심히 뛴 보상이 확실하게 주어지는 업종은 없다.
> _임희성: 현대자동차 판매왕

> 자기 신뢰는 위대한 사업을 만드는 첫 번째 필요조건이다.
> _로버트 우드 존슨Robert Wood Johnson: 존슨앤존슨 CEO

영업을 하면서 겪게 되는 큰 어려움 중 하나가 도덕적, 윤리적으로 용납되지 않는 일을 비즈니스라는 이유로 정당화시키는, 이른바 잘못된 관행에 대한 요구이다.

"선배님, 고민이 있습니다."

입사 4년 만에 처음으로 후배 영업자가 우리 부서에 배치되었다. 신입의 경우, 기본 교육을 마치고 오면 시니어 영업자 밑에서 두세 고객을 맡아 교육을 겸하여 직접 영업을 해보도록 했다. 다른 직원과 한 팀이었지만 평소에 고민이 생기면 곧잘 물어오던 후배였다.

"얘기해보세요."

"아시다시피, 지금 제가 맡고 있는 고객 중 올해 가장 중요한 고객은 K사입니다."

"그렇죠."

"그런데 K사가 다음 주에 체육 대회를 하거든요. 전 본부가 모두 모이는 연례행사인데, 그 때문에 어제 P 과장으로부터 연락이 왔습니다."

"왜 연락을 했대요?"

"본부 체육대회 행사 때 후원을 해달라는 거예요."

"무슨 후원을……?"

"현금 50만 원을 후원해달라는 말을 했습니다."

그 당시에 50만 원이면 지금의 300만 원 정도 되는 큰 금액이었다.

"그래서요?"

"네……?"

"본인의 생각은 어떠냐고요?"

"P 과장이 안 도와주면 지금 논의되고 있는 비즈니스가 제대로 진행되지 않거든요. 그리고 연이어 K사와 추가 비즈니스가 진행될 예정이고요."

"그래서 어떻게 하려고 해요?"

"전 지원을 해주었으면 합니다. 뇌물도 아니고 체육대회 후 회식 때 쓰려는 것 같고 영수증도 처리해주겠다고 해서요. 무엇보다도 P 과장과 관계가 틀어지면 우리 비즈니스가 완전 물 건너가거든요."

"그럼 그렇게 하면 될 일이지, 왜 나에게 물어보나요?"

"……."

"잘 생각해보세요. 우선 그러한 처사는 우리 회사의 영업 지침에 어긋납니다. 어떤 형태이든 뇌물이에요."

"네, 그렇지만 영수증을 처리할 수 있다고 하는데요."

"아니죠. 간이 영수증은 정당한 거래의 영수증이 아니라 조작이지요."

"그럼, P 과장에게는 뭐라 말하는 게 좋을까요?"

"불가능하다고 이야기하세요. 그건 우리만을 위한 결정이 아니고, P 과장과 K사를 위한 바른 결정임을 분명하게 설명하세요. 그리고 체육대회 날, 음료수를 직접 차에 싣고 방문하세요. 그것이 옳은 일입니다."

"……."

"생각해보세요. H 씨가 그렇게 하면 우리 회사는 당연히 돈을 지원해주는 회사로 고객에게 각인되고, 이후에 후배들은 계속 똑같은 요구를 받게 될 것입니다. 악순환의 시발점이 되는 셈이죠."

힘든 결정이었다. 하지만 바르고 옳은 일은 항상 고통스럽고 어려움이 따른다. 그로부터 한 달 후, 그 후배 영업자는 후속 프로젝트 수주에 실패했다. 그날 저녁, 후배와 소주잔을 기울이며 이야기를 나눴다.

"그 비즈니스에서 진 것이 도리어 잘된 일이라 생각하세요. 잘못된 방법에 타협하여 그를 만족시키고 수주를 따냈다면, H 씨는 잘못되고 쉬운 길에 길들여지고, 영업을 그런 식으로 해야 한다는 고정 관념이 생겼을 거예요. 잘 깨졌어요. 하지만 스스로를 냉정하게 돌아보세요. 과연 그 이유만으로 수주에 실패했는지, 내가 실수한 점은 없었는지. 내가 옆에서 지켜보았을 때, 가장 중요한 부분에서 고객에게 소홀한 점이 있었어요. '우리만의 차별화된 가치가 무엇인지?', '그것이 고객에게 어떤 도움이 되는지?'를 얼마나 고민했고, 팀과 함께 고객의 관점에서 답을 만들었는지 스스로 평가해보세요."

영업자의 잘못된 습관 하나가 회사를 망하게 한다

30년간 영업을 해온 나에게는 가슴 아픈 고객이 한 명 있다. 30대 후반 즈음, 일밖에 모를 정도로 열정적이고 의욕 넘쳤을 때에 그 고객을 처음 만났다. 누구보다 빨리 승진한 고객사의 부장이었는데, 나이는 나와 동갑이었다. 그는 우리 회사에 대해 반감을 가지고 있어서 처음에는 그를 만나기도 쉽지 않았다. 새롭게 부장으로 승진한 후 세미나에서 우리의 솔루션을 소개받고 관심이 가 상담을 의뢰했으나, 우리 측 영업자가 거만하게 응대하여 자존심이 크게 상한 터였다. 급기야 그는 직원들에게 '내가 리더로 있는 한 절대로 그 회사가 우리의 프로젝트에 참여하지 못하게 할 것'이라고 이야기하기까지 했다.

어렵게 그를 만났을 때, 그는 우리의 잘못을 조목조목 지적했고 우리는 진심으로 미안함을 표했다. 만남을 거듭하면서 그의 오해는 풀렸고 서로 신뢰관계가 형성되어 우리는 둘도 없는 친구가 되었다. 가족끼리 왕래도 하였고, 골프와 스키도 그로부터 배울 만큼 고객 이상의 관계로 발전했다. 그가 주선하여 고객사의 대표와도 인연이 맺어졌다. 결국 우리는 그 회사의 최대 프로젝트를 수주하기도 했다. 하지만 얼마 후 그는 회사를 떠나야 했다. 해직된 이유가 불미스러운 내용이었지만, 나는 '억울하다'는 그의 말을 더 믿었다. 믿었기에, 그를 돕고 싶어서 다른 회사에 추천을 넣어주었다. 그리고 그는 지금껏 '갑'의 입장에서 일하던 과거와 달리, 회사의 영업전무로 취업해 '을'의 인생을 살기 시작했다.

시간이 흐르고, 나는 그의 해직사유가 사실이었음을 알게 되었다. 믿었던 만큼 배신감도 더 컸고 영업 현장에서 그를 만날 때마다 이제까지 나에게 보여주었던 행동이 위선이었다는 생각이 들어

힘들었다.

그로부터 몇 개월 후, 영업 현장에서 그와 나는 경쟁자의 관계로 만났다. 그가 소속된 회사가 해당 프로젝트 비즈니스를 하지 않는 회사임에도 그는 경쟁사의 제품을 영업하며 내 앞에 나타난 것이었다. 경쟁사와 특별히 친한 관계라고 했지만, 이해가 잘 되지 않았다. 아무리 영업이 절박해도 그렇지, 친구의 비즈니스에 뛰어들어 무엇을 얻으려 한단 말인지. 결국 그 비즈니스는 제3의 회사가 수주하였다.

그로부터 채 한 달이 지나지 않았을 때, 그가 급하게 만나달라고 요청을 해왔다. 우리가 곧 계약을 앞둔 다른 프로젝트에 D사 대신 자신의 회사가 참여토록 해달라는 것이었다. D사는 그가 이전에 상사로 모셨던 분이 운영하는 회사였다. 나는 어이가 없었다.

"김 전무, 내가 그동안 사람을 잘못 본 것 같아. 이 프로젝트는 D사가 몇 달 동안 기술 인력을 투입해서 함께 이루어낸 프로젝트라는 걸 잘 알잖아. 김 전무가 옮긴 회사에서 결과를 보여야 한다는 부담감을 갖고 있는 건 이해하지만, 이건 아니지. 아무리 어려워도 모셨던 분의 등 뒤에 칼을 꽂는 일은 해서 안 되지. 이제 오늘 이후로 나는 김 전무를 안 만났으면 하네."

우리의 관계는 그렇게 끝이 났지만, 그는 이후로도 활기차게 영업 현장을 뛰어다녔다. 다른 회사와 협력하여 실적도 많이 올렸고, 다양한 프로그램으로 고객과 커뮤니티도 형성했다. 만나는 고객마다 그에 대한 이야기를 했다. 부정적인 내용도 있었지만, 나름 자리를 잡아가는 것 같아 기분이 나쁘지만은 않았다. 나와의 관계는 끊어졌지만, 우리 회사 영업자와의 관계는 유지되고 있었다. 그리고 1년 정도가 지났을 때, 영업자가 나에게 전화로 자문을 요청해 왔다.

"김 전무님께서 고객 중역 세미나를 후원해달라고 연락이 왔는데 어떻게 할까요?"
"무슨 세미나요?"
"예, 고객 중역들을 모시고 금강산에 간다고……."
"그래서요?"
"우리가 지원을 하지 않으면 경쟁 회사에 요청할 것이고, 그들은 바로 지원할 의사가 있다고 합니다."
"금강산에서 세미나를 한다는 게 말이 됩니까? 배 위에서 할래요, 금강산 꼭대기에서 할래요? 이건 비즈니스가 아니라 코미디이고 불법이지요. 우리는 지원 못한다고 하세요. 경쟁사와 진행하려면 그렇게 하라고 하세요."

그렇게 우리의 관계는 완전히 끝났다. 그 후 2년 남짓 그는 성공 가도를 이어갔고, 우리는 경쟁사에 중요한 프로젝트 수주를 내주었다. 하지만 이는 오래가지 않았다. 비정상적인 관계를 매개로 승승장구하던 그는, 얼마 후 곳곳에 금전적 채무를 남긴 채 업계에서 사라졌다. 나는 정말로 아까운 인연 하나를 잃었다.

돌탑을 쌓는 마음으로 차곡차곡 신뢰를 쌓아나가라

25년 전부터 만나온 고객, 그리고 그분을 통해 소개받아 15년째 함께 만나온 다른 고객 한 분과 나, 이렇게 세 사람이 모여 속초 여행을 다녀온 적이 있다. 두 분 모두 CEO의 자리에까지 오르신 분이고 이제 막 그 짐을 내려놓은 상태여서, 내가 하루 일정으로 여행을 다녀오면 어떻겠냐고 제안을 했던 것이다. 그렇게 만난 우리는 수더분한 집에서 아침밥을 먹고, 송정호를 걸으며 들꽃 이름도 배우고, 시장에서 어물전 구경도 하고, 해물에 막걸리 잔을 기울이기도 했다. 걸을 때마다 서로 어깨동무를 하며 우리가 만난 인연에 감사해했다. 늦은 시간이 되어서야 서울에 도착했고, 어떤 여행보다도 즐겁고 뜻깊은 여행이었다고 웃으며 헤어졌다.

두 분 모두 나보다 일곱 살 이상 연상이시니, 이제는 고객사 '사장님'에서 '형님'으로 호칭이 바뀌었고 그분들도 나를 '아우님'이라 부르신다. 이름만 대면 업계에서 누구나 알만한 분들이고, '갑'과 '을'로 만나 대형 프로젝트를 함께 진행했지만, 그 흔한 룸살롱 한번 간 적이 없었고 1원 한 푼도 오간 적이 없었다. 골프를 쳐도 그

동안 다섯 번이나 쳤을까 싶다. 그것도 두 번은 그분들이 돈을 지불하셨으니, 25년 그리고 15년의 '갑'과 '을' 관계에서 누구도 상상치 못한 일이었다. 지금도 그분들은 나를 친동생 걱정하듯이 볼 때마다 응원해주시고, 또 염려해주신다.

　인간관계에 있어 가장 중요한 순간은 '첫 만남'이다. 그분들과의 첫 만남은 긴장된 순간이었지만 의미 있는 자리였다. 그분들은 비즈니스 의사결정의 중심에 있는 위치였던 반면, 나는 영업을 하는 입장이었고 나이도 어렸으니 전통적인 '갑을 관계'로 맺어지기가 쉬웠다. 하지만 첫 대면이 고객 임원진 앞에서 프레젠테이션을 하는 자리여서 좋은 인상을 남길 수 있었다.
　그 후에도 나는 쉬운 방법보다 힘들어도 원칙을 지키는 자세로 매 순간 최선을 다했다. 바르고 이상적인 관계는 차곡차곡 돌탑을 쌓는 마음가짐으로 정도를 지켜야만 완성되는 것이다.

　돈으로 관계를 맺으면, 그것이 결국 관계의 매개가 되고 종착지가 되어 궁극에는 파국을 맞게 된다. 술로 관계를 맺어도 마찬가지이다. 이 방법이 짧은 시간 안에 목적을 이루는 데에는 효과적으로 보이나, 자신과 자신이 속해 있는 조직뿐만 아니라 고객과 고객 회사에 큰 화를 입히는 것이다.
　공짜로 술을 한 병 더 준다고 하여 맛없는 음식점에 찾아가겠는가? 옆 가게보다 더 싸다고 하여 위생 상태가 불량한 음식점에 발길을 하겠는가? 비즈니스를 하는 영업자는 어떤 경우에라도 '본질적 가치'만으로 갑에게 평가받아야 한다. '가치'가 없는 비즈니스는 의미가 없다.

11
의사결정자보다 실무자의 마음을 먼저 얻어라

> 한 사람을 잡으면 250명을 잡게 되고, 한 사람을 잃으면 250명을 잃는다.
> _**조 지라드** Joe Girard : 자동차 영업자

> 고객은 영업자와 관계를 맺는 것이지 회사와 관계를 맺는 것이 아니다.
> _**부르스 에서링턴** Bruce Etherington : 보험 영업자

아이러니하게도 영업자들이 가장 많이 실패하는 영역이 바로 '사람 관리'이다. '영업에서 사람을 제대로 관리하지 않고 어떻게 성공하겠는가?'라고 반문할 수 있겠지만, 현장에는 이런 경우가 훨씬 많다. 혹은 계약을 성공적으로 마쳤더라도, 고객의 핵심 의사결정자를 제외한 나머지 인사들을 적으로 만드는 경우가 허다하다.

'누구를 잡을 것인가?'
'누구를 잡아야 이기는가?'
'누가 잡을 수 있겠는가?'

농구 경기장에서 코치와 선수가 주고받을 법한 이야기이지만, 영업 전략을 논할 때 누구나 반드시 확인해야 하는 질문이다. B2B, B2C, P2P 영업 모두에 똑같이 적용되는데 이 중에서도 B2B 영업에서 더 심각하고 중요하게 다루어야 한다. 그런데 영업자들은 으레 현장에서 가장 먼저 이 질문을 떠올린다. '누가 최종 의사결정자인가?' 이는 인맥 중심, 관계 중심의 우리나라 비즈니스 환경이 만들어낸 수치스러운 모습 중 하나이다.

실무자를 무시하고 넘어가지 마라

1993년에 새로운 고객을 배정받고, 전임자와 인수인계 회의를 할 때였다. 이제까지 진행된 일과 해결되지 못한 문제, 우리의 전략, 고객 조직과 주요 임원 및 관리자에 대한 설명이 이어졌다.

"여기는 모든 의사결정이 S 상무 선에서 끝납니다. 그리고 C 이사가 실무 작업을 총괄하는데 그분도 우리와 대화가 원활하고, H 부장님이 그 두 분을 잘 커버하고 있으니 걱정할 일이 거의 없습니다."

전임자와 리더는 고객사의 대화창구가 항상 열려 있고 우리의 차별적 가치가 받아들여지는 상대로 S 상무와 C 이사를 강조하면서, 나머지는 크게 신경 쓸 필요가 없고 사안별로 논의만 하면 된다고 말했다. 며칠 후 전임자와 함께 인수인계를 겸해 고객사로 인사를 드리러 갔다. 사무실 문을 들어서자마자, 실무자인 S 과장의 자리가 보였다. 그의 자리는 사무실에 들어서면 이내 눈이 마주칠 수밖에 없는 곳이었다. S 상무와의 티 미팅이 잡혀 있었지만, 그 자리에 배석하기로 한 C 이사 자리에 먼저 들르기로 했다. C 이사의 자리에 가려면 S 과장의 앞을 지나야만 했는데, 문제는 우리 측 전임자가 S 과장의 앞을 그냥 지나치고 C 이사와 먼저 인사를 나눈 후 나를 소개시켜준 것이었다. 나는 뒷목이 당겼다. 잠시 후 C 이사는 곧바로 우리를 S 상무 집무실로 안내하였다. 예상한대로, 두 중역은 매우 우호적인 분위기로 우리를 맞이했고 편하게 대해주었다. 하지만 돌아서 나오는 길에 나는 너무도 찜찜했다. 전임자에게 이 상황에 대해 물었다.

"왜 S 과장과 인사를 하지 않고 곧바로 C 이사 자리로 갔나요?"
"누구? 아, S 과장? 그 양반은 신경 안 써도 괜찮아. 어차피 C 이사가 지침을 주면 거기에 맞춰서 기안만 하는 친구거든."
"그게 말이 되나요? 아무리 위에서 결정을 해도 실무 과장을 거치지 않고 무슨 일을 하겠어요?"
"신경 쓰지 마. 그 친구 술만 마시면 주정부리고, 하여튼 좀 이상해. 괜히 만나면 골치 아파. 오죽하면 회사 내에서도 왕따가 되었겠어?"
"……."

동의할 수 없었고 이해할 수도 없었다. 일주일 후, 나는 S 과장에게 전화를 걸어 만나러 가겠다고 했다. 그러나 그의 대답은 아주 차가웠다.

"저 같은 사람을 왜 만나려고 하세요?"

그래도 새롭게 담당하게 되었으니 사무실로 인사를 드리러 가겠다고 몇 번에 걸쳐 부탁한 끝에 미팅 동의를 받아냈다. 첫 만남에서도 그는 여전히 냉랭했다. 극히 사무적인 이야기만 주고받았고, 얼마 지나지 않아 돌아서 나왔다. 그날 나는 S 과장을 빼고는 아무도 만나지 않았다.

일주일 후, 정례회의 차 고객사를 가게 되었는데 조금 일찍 도착하여 S 과장에게 인사를 하고 옆 테이블에 앉았다.

"지난번에 왔을 때 왜 상무님과 이사님을 안 뵙고 바로 돌아갔나요?"
"전 그때 과장님을 뵈러 왔었는데요."
"……."

그로부터 대주 회의차 고객사에 들르면 나는 무조건 S 과장을 만났고, 대화의 시간은 조금씩 길어졌다. 3주가 지났을 때가 되어서야 나는 그와 점심식사를 할 수 있었다.

"왜 우리 회사를 맡게 되었어요?"
"글쎄요. 당연히 회사의 결정에 따른 것이 첫 번째 이유겠죠. 하하."
"왜 하필 이럴 때……."
"네?"
"사실 일은 실무팀에서 모두 준비하고 진행하는데, 매번 위에서 지시가 떨어지는 방식이 반복되니 직원들이 좋아하겠습니까? 그 원인이 누구 때문인 줄도 아는데, 직원들이 누구에게 반감을 갖고 원망을 가지겠어요. 이제까지 나와 점심식사를 함께 한 영업자는 당신이 처음입니다. 우리를 위에서 시키는 대로 하는 사람 정도로 생각하니 그렇지요. 다른 업체는 이런 경우가 없어요. 도대체 이상한 집단이라니까……."
"죄송합니다. 어떻게 그런 일이 반복되어 왔는지, 저로서도 드릴 말씀이 없습니다."
"하여간 올해는 어려울 겁니다. 가장 중요한 투자는 백업 시스템 도입인데, 이미 작년에 방향이 정해졌어요. 주 전산기를 도입하면서 백업 시스템은 중고 기기를 쓰기로 했고, 전임 담당자 P 씨가 아무런 문제없도록 지원하겠다고 약속했으니, 그 외의 다른 투자 계획이 없습니다."

"……."

당황스러웠다. 이 고객은 IT 비즈니스를 핵심으로 하고 있어서 컴퓨터 자체를 핵심 생산 라인으로 생각했다. 그런데 이런 회사에서 중고 시스템을 도입한다니, 충격적이었다. 지방에 내려가 있는 전임자에게 확인해보니, S 과장의 말은 모두 사실이었고 고객이 결정한 사항이어서 어쩔 수 없었다는 항변만 늘어놓았다. 하지만 그는 이 사실을 회사에 보고하지 않았다. 영업 본부의 계획서에도 이 고객사에게 신규 시스템을 납품한다고 반영되어 있었다. 어쨌든 주요한 프로젝트가 사라졌으니, 나뿐만 아니라 회사로서도 곤혹스러운 일이었다.

그렇지만 일은 계속되어야 했다. 한해 비즈니스 목표 달성이 불가능하게 되어 맥은 빠졌지만, 고객사와 정례회의는 계속 진행하였고 S 과장을 포함한 실무진과의 관계도 조금씩 개선이 되어갔다. 그로부터 한 달 후 S 과장은 백업 시스템 선정 작업에 들어갔고, 중고 시스템 사업을 하지 않는 우리로서는 제안이 불가능했다.

S 과장은 어차피 중고 기기로 백업 시스템을 구축하는 것이 기정사실이니, 설치 지원과 안정적 사후 지원의 강점을 갖고 있는 우리 회사도 방법을 써서 중고 기기를 마련해보라며 제안을 해왔다.

하지만 상식적으로 불가능한 일이었고 전례도 없었다. 사무실로 돌아오면서 나는 방법을 고민해보기로 했다. '발상의 전환, 우리가 중고 기기를 제안한다?' 마침 회사에서는 서비스 사업을 본격적으로 시작할 때였다.

시스템 유지 보수를 담당하는 선배를 찾아가 상황을 설명했고, 주 컴퓨터와 같은 사양의 중고 시스템 구성이 가능한지를 확인해 달라고 부탁했다. 어렵사리 구성이 가능함을 확인받았고, 이 프로젝트를 기기의 납품이 아닌, 서비스 프로젝트의 일환으로 추진해보기로 의견을 모았다. 창고에 반품되어 있는 시스템을 재조립하여 판매하는 일이었으니 쉽지는 않았지만 모두가 하나 되어 제안 경쟁에 참여하였고, 우리의 안이 선정되는 극적인 반전을 이루어냈다. 짜릿하고 기뻤지만, 실무자를 무시하고 넘어간 영업자로 인해 발생한 문제에 대해서는 무척 화가 많이 난 일이었다.

오늘 편하기 위해 내일의 재앙을 부르지 마라

영업 전략을 수립할 때, 고객의 의사결정 과정과 기준, 의사결정자를 파악하는 일은 당연한 과정이다. 하지만 이때 실무자가 누구인지를 제대로 파악하고, 실무자 라인을 통해 전달하고자 하는 내용을 전달하는 것이 핵심이다. 그 실무자가 공정하지 못하다면 당연히 상급자나 의사결정자에게 의견을 직접 전달하는 방안을 강구해야겠지만, 이 과정을 무시하고 처음부터 끝까지 의사결정자에게만 매달려 모든 일을 의존하는 것은 최하급 영업이다. 비록 비즈니스는 성사될 수 있을지 모르지만, 미래에는 그것이 파멸이 되어 돌아올 수 있다.

생각해보면 지금의 고객 실무자가 미래의 의사결정자가 된다. 고객 직원이 머지않아 미래의 중역이 되는 것이다. 미래의 의사결정자가 현재의 영업자에게는 큰 의미가 없을 수 있겠지만, 그들의 후배, 즉 미래의 영업자에게는 승패를 결정짓는 중요한 요소가 되기도 한다. 지금의 영업자가 저지른 실수와 잘못으로 인해 미래의 영업자가 실패와 좌절을 겪을 수 있다는 말이다. 이는 운명이자 필연이다. 현장에서 30년간 일하며, 이런 경우를 빼놓지 않고 목격해왔다.

영업은 언제나 실제 업무를 준비하고 처리하는 '실무자'에게서 답을 찾아야 한다. 그들을 겸손하게 대하고, 진정 그들을 위하는 자세로 대화를 해야 한다. 그 길이 돌아가는 먼 길처럼 보이고 지루하고 느린 길이라 생각되겠지만, 장기적으로 보았을 때 진정한 고객 관계를 구축하는 길이다. 설사 그로부터 어려움을 겪고 원하는 결과를 얻지 못했다 하더라도, 그 열매는 오롯이 후배들에게 주어지고 회사에게 돌아간다.

S 과장은 내 영업 커리어에 또 하나의 별을 붙여준 고마운 은인이다. 우린 그로부터 25년 동안 막역한 관계를 유지하고 있으며, 그는 그 회사의 중역이 되었다.

12
산타클로스 영업은 하지 마라

> 발걸음이 쌓이지 않으면 천리 길에 이르지 못하고
> 작은 흐름이 쌓이지 않으면 큰 강을 이루지 못한다.
> _순자荀子: 중국 고대 사상가

> 내가 경이적인 계약 건수를 달성할 수 있었던 비결은
> 열심히 고객과의 만남을 반복한 것외에는 아무것도 없다.
> _오카다岡田: 보험 영업자

사람은 누구나 상황에 따라 역할과 입장이 바뀐다. 선생님은 교단에 섰을 때 가르치는 입장이 되지만, 교육 연수를 받으러 가면 가르침을 받는 입장이 된다. 의사도 몸이 아프면 다른 의사의 진료를 받아야 하는 환자가 된다. 사장도 회장 앞에서는 아랫사람이 되고, 회사에서 지시를 받는 직원들도 집에 가면 한 가족을 책임지는 가장이 된다. 이때 우리는 '역지사지易地思之'라는 말을 떠올린다. 다른 입장이 되어보면 스스로를 돌아보고, 자신의 자세를 반성할 수 있다.

영업자라고 해서 다를까? 항상 스스로를 '을'이라 생각하는 영업자도, 영업 현장을 떠나면 누군가의 '고객'이 된다. 버스나 지하

철을 타고, 식당에서 밥을 먹고, 영화관을 가고, 공공기관에서 서비스를 받는 등 일상의 모든 활동이 '갑'으로서의 활동이다. 그리고 누구나 직접적으로 표현하지 않더라도, 서비스에 대해 나름의 평가를 한다. 때론 불만을 제기하기도 하고, 훌륭한 서비스에 감탄하기도 한다.

실제 영업자들은 고객을 만나는 시간보다 회사 내에서 동료들과 회의를 하고 전략을 수립하는 데에 더 많은 시간을 쓴다. 그러는 동안 일을 잘하는 동료를 보기도 하고 문제를 일으키는 직원을 보며 스스로를 반추해볼 수 있는 기회를 갖는다. 결국 영업을 하는 사람이 '을'의 입장이 되어 고객과 직접 대면하는 시간은 전체 근무 시간의 30퍼센트도 안 된다. 전 라이프타임Lifetime으로 넓혀서 생각해보면 영업자라 할지라도 숨 쉬는 시간의 10퍼센트도 안 되는 시간만을 을로서 고객을 만난다. 나머지 90퍼센트의 시간은 갑으로서 지내는 것이다. 그렇다면 영업자들도 어떤 '을'이 되어야 하는지를 충분히 느끼고 배울 텐데, 왜 자신을 바꾸고 개발하지 않는 걸까?

평소에 전혀 연락이 없다가 무엇인가 부탁할 때에만 연락을 해오는 사람이 있다. 휴대 전화에 연락처가 뜨면 '또 무슨 일이 있구나'라고 생각하게 만드는 경우이다. 마치 내가 원하는 일을 다 해줄 것처럼 뻔질나게 드나들던 사람이 자기가 뜻하는 바를 다 이루고 나면 소리 소문 없이 사라져버리는 경우도 있다. 비즈니스 관계로 얽힌 사람이 아니라면 무시하고 경멸할 거면서, 왜 영업자들은 그런 행태를 똑같이 하고 있는 걸까? 내가 아는 한 고객은 어떤 영업자의 이름을 '신타클로스'라고 부른다. 신 씨 성을 가진 영업자가 마치 산타클로스처럼 1년 내내 연락이 없다가 연말만 되면 아쉬운 부탁을 하러 오기 때문이다. 오죽하면 그가 오면 '또 한 해가 마무리되는구나'라고 생각할 정도라고 한다.

영업은 평소에 하는 것이다
직원들 중에 분기 말이 되거나 한 해 영업을 마무리하는 시점이 되어서야 고객을 한 번 만나달라고 부탁을 해오는 영업자들이 있다. 참 어리석은 일이 아닐 수 없다. 평상시에 계속 만나온 고객이 아닌 경우에, 나는 영업자에게 '입장을 바꿔 생각해보라'고 이야기하며 단호하게 거절한다. 어떤 고객의 의사결정자가 민감한 시기에 찾아오는 '을'의 중역을 편하게 만날 수 있겠는가? 하지만 이런 일은 현장에서 지금도 일어나고 있다.

왜 미리미리 챙기지 못하고 민감한 시기가 다 되어서야 이런 부탁을 하는 걸까? 담당하는 고객이 워낙 많아 바쁘고 시간적 여유가 없어서라고 이야기하지만, 이는 변명에 불과하다. '시간적 여유'의 문제가 아니라, 영업자로서 갖춰야 할 '기본의 문제'이고 '상식의 문제'이다. 왜 미리 생각하지 못하고, 멀리 내다보질 못하는 걸까?

평상시에 연락 계획을 제대로 해두었다면 이런 일은 충분히 예방할 수 있다. 내일은 이내 오늘이 되고, 연초에는 12월이 아득해 보이지만 어김없이 12월은 오고 해는 또 바뀐다. 영업자라면 최소한 어떤 고객사에서 어떤 비즈니스가 언제 진행될지는 잘 알 것이다. 투자 및 집행 시점에 차이가 있겠지만, 모든 고객에게서 비즈니스 기회는 지속적으로 만들어진다. 아직 비즈니스의 실체가 구체화되지 않았을 때에는 '하나(1)'의 에너지로도 비즈니스에서 승리할 수 있지만, 본격적인 의사결정 시점에서는 '백(100)'의 에너지를 써도 못 이기는 게 영업이다. 그래서 고객은 평소에 만나 대화하고, 꾸준히 가치를 전해야 한다. 본격적인 의사결정 시점이 되기 전에 미리미리 준비를 해야 한다는 뜻이다. 그리고 이것이 고급 영업의 시작이다. 그렇다면, 어떻게 해야 고객을 정기적으로 만나고 관리할 수 있을까?

첫째, 만나야 할 고객을 정리하라. 그리고 만나야 할 최소 주기를 정하라.
지금까지 만나온 고객뿐만 아니라, 만나야 할 고객, 새로운 구매자를 빠짐없이 정리해야 한다. 그리고 각 고객을 어떤 주기로 만날지까지 정해두어야 한다. 모든 고객을 똑같은 사이클로 만날 수는 없다. 한 주에 한 번 만나야 할 고객이 있는 반면, 분기에 한 번 만나야 하는 고객도 있게 마련이다. 비즈니스의 안건이나 시급성, 그

리고 규모와 고객의 성향에 따라 그 주기를 달리 하면 된다.

둘째, 누가 고객을 만날 것인지 정하라.
고객과 만남 주기를 정리했다면, 그 다음엔 '누가' 고객을 만날 것인지를 정해야 한다. 앞에서 영업은 혼자 하는 게 아님을 강조했다. 따라서 고객 커버리지Coverage의 주체를 다양하게 넓혀야 한다. 영업자 자신이 직접 만나야 할 고객이 있고, 상사나 임원이 만나야 할 고객이 따로 있다. 자신을 포함한 모든 주체가 각기 담당해야 할 고객을 어떻게 만날 것인지를 정리하여 해당되는 모든 사람과 계획을 공유하고, 각 주체들의 실행 약속을 확보해야 한다.

셋째, 움직이기 전에 동선을 그려라.
강남에서 근무하는 영업자가 일산에서 있는 고객과 한 시간 동안 회의를 하기 위해 사무실을 나섰다면, 그 영업자는 세 시간 이상을 길거리에서 허비하게 된다. 부산에서 창원으로 이동을 해야 하는 영업자는 최소 반나절 스케줄을 비워야 한다. 물론 이렇게 이동해야 할 상황은 언제든 발생하지만, 그 영업자가 매일 시간을 그런 식으로 쓴다면 아무 일도 하지 못할 것이다. 그러므로 영업자는 이동에 앞서 '동선'을 미리 그려볼 필요가 있다. 출발지에서 목적지까지 동선을 고려하여 중간에서 만날 다른 고객과 목적지 주변에 있는 고객을 점검하고, 최대한 많이 만나라는 뜻이다. 물론 계획

없이 갑작스럽게 멀리 떨어져 있는 고객과 만나야 할 경우도 생긴다. 하지만 이런 때에도 길을 나서기 전 한 번 더 생각하면, 추가로 만나야 할 고객이 떠오를 것이다. 길거리에서 무작정 시간을 버리는 영업은 어리석은 짓이다.

내가 주로 만나던 고객사 사무실 옆에, 경쟁사의 고객이 된 회사가 위치해 있었다. 이제 막 경쟁사와 신규 프로젝트를 시작했으니 적어도 4년 이상은 우리에게 비즈니스 기회를 주지 못하는 고객이었다. 게다가 우리가 경쟁사에게 밀려났을 때 내가 새로 맡게 된 고객이라서 그다지 편하고 친숙한 관계는 아니었다. 하지만 그 고객사 바로 옆에 정례회의를 진행하는 다른 고객사가 있어서 매주 그곳을 지나쳐야만 했다.

정례회의를 시작하고 한 달째 되던 날, 나는 회의 시작 전에 경쟁사의 고객에게 전화를 걸어 티 미팅을 요청했다. '별로 이야기할 것도 없는데, 왜 오려고 하지?'라고 생각하는 느낌을 받았으나, 개의치 않고 그 고객사에 들렀다. 간단히 참고자료를 전해주고, 20분 남짓 이야기를 마친 후 사무실을 나섰다. 나오는 길에 고객은 "언제든지 편하게 방문해주세요."라고 말했다. 나는 그와 조금 가까워졌음을 느꼈다.

그로부터 2주에 한 번씩 고객과의 정례회의 후, 경쟁사 고객사에 반드시 들렀다. 20분에서 30분 정도 짧은 시간을 함께했지만,

새로운 자료가 있으면 전해주고 부담스럽지 않은 대화를 나누었다. 차차 그 고객은 우리에게 비즈니스 안건을 문의했고, 도리어 경쟁사보다 우리에게 더 고마움을 느끼기 시작했다. 자칫 완전히 끊어질 뻔했던 그 고객과 우리 회사의 관계는 그렇게 이어졌다. 그리고 4년 후, 전사 시스템 재구축 프로젝트에서 우리는 경쟁사를 제치고 다시 그 회사를 우리의 고객으로 만들 수 있었다.

영업자에게 있어 '동선'은 가장 적은 시간을 투자해 최대의 효과를 누릴 수 있는 방법이다. 오늘 만나는 고객과 더불어 또 만날 수 있는 고객은 누가 있을까? 한 번 더 고민하고 길을 나서길 바란다.

넷째, 마케팅과 디지털은 필수이다.

아무리 상사나 동료, 임원을 동원해도 '대면對面'으로 모든 일을 해결할 수는 없다. 물리적으로 너무 멀리 떨어져 있어서 만나기 어려운 고객도 있고, 바빠서 아예 만날 수 없는 고객도 있게 마련이다. 앞에서 디지털의 활용을 강조했지만, 특히 영업에서 디지털이나 SNS를 잘 활용하면 고객과의 접촉 빈도수를 더 늘릴 수 있고, 전달할 수 있는 내용도 더 다양화할 수 있다. 주로 대면 접촉을 보완하는 방법으로 활용할 수 있지만, SNS로 연락을 해야만 하는 고객도 있다. 직접 만나기보다 더 가벼운 소통을 원하고 편하게 받아들이는 고객이 늘고 있다는 의미이다. 시간이 지날수록 이 변화는 더욱 가속화될 것이다.

영업을 하는 사람들이 가장 쉽게 놓치는 부분이 바로 '마케팅의 활용'이다. 마케팅은 마케팅팀의 일이고, 이벤트나 광고를 주관하는 것이 마케팅이라 생각한다. 하지만 마케팅을 활용하지 않는 영업은 공군의 도움 없이 육군 혼자 전쟁을 치르는 경우와 같다. 그런 전쟁에서는 이길 수 없다. 영업자가 고객을 직접 만나지 못해도, DM이나 e-DM, 이벤트 홍보물을 통해 고객과의 접점을 유지할 수 있는 것이다. 무슨 내용이 만들어지고 자신이 담당하는 고객에게 어떤 정보가 어떤 경로로 전달되는지를 제대로 알아야 한다. 그리고 영업자는 고객이 필요로 하는 정보가 제대로 전달되도록 마케팅팀과 협업하고 소통해야 한다.

영업은 산타클로스처럼 때가 될 때 반짝하는 게 아니라, 평소에 틈틈이 해야 하는 것이다. 결정적인 순간이 되어서야 허둥대고 도움을 요청하면 이미 늦었다. 고객의 입장에서 역지사지해보길 바란다. 아무리 포장하고 다른 이유를 들어 설명해도, 민감한 시기에 고객은 영업자에게 경계심을 가질 수밖에 없다. 때가 되면 찾아가고 정신없이 들락거리는 저급한 영업은 하지 말자. 평소에 고객을 만나고 이야기를 듣고 고민을 해결해주고 가치를 인정받아 신뢰를 형성한다면, 허둥지둥하지 않고도 영업을 성공시킬 수 있다. 고객과의 접점을 명확하게 정의하고, 모든 자원을 활용해 만나고, 시간을 지혜롭게 쓰고, SNS와 마케팅을 적절히 결합하면 오늘과는 다른 내일이 보일 것이다.

13
잘못된 접대는 고객과 나 모두를 죽인다

> 오늘 하루 좋은 행동의 씨를 뿌려서 좋은 습관을 거두어들여라.
> 좋은 습관으로 성격을 다스리는 날부터 운명은 새로운 문을 열 것이다.
> _르네 데카르트Rene Descartes: 철학자

> 영업자로서의 성공은 그 밖의 다른 어떤 분야보다 더 수준 높은 절제력과 결단력, 용기를 요구한다.
> _톰 버틀러 보던Tom Butler Bowdon: 인성계발 전문가

본사에서 근무를 마치고 한국으로 돌아와 가진 첫 외부 약속은 한 증권사 중역과의 점심식사였다. 고객사 근처의 호텔이었고, 상견례를 겸한 자리였다. 대화의 내용은 나무랄 데 없었다. 식사를 하고 고객을 먼저 보낸 후, 계산을 하는데 나는 무척 당황했다. 두 사람의 한 끼 점심 값이 28만 원이나 나왔던 것이다. 사무실에 돌아와 약속 장소를 정한 영업자를 불러 물었다.

"오늘 점심 장소를 누가 정했나요?"
"제가 정했습니다."

"그곳의 식사값이 얼마인지 확인했나요?"

"네."

"그런데 왜 그런 곳으로 예약했나요?"

"아, 그게…… 두 분의 직위에 맞추어 그 정도의 자리가 되어야 한다고 생각했습니다."

"상식적으로 생각해보세요. 점심 한 끼에 14만 원이나 지불하는 사람이 어디 있습니까? 항상 회사의 경비를 내 돈이라 생각해야 합니다. 자기 돈이라면 그렇게 못하지요."

10년 전부터 공무원의 경우에는 '공무원 행동 강령'으로 경조사비와 식사비 등의 한도 금액이 정해져 있지만, 민간기업의 경우에는 아직도 상식의 선을 넘는 경우가 많다. 하지만 규정 여부에 관계없이, 접대비에 대한 의식은 영업자 스스로 냉정하고 합리적으로 선을 그어야 한다. 경비를 자신의 돈이라 생각하고 계획하여 사용해야 한다는 뜻이다. '내 돈'이라면 어떻게 했을까? 이 점을 항상 유념해야 한다.

접대는 고객에게 해를 끼친다

L사의 차세대 프로젝트 사업자 선정이 막바지에 이르렀을 때였다. 고객과 최종 의사결정을 하기에 앞서 실제 성능을 테스트해보기로 했다. 검토 중인 컴퓨터 구성이 업계에서 첫 사례가 되는 프로젝트

인지라, 의사결정이 신중할 수밖에 없었다. 하지만 테스트 환경을 국내에 구축하여 실시하기에는 일정이 여의치 않았다. 현실적인 방법은 제안 시스템 환경이 구현되어 있는 유럽의 센터에서 테스트를 하는 것이었다. 의사결정 시한이 촉박했기에 고객의 동의하에 프랑스 센터로 직접 가서 성능 점검을 해보기로 했다. 고객사에서 일곱 명의 평가단이 직접 현장으로 파견되었고, 우리도 직원 다섯 명이 2주간 준비해야 하는 복잡하고도 중요한 작업이었다. 모두가 초긴장 상태였지만, 준비는 순조롭게 진행되었다.

출국을 일주일 앞두고, 나는 직원들이 해외 출장 승인을 받으려고 올린 기안서를 보고 고민이 생겼다. 원래 성능 테스트는 국내에서 업체가 지원해야 하는 사항인데, 우리가 국내에서 지원하지 못해 프랑스까지 가야 했으니 제반 경비는 우리가 부담하기로 했었다. 그런데 고객의 경비 항목에 '체재비'가 들어 있었다. 우리 회사의 규정에 의해 고객의 체재비도 우리 직원들과 같은 금액이 산정되어 있었다. 회사 규정에 어긋나지 않은 사항이었으므로 문제는 아니었지만, 뭔가 마음이 편치 않았다. 곧장 담당 상무를 불렀다.

"이 상무. 고객도 이번 출장은 회사 내에서 공식적으로 승인을 받아 추진하는 것입니다. 그렇다면 고객사도 출장 규정이 있고, 체재비 규정이 있겠지요. 만약 이번에 참여하는 고객들이 회사로부터 체재비를 받는데 또 우리가 체재비를 지원한다면 이것은 문제입니다. 고객사 상무를 찾아뵙고 확인해보세요. 되도록 체재비는 고객이 부담하는 것으로 하는 게 좋겠습니다. 민감한 시기에 자칫 고객이 불편해할 수 있겠지만, 이것은 비용의 문제가 아니라 고객을 보호하기 위한 일입니다."

고객 중역은 도리어 좋은 지적을 해주어 감사하다며 우리의 제안을 받아들였다. 프랑스 현지에서의 테스트는 매우 성공적이었다. 그로부터 한 달 후, 우리는 문제없이 비즈니스를 수주했고 18개월간의 프로젝트 대장정이 시작되었다.

잘못된 관계의 시작은 항상 잘못된 접대에서 비롯된다
영업 현장에서 '개인적인 관계'를 무시할 수는 없다. 사람은 만나면서 서로 편해지고, 도와줄 수 있을 때는 아는 사람을 도와주게 되는 법이다. 하지만 이는 '윤활유' 정도에 그쳐야 한다. 개인적인 관계에 의해 회사 또는 조직의 일을 결정할 수 있겠는가? 만일 그런 고객이 있다면, 그는 중대한 범죄를 저지르는 것이다. 제품의 가격이 같고 서비스의 질이 같다면 거기에는 '관계'가 적용될 수 있다. 하지만 냉정하게 보면 세상 어떤 일에도 같은 것은 없다. 뭐가 달라도 다르다.

인정하고 싶지 않지만 잘못된 접대와 뇌물 수수는 지금도 사회

곳곳에서 끝없이 반복되고 있다. 하루가 멀다 하고 추악한 접대나 향응, 뇌물수수 사건이 언론에 보도되고 있지만 이는 빙산의 일각이다. 하지만 이런 수치스러운 일은 법이나 처벌로써 종식시키기 어렵다. 결국 우리 자신의 문제이고, 영업자 한 사람 한 사람의 올바른 의식만이 현 세태를 바꿀 수 있다.

10만 원이 넘는 점심을 대접하고, 하룻밤에 100만 원이 넘는 술을 함께 마시고, 골프백을 들고 해외에 골프를 치러 다니고, 고가의 선물과 현금이 오가며 만들어진 관계는 진정한 관계가 아니라 범죄 커넥션이다. 아이들에게는 정직하게 살라고 가르치면서, 교회나 성당, 절에 가서 머리 숙여 기도를 하면서, '먹고 살기 위해', '우리 사회에서는 어쩔 수 없는 일'이기 때문에 이런 일을 죄책감 없이 자행하고 있다. 이제 이 연쇄 고리를 끊어야 한다.

영업자인 나부터 바뀌어야 한다

만나서 당당하고, 돌아서면서 흐뭇한 접대도 충분히 가능하다. 잔잔한 감동을 느끼게 하는 접대 역시 누구나 할 수 있다. 이런 접대가 영업자 스스로의 자존감을 드높이는 일이다. 더불어 스스로 당당한 접대를 하면 고객과 지속적으로 좋은 관계를 유지시켜나갈 수 있다.

퇴직 연금을 담당하는 직원이 바뀌었다고 하여 전임자와 함께 사무실로 인사를 하러 왔다. 워낙 경황이 없었던 터라, 잠시 인사만 하고 헤어졌다. '연금 운용 현황에 대해 설명을 드리려 하니, 다시 만날 시간을 주세요.'라고 요청하는 담당 직원에게 나는 건성으로 대답을 하고 첫 만남이 끝났다. 그 다음 주에 다시 전화가 왔으나, '내가 지금 너무 바쁘고 연금이나 재테크에 별 관심이 없으니 현재 운용되는 연금 그대로 하면 된다.'라고 하면서 '굳이 만날 필요가 없음'을 전달했다. 담당 직원은 '그래도 꼭 만나서 설명할 시간을 달라'고 했지만, 나는 확답을 주지 못했다.

그 후에도 담당 직원은 계속 전화와 메시지를 보내왔다. 영업을 하는 입장에서 그녀의 집요함만큼은 마음에 들었다. 그로부터 7개월이 흘렀다. 어느 날 집에 돌아오니 조그만 소포 하나가 와 있었다. 맥주 한 캔과 땅콩 한 봉지, 그리고 손으로 쓴 편지가 들어 있었다.

'대표님, 너무 바쁘셔서 뵙기가 정말 어렵네요. 스트레스 많이 받으실 텐데, 월드컵 경기 보시면서 시원하게 맥주 한 잔 하세요. 그리고 저에게 얼굴 좀 보여주세요.'

그 직원의 집요함과 재치에 나는 웃음을 감출 수 없었다. 다음 날 나는 그녀에게 전화를 했고, 함께 식사를 하며 그의 열정에 경의를 표했다.

이렇게 재치 넘치고 상대를 감동시키는 일은 주변에 너무도 많다. 같이 영업을 하는 동료를 통해 배울 수 있고, '갑'이 되어 만나는 '을'의 행동에서 배울 수 있고, 경쟁사 영업자를 보고도 배울 수 있다.

"제가 올 임원 인사 때 젊은 부장 한 명을 이사로 승진시켰습니다. 다른 임원 승진의 경우보다 6년 이상 빠른 경우로, 저희로선 파격적인 결정이었죠. 영업 부장을 시킨 지 1년 만에 영업 계약고를 두 배로 만들었어요. 그런데 그 친구는 고객과 술은 거의 안 마셔요. 식사를 할 때는 고객의 가족을 초대하거나 함께 문화생활을 즐깁니다. 그러니 돈은 남보다 훨씬 적게 쓰고 고객의 마음도 얻고, 비즈니스가 잘될 수밖에 없지요."

협력회사 사장이 내게 해준 말이다. 어떤 사람인지 궁금했는데, 얼마 지나지 않아 내 강의장에서 만날 수 있었다. 자신감이 넘쳤고 진지했으며 영리하게 보였다. 임원이 된 첫 해에 그는 기대 이상의 결과로 회사에 보답했고, 지금도 그의 성공 스토리는 계속되고 있다.

"우리 부서에 일주일에 한 번씩 슈퍼맨이 옵니다. 수요일 오후 세 시가 되면 어김없이 나타나요. 날씨가 더워 갈증을 느낄 때에는 음료수와 아이스크림을 사오고, 배가 출출하다고 느낄 땐 간식거리를 들고 나타나죠. 그래서 저희 직원들은 그 친구를 슈퍼맨이라고 부릅니다. 저희 회사를 담당한 지 7개월이 된 영업자인데, 그 친구를 모르는 사람이 없습니다."

한 고객 구매부장의 이야기이다. 그 영업자가 고객에게 전달해 준 천 원짜리 아이스크림 하나하나가 14만 원의 점심식사보다 고객에게는 더 큰 감동으로 남았을 것이다.

영업자의 접대는 독약이 될 수도 있고, 윤활유가 될 수도 있다. 지나치면 독이 되지만, 적당하면 약이 된다. 남들이 한다고 해서 무작정 따라 해서는 안 되고, 선배가 했으니 나도 해야 한다고 생각해서도 안 된다. 잘못된 접대는 자신뿐만 아니라 고객까지 망치고, 고객의 회사와 자신의 회사 모두를 파멸로 몰아넣을 수 있다.

사람은 모두 비슷한 감정과 윤리적 기저를 가지고 있고, 상식에 입각한 판단 기준이 다를 수 없다. 아무리 반복적으로 불법을 일삼는 사람도 그것이 잘못된 행동임을 모르고 하는 것은 아니다. 다만 스스로 정당화하고, 반복적인 비윤리적 행동에 둔감해진 것이다. 진정한 영업자라면 스스로 판단할 때 당당하고 옳은 일만 해야 한다. 조금이라도 머뭇거려지거나 떳떳하지 못한 일은 해서는 안 된다. 그것이 진정한 관계를 위한 바른 접대이다.

"저희가 왜 술을 삽니까? 저희의 인력과 서비스를 받고 고객이 도리어 감사를 해야죠. 간단한 식사는 몰라도 우리는 절대 술 접대는 없습니다."

지방의 건실한 중소기업 사장이 한 말이다. 고객에게 가장 중요한 접대는 '최상의 제품과 서비스를 제공하여 고객이 성공하도록 도와주는 것'이고, 그런 가치를 끊임없이 제공하는 것이다.

14
다음 영업자에게 짐을 남기지 마라

> 불만족한 고객은 한 명당 열 명을 방해한다. 그만큼 완전판매를 하는 것이 중요하다.
> _윌리엄 휴렛 William Hewlett : HP 창업자

> 고객을 잃었다는 사실은 한 번의 판매 기회를 잃는 것 이상의 의미가 있다.
> 이것은 향후 수백 번의 판매 기회를 잃어버리는 것을 의미한다.
> _질 그리핀 Jill Griffin : 마케팅 전략 연구소 소장

영업 첫 해에 나의 사수는 한 고객을 온전히 나에게 맡겼다. 그룹사의 크지 않은 계열사 중 하나였는데, 그해 비즈니스는 한 건이 계획되어 있었지만 고객의 투자 여부는 유동적이었다. 그리고 마침 고객사 중역이 바뀐 터라 처음부터 새롭게 일을 만들어보라는 취지였다. 업무 보고를 받은 지 일주일째 되던 날, 고객은 우리를 회사로 불렀다. 구매부장을 거쳐 새롭게 부임한 고객 중역의 첫인상은 '냉정함' 그 자체였다.

"그동안 저희 회사를 지원해주셔서 감사합니다. 지금처럼 계속

잘 도와주시길 부탁드립니다. 시스템 과장에게 시스템 증설 계획에 관한 업무 보고를 받았는데, 근거가 명확하지 않네요. 지금 시스템 용량의 문제가 무엇인지, 어떤 업무로 인해 추가 성능이 필요한지 내가 명확하게 이해하고 넘어갔으면 합니다."

고객 입장에서는 적지 않은 투자였고, 컴퓨터 증설에 대한 다른 대안이 없어 견적서만 받아놓은 상태였다. 함께 간 사수는 잘 알겠다고 대답을 한 후, 고객사를 나오면서 담당 엔지니어와 나에게 "잘 준비해서 마무리해보세요."라고 말했다. 그로부터 3주간 선배 엔지니어와 백지상태에서 제안서를 만들기 시작했다. 신입사원 교육 때 받은 모든 지식을 총동원했고, 고객사 시스템을 잘 아는 다른 엔지니어의 도움까지 받았다. 마침내 마무리된 제안서를 사수에게 보내 점검을 요청했고, '고Go' 사인을 받아냈다. 고객의 관점에서 준비했다는 자신감을 가지고 고객 중역과 관리자를 모시고 프레젠테이션까지 마쳤다. 질의응답이 끝나고 고객의 중역은 "충분히 납득할 수 있도록 설명을 잘해주어 고맙다."라고 하면서, 내부 회의를 거쳐 일주일 후에 연락을 해주겠다고 이야기했다. 사수와 매니저는 아주 흡족해했다.

그리고 일주일 후, 고객 중역과 마주 앉았다.

"지난 한 달 동안 수고가 많았습니다. 그쪽 제안으로 이제 내가 궁금해했던 점을 명확하게 이해할 수 있었습니다. 그런데 말입니다. 제 고민은 우리 내부에 있습니다. 이렇게 엄청난 투자를 하고 경비를 집행하는 우리 부서가 투자에 비해 전략적으로 시스템을 활용하지 못하고 단순 업무 지원에만 머무르고 있다는 사실을 알게 되었습니다. 그래서 고민을 많이 했습니다."

고객은 잠시 머뭇거렸다.

"예. 말씀하시지요."

"우리에게 지금 가장 시급한 일은 조직의 재정비이고, 직원의 역량 개발이라는 결론을 내렸습니다. 올 한 해는 여기에 집중하려고 합니다. 그리고 급한 시스템 용량 증설은 다른 대안을 찾고자 합니다."

"무슨 말씀이신지 잘 알았습니다. 그런데 다른 대안이라 하심은……."

"미안합니다. 그동안 고생하고 도움을 주었는데, 지금 우리의 역량으로는 귀사의 신형 시스템이 사치라고 생각합니다. 단순한 업무 지원에 머무르는 수준이라면, 그에 맞게 보다 경제적인 중고 시스템을 도입하는 것이 옳다고 판단했습니다."

고객은 반복해서 미안함을 표했고 회사의 중역들까지 나서서 재고를 요청했지만 그의 입장은 변하지 않았다. 마지막 회의를 하고 나올 때 고객은 나를 불러 손을 꼭 잡고 이야기했다.

"정말 미안합니다. 대신 내가 한 가지는 약속합니다. 우리 조직이 재정비되고 역량을 끌어올린 후, 2년 내에 새로운 일을 추진할 것입니다. 그때 반드시 귀사의 시스템을 쓰겠습니다. 잘 알겠지만, 우리가 앞으로 함께해야 할 일이 너무도 많지 않습니까? 나를 믿어주세요."

내일도 태양은 반드시 뜬다

첫 아픔이었다. 하지만 많은 것을 배웠다. 회사 내 다른 사람들은 그 고객에게 많이 섭섭해했지만, 나는 그의 진정성을 느낄 수 있었다. 그 이후 다른 회사만큼 시간과 에너지를 쓰진 못했지만, 계속해서 그 고객을 만났고 최소한의 지원을 이어나갔다. 그러나 해가 바뀌고 나는 다른 고객사를 배정받았다. 다행스럽게도 후임자가 입사동기여서, 어느 정도 안심이 되었다. 고객에게 새로운 담당자를 소개해주고 그동안의 이력도 설명한 뒤 동기에게 특별히 부탁을 했다.

"올 하반기부터 본격적으로 투자가 검토될 거야. 다른 사람들이 뭐라 해도, 최소한 2주에 한 번은 찾아뵙고 인사를 드려. 아마 자료 요청을 많이 하실 거야."

동기도 '알겠다. 걱정하지 마라'며 나를 안심시켰다. 그로부터 6

개월 후, 나는 고객 중역으로부터 한 통의 전화를 받았다.

"어떻게 이럴 수 있나요? 아무리 섭섭해도 16년 고객을 이렇게 홀대하면 안 되죠. 그리고 중고 시스템을 사용해도 아직 우리도 고객은 고객인데, 찾아오는 사람 하나 없고 이제 우리를 고립시키려고 하나요?"

"이사님, 그럴 리가 있습니까. 팀이 찾아뵙고 있지 않나요? 고립이라니, 무슨 말씀이세요?"

"연초에 팀이 바뀌었을 때 인사를 오고 난 후 나는 영업 대표 얼굴도 못 봤습니다. 그건 그렇다 치고 모든 건설회사의 CIO(최고 정보관리책임자)를 불러 세미나를 하면서 왜 우리만 제외했나요?"

몇 번이고 죄송하다는 사과를 드리고, 영업 담당자인 동기에게 전화를 걸어 인수인계 당시의 당부를 상기시켰고 당장 고객을 찾아뵈라고 했다. 하지만 딱 거기까지였다. 동기가 고객을 찾아뵙고 앞으로 잘하겠다는 인사를 했다고 전해 들었지만, 3개월이 채 지나지 않아 고객은 또다시 나에게 불편함과 섭섭함을 토로하였다. 그리고 해가 바뀌어 새해 인사차 고객을 방문했을 때, 그는 완전히 돌아서 있었다.

"재작년에 내가 섭섭하게 한 일은 기억하고 있습니다. 그래도 길게 보고 잘 지원해달라고 부탁을 했고, 내가 약속까지 했지요. 이미 여러 차례 지적했지만, 작년 한 해 동안 귀사에서 보여준 모습은 너무 실망스러웠고, 이제 내 생각은 완전히 바뀌었습니다. 미안합니다."

그해 이 고객은 대규모 투자를 시작했지만 우리는 제안 요청 대상에도 들지 못했고, 30년 가까운 시간이 흘렀지만 지금도 이 회사에는 발도 못 붙이고 있다.

영업자는 한 해 또는 일정 기간 동안의 목표를 이루어내고 성과를 올리는 일도 중요하게 생각해야 하지만, 무엇보다도 '흔적'이 아름다워야 한다. 한 사람의 영업자가 아무렇지도 않게 저지른 실수와 무관심, 소홀함으로 인해 자기 자신은 직접적인 손실을 받지 않을 수도 있다. 하지만 30년 가까이 회사는 큰 피해를 떠안게 되었다. 그 당시 동기 영업자에게 "넌 정말 지울 수 없는 잘못을 회사에 남겼어!"라고 말했지만, 그는 항변하기에 바빴다. 보통의 영업자들처럼 인센티브에 몰두하고, 당장의 성과가 더 중요했던 것이다. 더욱이 회사에서는 단기적 성과를 내는 직원에게만 박수를 보내고 돈과 기회를 준다. 하지만 진정 고객을 생각하고 자신을 희생하며 묵묵하게 일하는 영업자를 못 알아본다면, 그 회사는 제대로 된 영업자뿐만 아니라 고객까지 영영 잃게 될 것이다.

영업자의 뒷모습은 그 회사의 미래이다. 아무리 억울하고 섭섭해도 고객을 원수로 만들어서는 안 된다. 비즈니스에서 졌어도 진정성을 보인다면, 고객은 도리어 나보다 더 미안해하고 오늘의 손실을 몇십 배 갚아줄 기회를 선물로 줄 것이다. 비즈니스에서 졌다는 건 당장의 아픔이지만, 새로운 기회의 시작이기도 하다. 비록 그 열매를 내가 당장 딸 수는 없지만, 나중에 후배와 회사가 거둘 수 있도록 내가 발판을 잘 마련해두어야 한다.

더불어 비즈니스에서 축배를 드는 순간에도 초심을 잃어서는 안 된다. 행복은 잠시 느끼고, 이내 닥쳐올 고통에 대비해야 한다. 결혼 행진곡에 맞춰 식장을 나선 부부에게는 기쁨과 행복만큼 의무와 책임, 고통이 따른다. 비즈니스 관계로 고객과 만나면, 고객의 바람은 점점 더 커지고 영업자가 해야 할 일은 끊임없이 쌓인다. 다 만든 계약이라도 한 가지 실수로 인해 고객이 떠날 수도 있음을 명심해야 한다.

누가 밥그릇을 걷어찼는가?

기업의 포트폴리오는 시장과 고객의 수요에 의해 계속 바뀌고 진화한다. 1975년 최초의 디지털 카메라는 코닥의 한 개발자에 의해 만들어졌지만 그 발명의 주체는 역사의 뒤안길로 사라졌다. 스티브 잡스가 PC를 만들자고 처음 찾아간 회사가 어디인 줄 아는가? 바로 IBM이다. 하지만 IBM은 그의 생각이 허황된 꿈이라 여겼고,

스티브 잡스가 창업한 애플은 세상을 바꾸고 있다. 2000년 닷컴 열풍이 불 때 모든 신문사와 방송사는 '닷컴 자회사'를 만들어 뉴스 서비스를 했고, 포털 사이트는 우습게보았다. 하지만 신문사와 방송사는 결국 포털 사이트에 콘텐츠 유통 주도권을 빼앗기고 말았다. 회의적으로 보였던 인터넷 거래는 전통적 상거래를 대체한 지 오래이고, 새로운 수요를 창출해내고 있다.

이런 이야기를 할 때마다 영업자들은 기업의 전략이 최고경영자의 몫이라고만 생각한다. 하지만 시장과 고객의 수요 변화, 즉 밥그릇 싸움의 시작과 끝은 영업 현장이라고 봐야 한다. 내가 처음 영업을 시작할 때에는 IT의 경우 '하드웨어 비즈니스'가 주류였다. 소프트웨어는 하드웨어와 연동되어 결정되는 경우가 90퍼센트 이상이었으므로 'IT비즈니스가 곧 하드웨어 비즈니스'였다고 할 수 있다. 더불어 하드웨어도 극히 단순하여 저장 장치를 제외하고는 서버와 연동되어 구성되었으니, 거의 서버 게임이었다고 보는 게 정확하다. 이 당시 경쟁사와 접촉하는 고객이 영업자에게 '저장 장치는 E사 제품으로 하면 어떨까요?'라고 물으면 영업자들은 별 고민 없이 '그러시죠'라고 대답했다. '전체 계약 금액의 10퍼센트도 안 되는 영역인데, 양보해서 빨리 계약하는 편이 낫지'라는 생각이 지배적이었던 까닭이다. 그런데 그로부터 15년 후, 점점 저장 장치의 수요는 커졌고 그로부터 다시 10년 동안 데이터의 폭증으로 인해 저장 장치 시장의 규모는 서버의 수요에 근접하게 되었다. 25년 전에 영업자들이 무심코 양보한 저장 장치 시장은 이제 경쟁사가 철옹성을 쌓아 지켜내고 있다. 이런 일은 소프트웨어 제품 영업에서도 반복되었다. 그로 인해 그들의 후배인 지금의 영업자들은 선배들이 키워준 경쟁사와 힘겨운 경쟁을 벌이고 있다.

결국 오늘의 고통과 어려움은 회사 또는 전략의 문제가 아닌, 선배 영업자들의 작은 소홀함에서 시작된 것이다. 현장에서 고객과 직접 만나고 호흡하는 영업자들이 경쟁사가 시장에 진입할 수 없도록 미리 그 싹을 잘랐어야 했다. 하지만 이런 일은 지금도 진행되고 있고, 앞으로도 계속 벌어질 것이다.

북에서 침투한 무장간첩 일행을 산에서 우연히 만났을 때, 수상한 사람으로 보지 않고 한 명의 시민이 신고하지 않았더라면 50년 전 우리의 최고 지도자에게 무슨 일이 생겼을지 알 수 없다. 오늘 이 시간에도 250킬로미터의 휴전선에서 철책 근무를 하는 국군 장병들이 있다. 최전방에서 우리를 지키는 장병들이 침투하는 적의 움직임을 발견하지 못하면 철책은 뚫리고 말 것이다.

지금 잠시 힘들고 번거롭고 시간이 걸릴지라도, 내일 재앙이 될 일을 용인해서는 안 된다. 작은 실수가 모여 후배들의 밥그릇을 없애게 될 것이다.

PART 4

| 팀워크 |

팀과 조직,
그리고 함께의 가치

밖에서 인정받기 전에 회사 안에서부터 인정받아라

"어쩔 수 없는 게 조직 내 인간관계라면
나라도 '선線'을 지키면 된다.
당장 힘 있는 사람보다는 힘이 없어 보이는 사람을
더 진심으로 대하고 배려하도록 노력해야 한다.
어떤 경우라도 진정성은 얄팍한 계산을 이긴다."

Column 3

사고의
틀을 깨라

13년 전, 제품영업담당 임원이 되었을 때 나에게는 큰 고민거리가 하나 있었다. 전년도에 계약한 국내 최고 성능의 슈퍼컴퓨터 납품 프로젝트가 그것이었다. 9개월 전에 계약을 할 때엔 향후 제품 계획을 고려하여 제품 인도 시기가 명확하게 계약서에 기재되어 있었다. 그런데 불행하게도 최초 제품 인도 가능일자가 원래의 계획보다 한 달 가량 지연될 위기에 처했다. 더욱이 계약서에는 '양사는 제품 인도 후 90일 이내에 검수를 마친다.'라는 검수 조건이 명기되어 있었다. 여기서 '검수'라 함은, 납품 업체가 제품을 인도하고 설치한 후, 고객이 시스템을 가동하여 '시스템 이상 없음'을 확인하는 절차이다. 고객이 검수 완료를 해주어야만 비로소 완전히 거래가 완료되었다고 판단하고, 우리는 매출을 인식할 수 있게 된다.

고객과의 계약 조건은 '7월 안에 시스템을 인도하고, 그 일정을 지키지 않았을 때엔 페널티Penalty를 지불한다.'라고 되어 있었다. 페널티도 문제였지만, 더 큰 문제는 시스템이 제때에 설치되지 않으면 고객 프로젝트 일정에 치명적인 영향을 준다는 점이었다. 하지만 이 부분에 대해 본사의 제품 사장은 딜레마에 빠졌다. 이 고객은 전년도에 테스트 시스템을 설치할 때에도 여러 가지 이유를 들어 딱 90일째 되던 날에 검수 확인을 해주었다. 이번에도 90일 검수 일정을 모두 채울 경우, 우리는 3사분기 실적을 기록할 수 없다는 문제가 발생할 것이었다. 더욱이 테스트 시스템은 재고가 확보된 기기를 사용했지만, 본 프로젝트용 시스템은 제품 발표 후 첫 출고되는 제품으로, 이 고객에게 인도되는 시스템이 전 세계에서 생산되는 1차 물량의 60퍼센트를 차지했다. 60퍼센트의 물량을 주고도 실적을 기록하지 못할 바에야 본사에서는 전 세계 다른 고객들과의 약속을 먼저 이행하는 편이 낫다고 판단했다. 결국 본사는 이 고객의 시스템을 2차 공급 시점에 인도하겠다고 통보해왔다. 약 2주가량이 늦춰지게 되었고, 고객과의 계약은 위반될 위기에 처했다. 모든 재무 실적이 분기별로 평가되는 본사의 입장에서는 그럴 수 있었다.

"이 고객은 7월에 시스템을 인도하여도 검수는 10월에나 완료될 것이다. 그렇게 되면 슈퍼컴퓨터 1차 물량의 60퍼센트를 납품하고도 3사분기 실적으로 기록되지 않는다. 고객을 설득하여 8월에 인도하는 쪽으로 방향을 잡아라." 본사의 결정이 당혹스러웠지만, 무조건 틀렸다고 주장할 수도 없었다. 우리 측에서는 "이 건은 1년 전에 계약된 것이고, 다른 어떤 고객보다 우선적으로 할당되어야 합니다."라고 강력하게 주장했지만, 첨예한 대립은 한 달 가까이 지속되었다.

결국 본사를 설득하고 1차 물량의 공급을 확보하기 위해서는 고객의 검수를 3사분기 내에 완료하는 것이 유일한 방법이었다. 몇 차례 토론을 했지만, 전년도부터 이 프로젝트에 관여해왔던 팀은 모두가 하나같이 '현실적으로 불가능하다'는 대답을 했다.

"기술적으로 추가 인력이 지원되면 60일 이내에 모든 작업을 완료할 수 있지만, 고객은 절대로 90일 이내에 검수 확인서에 도장을 안 찍어줍니다. 고객의 관행이라고 하면서 이런저런 이유를 대며 90일까지 검수 확인을 미뤄요. 작년에도 모든 방법을 동원해 설득하려 했지만 불가능했습니다."

나는 결단을 내릴 수밖에 없었다.

모든 것을 백지상태에서 바라보라

다음 주 고객과 상견례를 위해 고객사 회의실로 들어갔을 때, 의아한 광경이 벌어졌다. 고객은 우리 직원들의 직급과 고객의 직급에 맞게 테이블 배치를 해놓고 있었다. 평소 개방적이라 생각했던 회사였는데, 직급에 맞춰 좌석 배치까지 조정해놓는 모습이 매우 낯설었다. 시작은 어색했지만 첫 만남이어서 회의는 짧게 끝났다. 프로젝트의 성공을 위해 함께 최선을 다하기로 하고, 기본적 사항에 대한 협의만 한 후 일정을 마쳤다. 사무실로 돌아오는 길에 프로젝트 리더에게 물었다.

"프로젝트 검수를 책임지는 사람이 누구인가요?"
"김 실장님이 실무를 책임지고, 최종적으로 원장님의 승인이 필요합니다. 작년에도 그 두 분의 벽을 못 넘었습니다."
"작년에 그 두 분은 우리 쪽 누가 담당했나요?"
"원장님은 R 상무님께서 매주 티 미팅을 하셨고, 센터장님도 R 상무님께서 주간회의를 주관하시면서부터 담당을 해주셨습니다. 이제 이 상무님께서 맡아주셔야 합니다. 김 실장님은 제가 포컬focal 입니다."
"검수를 꼭 90일까지 끄는 특별한 이유가 있나요?"
"관행이라고 합니다. 검수 기간을 활용해서 향후 지원 내용을 최대한 확보하려는 것이지요. 작년에도 마지막에는 우리가 추가로 유료 교육을 무상으로 지원하기로 하면서 마무리되었습니다."

그렇다면 고객과 풀어야 하는 답은 딱 두 가지였다. 첫째, 실행의 주체인 김 실장과 신뢰 관계를 수립해야 하는 것이었고, 둘째, 이제까지의 관행을 깨고라도 검수 확인이 가능한 시점에 검수를 하도록 고객에게 명분을 주어야 했다. 가능성이 전혀 없어 보이지는 않았다. 하지만 본사와의 담판을 2주 안에 끝내야 했으므로, 짧은 시간 안에 고객으로부터 '시스템 설치 완료 후 즉각적인 검수 절차 완료'라는 답을 받아야 했다.

우선 김 실장과의 신뢰 관계가 핵심이었다. 프로젝트 팀에게 '내가 원장님을 정례적으로 만나는 일은 그만두겠다. 대신 실무 책임자인 김 실장의 카운터파트Counterpart가 되겠다. 정례회의 때, 좌석도 내가 김 실장과 마주 앉도록 배치하라'고 지시했다. 그 다음 주 첫 정기회의에서 고객들은 어색해했지만 김 실장의 싫지 않아 하는 표정을 읽을 수 있었고, 그로부터 우리의 적극적인 대화가 시작되었다.

두 번째로 고객에게 '명분'을 제시하는 일이 중요했다. 고객이 도입할 슈퍼컴퓨터는 단순히 이 고객만을 위한 도입이 아니었다. 국가적인 과학 정보 연구 활동을 지원하고 활성화할 수 있는 획기적인 사건이었는데, 그 가치가 제대로 알려지지 않는 점이 문제라고 판단했다. 나는 여기서 명분을 찾았다. 우선 고객사 원장을 만나서 의사를 타진했다. '국내에 처음 테라Tera급 슈퍼컴퓨터가 도입되는 일을 보다 적극적으로 홍보할 필요가 있다. 준비도 철저히 해야겠지만, 시스템 가동식을 내부 행사로만 열지 말고 지역의 축제로 확대시키자. 관련 단체장들과 지역의 주요 기관장을 초청하여 슈퍼컴퓨터에 대한 인식을 제고시키고 정보원의 역할을 설명하는 시간으로 활용하자. 그와 관련된 제반 준비는 우리가 맡겠다.'라고 제안했다. 고객사 원장은 흔쾌히 나의 제안을 받아들였다. 이제 명분의 실마리는 찾았다.

다시 한 번 프로젝트팀과 시스템 설치 및 작업 일정, 그리고 완료 예상일을 점검하고 본사 부문 사장을 비롯한 본사 임원들과 최종 담판 회의를 가졌다. '내가 책임지고 9월 안으로 검수 확인서를 받아오겠다. 그러니 계약서에 명기되어 있는 대로 7월 안에 시스템을 납품할 수 있도록 기기를 공급하라'고 본사를 설득했다. 그러자 예상대로 본사의 각 부문 리더들이 벌떼처럼 나를 공격해왔다.

'고객은 그대로인데, 어떻게 당신이 책임지고 두 달 안에 검수를 받겠다는 것인가?'
'당신은 지금 시스템을 받기 위해 지키지도 못할 약속 Over Commit 을 하고 있다.'
'나도 그 고객을 잘 아는데, 절대로 90일 안에 검수 확인을 해주지 않을 것이다.'

'당신이 할 일은 고객이 8월에 기기를 받도록 설득하는 일이다.'

나와 본사 임원들간의 뜨거운 설전이 오가는 동안 제품 부문 사장은 아무 말도 없었다.

다시 한 번 나의 계획을 말하고, 마지막으로 '한국을 맡고 있는 리더인 내 말을 믿지 못한다면 무엇을 믿을 것인가? 나를 믿어라. 내가 책임지고 9월 안으로 검수 확인을 받겠다'는 말로 마무리했다. 잠시의 침묵이 흘렀을 때, 사장이 입을 열었다.

"JS, you can do it! Go, Guy! Done deal."

이제 화살은 시위를 떠났다.

찾아라, 답은 반드시 존재한다

이후 프로젝트팀은 한 치의 착오도 없이 프로젝트를 수행하였고, 고객과 '하나'가 되어 움직였다. 우리는 세 트랙으로 나누어 역할을 분담하고 전력을 다했다. 가장 중요하고 기본적인 업무 수행, 즉 '첫 번째 트랙'은 최상의 팀과 인력이 투입되어 있었으므로 걱정이 없었다.

'두 번째 트랙', 즉 '신뢰 관계 수립' 역시 순탄하게 진행되었다.

실무 관리자인 김 실장과는 시간이 지나면서 서로의 진심을 확인할 수 있었고, 갑과 을의 관계가 아닌 '협력자'의 관계로 공동의 성공을 위한 파트너가 되었다.

'세 번째 트랙'은 고객이 요구하면 흥정하듯 추가 서비스를 제공하는 것이 아니라, 협력자로서 자발적으로 고객이 '명분'을 가질 수 있도록 창의적인 안을 제시하는 것이었다. 일반적으로 갑은 을에게 무엇인가를 더 받아내려고 하고, 을은 되도록 합의된 제품이나 서비스 범위 내에서 계약 이행을 마치려고 하는 것이 영업의 패턴이다. 여기서 우리는 사고의 틀을 깨지 못하고, 일반적인 패턴으로만 일을 했던 것이 문제였다. 되도록 짜인 계획대로 추가적인 비용이 발생하지 않도록 만들고, 고객의 요구를 '막아내야 한다'는 의식에서 벗어나지 못했다. 그러니 고객은 '검수 확인'이라는 무기로 '을'을 압박하고 조금이라도 더 서비스를 받아내려고 버틴 것이었다. 고객의 입장에서는 지극히 당연한 생각일지도 모른다. 하지만 이때 우리가 먼저 추가적인 서비스를 제시했다. 단순히 덤을 주듯이 가치가 없는 일을 얹어 준 것이 아니라, 고객이 생각하지 못했던 '가치 영역'을 창의적으로 제안하고, 그 제반 비용 및 인력 지원까지도 우리가 책임지겠다고 했다. 그 결과 고객의 최고 책임자도 우리의 제안에 만족했고, 고객 실무 관리자는 우리의 남다른 자세와 접근 방법을 인정했다. 고객 연구원을 위한 인재개발 프로젝트, 슈퍼컴퓨터 인식 제고를 위한 프로그램, 고객의 사회적 역할에 대한 홍보 지원 등 다양한 아이디어가 협의를 거쳐 계획대로 진행되었다. 고객 실무 책임자는 "진작 이런 제안을 해주셨으면 좋았을 텐데요!"라며 크게 환호했다.

그로부터 석 달 후, 7월에 대한민국 최고 성능의 슈퍼컴퓨터가 김포공항에 도착했다. 공항에서 짐을 내리고 고속도로를 달려 고객사에 도착하는 광경, 그리고 설치 작업에 들어가는 전 과정이 공중파 9시 뉴스를 통해 국내에 알려졌다. 우리 측 팀과 고객은 함께 땀을 흘렸고, 두 달 후 지역 주민과 관련 단체 사람들과 함께 9월 말에 성공적인 슈퍼컴퓨터 가동식을 가졌다.

모두가 불가능하다고 했다. 그러나 이제까지의 생각이나 하던 대로만 행동해서는 절대로 상황을 뒤집을 수 없다. 정확한 판단과 틀을 깨는 사고, 그리고 신뢰의 구축은 '남과 다른 영업'의 세 축이다. 특히 이 프로젝트에서의 두 번째 트랙과 세 번째 트랙은 같은 궤를 가지고 있다고 봐야 한다. 어마어마한 투자를 감행하는 고객을 상대로 '무엇인가를 받아내야만 한다'라고 접근하기보다는 '을이 자발적으로 배려하고 전략적으로 지원해야 한다'라고 인식을 가진 게 주효했다. 그리고 우리는 자신의 카드를 최대한 활용하려는 갑을 '이상한 고객'으로 정의하거나, 자신들이 만든 사고의 틀에 비즈니스를 가두어두지 않았다. 이러한 틀에서 벗어나 고객 실무자로부터 답을 찾고, 고객의 입장에서 고객의 니즈를 주도적으로 발굴함으로써 진정한 신뢰 관계를 수립하고, Win-Win 모델을 형성했다. 실제로 이때 들어간 추가적인 서비스 비용은 전년도에 검수를 위해 추가적으로 제공한 서비스의 10퍼센트에 불과했다. 하지만 효과는 열 배 이상이었다.

문제가 어렵고 심각할수록 내부에서 답을 찾아야 한다. 고객과 싸우기보다는 우리 측 본사의 사장과 싸웠고, 직원들과도 싸웠고, '안 된다'는 고정 관념과 싸웠다. 무엇보다도 나 자신과 많이 싸웠다. 어려움의 크기, 고민의 크기, 갈등의 크기, 그리고 그것을 이겨 내려는 생각의 크기만큼 비즈니스의 크기와 가치가 달라진다.

이 일로 인해 어렵고 두렵기까지 했던 본사 제품 부문 사장은 나의 멘토가 되었고, 우리의 관계는 그가 회사를 떠날 때까지 계속되었다. 더 값진 소득은 지금도 실무 책임자였던 고객과 만남을 이어가고 있다는 것이다.

01
나와 동료를 속이고 이득을 취하지 말라

> 남의 이익에 신경 써라. 분배되지 않는 이익은 결코 오래가지 않는다.
> _볼테르Voltaire : 18세기 프랑스의 작가, 대표적 계몽사상가

> 모든 성공은 다른 사람들의 도움이 있어야만 가능하다.
> 자신이 잘해서 성공했다고 자만하는 순간 성장은 멈춘다.
> _요코우치 유이치로橫內祐一郎 : 후지겐 창업자, 일본의 '전설의 경영자'

영업을 하는 사람은 다른 부서에서 일하는 사람보다 최소 열 배 이상의 사람을 더 만나게 되어 있다. 생산라인에서 근무하는 직원은 현장에서 일하는 사람과 90퍼센트 이상의 시간을 함께 보낸다. 연구소에서 일하는 사람도 같은 사무실 내 사람들과의 교류가 대부분이고, 업무지원부서에서 일하는 사람은 약 50퍼센트의 시간을 타 부서 사람들과 협력하여 일을 한다. 하지만 영업자는 다르다. 고객을 만나고, 협력회사 직원을 만나고, 공급회사 직원도 만나며, 원활한 업무 처리를 위해 회사 내 타 부서 사람들과도 만난다. 그뿐만 아니다. 때로는 경쟁 회사의 직원과도 만나야 하고, 공공기관

직원과도 만나 다양한 사안을 논의해야 한다. 이렇게 여러 직종의 사람을 만나니 외로울 틈도 없고, 지루하게 사무실을 지키고 앉아 있지 않아도 되니 활기차고 좋아 보일 수도 있다. 하지만 영업하는 사람의 스트레스 중 99퍼센트는 바로 '인간관계'에서 생긴다. 그래서 영업자는 힘들다.

내가 막 4년 차가 되었을 때, 몸담고 있던 영업 조직에 큰 변화가 생겼다. 영업팀이 산업별로 재편되어 여러 팀에서 흩어져 일하던 영업자들과 새롭게 한 팀이 되었고, 흩어져 있던 고객군群을 하나로 묶었다. 엔지니어를 제외한 영업자는 총 여섯 명이었고, 입사 년도에 차이는 있었지만 모두 나와 또래였으며, 다만 매니저는 처음 영업일을 시작한 부장이었다. 팀은 2년 후에 다시 새로운 조직 모델로 흩어졌는데, 이곳에서 지낸 2년 남짓한 시간은 내가 영업자로서 가져야 할 가치관을 정립하는 데에 큰 영향을 주었다.

내가 부린 꾀만큼 동료는 더 힘들어진다

처음에는 동료들과 나이도 비슷해서 대화하기도 편하고 팀 분위기 역시 무척 활기찼다. 매니저도 이제 막 영업부장을 시작한 만큼 직원들과 소통하기 위해 노력했고 함께하는 자리도 많이 만들었다. 하지만 채 한 달도 지나지 않아, 구성원들의 맨얼굴이 드러나기 시작했다.

팀이 구성되자 팀 레벨의 연간 목표가 내려왔고, 한 해 동안의 영업 전략을 수립하고 영업자별 목표를 할당하기 위해 워크숍을 떠났다. 워크숍 전날 저녁, 우리는 미리 도착하여 저녁을 먹고 소주잔을 주고받으며 '파이팅!', '우리는 하나!'를 수도 없이 외치며 즐거운 시간을 보냈다. 이튿날, 워크숍이 진행되었고 영업자는 영업 계획과 자신이 생각하는 1년 동안의 예상 매출을 설명했다. 나는 새로운 고객 하나를 맡은 상태여서 영업 전략만을 공유했고, 예상 매출규모는 회사 차원에서 판단하기로 하고 생략했다. 그러나 영업자 각자가 발표한 예상 매출규모는 모두 합해도 팀에 할당된 목표의 절반도 되지 않았다. 매니저는 약간 당황한 듯했다. 처음 맡은 팀이고 영업에 대해 아는 게 없었으니 막막했을 것이다.

"자, 모두 수고했어요. 그런데 여러분이 발표한 계획으로는 우리에게 주어진 목표를 달성하기에 턱없이 부족하잖아. 한 사람씩 돌아가면서 무엇을 더 할지, 어떻게 비즈니스를 더할 수 있을지 이야기해보자고."

하지만 그의 독려는 소용없었다. 한 명씩 돌아가면서 이야기를 했지만, 핵심은 모두 같았다.

'설명한 계획$_{Plan}$과 예측$_{Forecast}$에는 이미 상당 부분 리스크$_{Risk}$가

있다. 이 정도만 해도 최선이다.'

이후로 두 시간 가까이 토론이 계속되었지만 대화에는 진전이 없었고 매니저는 '내일 아침에 결론을 낼 테니, 다시 한 번 더 생각하고 오라'며 첫날 워크숍을 마무리 지었다. 그리고 다시 밤이 되자 모두 '하나'가 되었다. 서로 어깨를 두드리고 호기 넘치게 술잔을 비워댔다. 모두 취해버렸다.

다음 날 아침, 팀 차원에서의 계획과 전략을 논의하고 마지막으로 개별 목표에 대해 다시 논의를 시작했다. 매니저는 어젯밤 각자가 생각한 목표를 이야기해보라고 했지만 아무도 답을 하지 못했다. 밤새 술만 마셔댔는데, 무엇을 생각했겠는가?

"그럼 이렇게 합시다. 여러분이 발표한 예측치에 30퍼센트의 챌린지Challenge를 추가하여 목표를 할당하겠습니다. 그리고 나머지는 P프로젝트를 성공적으로 수주한다는 것을 전제로 하여 이장석 씨가 맡도록 하겠습니다."

어이가 없었다. 이미 P프로젝트 때문에 고객을 만나고 온 결과 상황이 비관적임을 알았음에도 팀 목표의 40퍼센트 가량을 나에게 주겠다는 말이었다. 황당했지만 매니저로서도 마땅한 답이 없음을 알았기에 별다른 말없이 그저 앉아 있었다. 그런데 한 직원이 이의를 제기했다.

"전 받아들일 수 없습니다. 제 예측에는 벌써 30퍼센트의 리스크가 있습니다. 그런데 추가로 다시 30퍼센트의 챌린지를 더 주시다니요. 이러시면 곤란합니다."

그 직원의 말이 끝나기가 무섭게 다른 영업자들도 같은 말을 하면서 들고 일어났다. 매니저의 얼굴은 굳어갔다. 하지만 처음 영업팀을 맡아 실상을 잘 몰랐던 그로서는 대책이 없었다. 결국 다른 영업자들에게는 10퍼센트의 추가 챌린지를 주는 것으로 결론이 났고, 나머지는 전부 나에게 할당되었다.

"어차피 이장석 씨는 '모 아니면 도'잖아. 올해 슈퍼스타가 되어 보소!"

회의를 마무리하며 그들은 나에게 이렇게 말했다.

워크숍이 끝나고 공식적으로 목표가 할당된 후, 석 달 만에 두 사람은 1년 목표치를 넘어섰고, 나머지 세 사람은 상반기를 지나면서 연간목표를 초과 달성했다. P프로젝트는 최악의 상황을 치달고 있을 때, 동료들은 모두 휘파람을 불고 있었다. 그 당시의 IT영업은 프로젝트 투자 금액이 컸기 때문에 전년도에 차기 년도의 예산을 책정하고 당해 연도에 그 계획을 집행했었다. 시스템의 특성상 계획 수립 시에 공급업체도 결정을 하던 때였으니, 당연히 담당 영업자들은 자신들이 쉽게 목표를 달성하리라는 사실을 정확히 알고 있었다.

이런 사람도 있고, 저런 사람도 있다

영업자에게 있어 목표 할당은 매우 중요하다. 각자의 성과는 목표에 대비하여 평가되고 그로부터 인사고과와 급여가 좌우되니, 영업자가 목표에 민감한 것은 당연하다. 하지만 적어도 공정함과 정직성을 잃어서는 안 된다. 이 영업자들은 스스로 당당함을 포기했다. 최상의 카드를 쥐고 상대가 실수하기만을 기다리는, '도박판'에서나 할 법한 일을 동료에게 한 것이다. 남의 물건을 훔쳐야만 도둑이 아니다. 영업자에게 주어지는 인센티브의 90퍼센트 이상은 동료 영업자의 주머니에서 나온다. 거짓으로 성과를 부풀리는 일은 도둑질과 같다. 막장 격투기 판에서도 반칙은 허용되지 않는다. 하물며 소주잔을 함께 기울이고 '우리는 하나!'를 밤새워 외친 동료에게 반칙을 해서야 되겠는가?

우여곡절 끝에 나는 그해 P프로젝트를 성공적으로 수주했지만,

결과적으로 목표의 50퍼센트도 채우지 못했고 동료들은 모두 자신의 목표보다 130퍼센트 이상의 성과를 만들어냈다. 목표를 채우지 못했다는 사실보다 이런 사람들과 한 조직에서 일한다는 사실이 가장 나를 힘들게 했다. 그 이후부터 동료들의 말은 모두 거짓으로 들렸고, 행동거지 하나하나에서조차 진실성을 느끼지 못했다. 이때 처음으로 나는 영업자로서 외로움을 느꼈다.

영업의 현장에서는 고객이나 동료, 선배, 상사와의 관계로 인해 수없이 많은 실망감과 절망감을 느낄 수밖에 없다. '어쩌면 저럴 수 있을까?' 하며 직장생활 자체에 대해 회의감도 많이 밀려온다. 물은 그 시작이 아무리 미미해도 바위와 만나고, 굽은 길도 만나며, 바른 길도 만나고, 더 강한 물과 만나 마침내 바다에 다다른다. 수없이 많은 기쁨의 순간만큼 안타까운 기억도 가질 수밖에 없고, 좋은 인연과 만나기도 하지만 실망스러운 사람도 만나게 마련이다. 인간관계에서 비롯되는 모든 감정을 '문제'로 보기보다는 '현상'으로 받아들이는 슬기로움이 필요하다. 어차피 모든 사람과 손잡고 모두가 끝까지 함께 가는 일은 불가능하다.

'군중 속의 고독'을 버텨내라

때로는 '인간'이라고 이야기하기 어려운 사람을 고객으로 만나야 하는 경우도 생긴다. 부하 직원을 경쟁자로 생각하여 경계하거나 질투하고, 뒤에서 험담을 일삼는 상사도 만나게 될 것이다. 이런저런 이유를 대며 '관계'의 틀을 만들고, 이를 경쟁력이라 착각해 진실을 왜곡하는 사람과도 맞서야 하는 때가 생긴다. 술자리에서만 의인이 되는 사람과 잔을 부딪쳐야 하는 상황도 있고, 창고 열쇠를 관리하는 사람이 창고의 주인처럼 행세하는 어이없는 경우도 보게 된다. 하지만 그들도 영업의 요소 중 하나이다. 오심을 일삼는 심판도, 열악한 경기장도, 험한 플레이를 하는 상대편 선수도, 매너 나쁜 관객도, 제대로 뛰지 못하는 우리 팀 선수도 모두 극복해야 할 경기의 요소인 것처럼 말이다. 이때 실망하거나 좌절하기보다는 이겨내는 지혜가 필요하다. 그리고 무엇보다도 본인이 그런 인간이 되어서는 안 된다.

영업을 하다 보면 많이 실망하게 될 것이다. '내가 그를 잘 몰랐다', '내가 그를 잘못 판단했다'라는 후회를 수도 없이 반복할 것이다. 그러나 사람은 항상 자기 기준에서 상황을 해석하고 상대를 판단한다는 점을 잊지 말길 바란다. 내가 조금 덜 힘들고 덜 외로워지려면, 자신의 생각의 틀에 상대를 가두어서는 안 된다. 더불어 상대방에게 베풀 때에도 결과를 기대하지 말아야 한다. 기대한다는 것은 거래의 전제를 의미하기 때문이다. 반대로 누군가로부터 호의를 받았다면, 반드시 기억하여 마땅한 답을 하는 것이 최소한의 도리이다.

'군중 속의 고독', 영업자를 가장 잘 표현한 말이다. 영업자는 매일 수없이 많은 사람을 만난다. 하지만 그 만남은 모두 어떠한 '이유'를 전제로 한다. 그 이유가 음양陰陽을 만들고, 가감加減을 고려하게 하고, 희비喜悲를 이끌어낸다. 세상 모든 일처럼 영업도 굴곡이 있다. 나뿐만 아니라 다른 영업자 누구나 다 겪는 과정이다. 기꺼이 외로울 수 있어야 영업을 할 수 있다. 누구나 혼자 나서 혼자 간다. 세상에 나는 나 하나일 뿐이다.

02
'내가 곧 회사'라는 마음가짐으로 일하라

> 어느 한 분야에 종사하는 개인이 주인의식 없이 살아간다고 하면 개인도 희망이 없고 그 기업도 희망이 없다.
> _스티브 잡스 Steve Jobs : 애플 창업자

> 조직원 모두 단결하고 서로를 배려하면서 한마음이 되어 경영의 목적을 향해 공동 목표를 공유한 것이 내 성공의 원천이다.
> _이나모리 가즈오 いなもり かずお : 교세라 그룹 CEO

2009년 금융위기와 맞물려 세계 경제가 휘청거리고 있을 때였다. 미국의 자동차 회사 빅3가 부도를 면하기 위해 긴급 대출을 신청했고, 급기야 최고경영자들이 의회로 소환되어 의원들로부터 야단을 맞는 진풍경이 전 세계로 전파를 탔다. 그런 때였으니 당연히 국내 자동차 부품업체들도 최악의 상황이었다. 장마가 물러나고 본격적으로 불볕더위가 기승을 부리고 있을 때, 나는 자동차 부품업체 중 대표적인 두 회사를 방문했다.

두 회사는 큰 도로를 사이에 두고 조금 떨어져 있었지만 거의 마주 보고 있었다. 먼저 A회사의 정문을 들어서니 섭씨 35도가 넘는 뜨거운 날씨에 커다란 텐트를 치고 노조원들이 농성을 하고 있었다. '투쟁 8일째!' 그냥 서 있기도 숨이 막힐 정도로 더운 날씨에 지친 모습의 노조원들이 땀을 뻘뻘 흘리면서 텐트 안에 모여 있었다.

"무슨 이유로 노조가 농성을 하고 있나요?"
고객사 사장과 인사를 나눈 후 자리에 앉으며 물어보았다.
"참 답답합니다. 임금 협상이 무효라고 저러는 거예요. 지금 회사 사정이 어떤지 뻔히 아는 사람들이 무슨 생각으로 저러는지 모르겠습니다. 지금 같은 상황이 6개월만 더 지속되면 회사가 파산에 이릅니다. 6월까지의 누적 적자가 얼마인데, 임금 협상 주체가 노조에서 인정할 수 없는 사람이라며 임금 협상 무효를 주장하고 있습니다."

A회사의 매출은 50퍼센트 이상 급감했고 이미 손익 분기점이 무너졌음에도 임금 협상 과정에서 노조의 의견이 제대로 반영되지 않았다며 노조원들은 파업에 나섰다. 고객사 사장은 자신도 더 이상 해결책이 없다며 깊은 한숨을 내쉬었다. 더운 날씨보다 더 답답한 기분을 느끼며 A사를 나와 B사로 향했다.

B회사 사무실의 분위기도 어둡기는 마찬가지였다. 사장실에 들

어서니 B회사 사장은 한쪽 다리에 깁스를 한 채로 목발을 짚고 일어섰다. 그의 얼굴 역시 이제까지와 달리 아주 어두웠다. '역시 상황이 심각하구나!'라는 생각을 하며 다리는 어찌된 일인지를 물었다. 그런데 의외로 사장은 "지난주에 직원들과 축구를 하다가 다쳤는데 그리 심각한 상황은 아닙니다."라고 대답을 했다.

"요즘 제가 사장이 된 이후 처음으로 비참함을 느낍니다. 죄의식까지 들 지경이에요."
"모두 어려운데 사장님께서라도 힘을 내셔야죠."
"비즈니스 어려운 거야 극복하면 되겠지요. 하지만……."
"무슨 문제라도 있으십니까?"
"지난주에 노조 위원장이 직원들의 서명이 담긴 연명서를 가지고 왔어요. 급여를 삭감해달라면서요. 할 말이 없었습니다. 그것을 돌려보내지 못하고 승인해야 했던 제 자신이 너무 한심했습니다."
"참 어려운 결정이었겠습니다."

회사의 상황을 알고 먼저 자발적으로 고통 분담을 제안하는 직원들과, 이를 마음 아파하는 최고경영자가 있는 회사! A회사와 달리 B회사를 걸어 나오는 나의 발걸음은 무척이나 가벼웠다.

뿌린 만큼 나에게 돌아온다

그로부터 1년 후, A사는 파행을 거듭하다가 매각되어 주인이 바뀌었다. 그들이 지키려던 임금은 차치하고 동료의 30퍼센트가 회사를 떠나야 했다. B사는 고통을 분담하여 난국을 성공적으로 극복해냈다. 삭감된 직원들의 급여는 원상 복구되었고, 2년치 임금 인상이 한꺼번에 단행되었다. B사 사장은 과거의 자신감 있는 모습을 되찾았고, 회사의 경쟁력과 직원들의 교육 및 복리후생을 지속적으로 개선해나갔다.

어려울 때 서로에게 손가락질을 했던 A사 직원들은 동료를 잃고 회사의 주인이 바뀌는 아픔을 겪었지만, 서로를 걱정하고 고통을 분담한 B사는 도리어 어려운 상황을 발판 삼아 직원과 경영자 간의 신뢰를 더욱 공고히 다졌다. 회사는 소유주, 경영층, 관리자, 직원, 노조가 따로 존재하는 집단이 아니다. 모두 하나가 되어야 하는 '운명 공동체'이다.

'네가 먼저 희생해라.'
'그쪽이 먼저 진정성을 보여라.'
'너 때문에 될 일도 안 된다.'

반목과 질시, 그리고 끝없는 대결 의식은 악순환을 만들고 파멸을 부른다. 어려운 때일수록 역할과 입장이 다르더라도 회사 내에서 각자 자신이 할 수 있는 일을 하면 된다. 영업을 하든 지원부서에서 일하든, 관리자이든 평사원이든 스스로 할 일의 원칙을 지키고 조금씩 희생하면 길이 열린다. 폭설이 내리면 하늘만 원망하고 앉아 있을 게 아니라, 눈이 쌓여 사람이 다니지 못할 지경에 이르기 전에 한 사람 한 사람이 자기 집 앞의 눈을 먼저 치우면 된다. 조금 힘들더라도 옆집 앞의 눈까지 치워주면 상황은 더욱 빨리 해결된다.

조직에 몸담고 회사에 자신의 커리어를 걸고 영업을 하려면, 가장 먼저 내가 속해 있는 회사에 대해 주인의식을 가져야 한다.

범죄 집단에 머물지 마라

회사 자체는 실체가 없다. 그저 하나의 보통명사일 뿐이다. 그 앞에 이름이 붙으면 고유명사가 되지만 이는 조직의 직원과 문화를 대표하는 말일 뿐이다. 회사는 직원 한 사람 한 사람이 모여 만들어진다. 즉, 직원의 가치관과 행동이 바로 그 기업의 모습이다. 물론 내가 입사하기 전에 회사 자체는 이미 그 나름의 '정체성Identity'를 가지고 있다. 하지만 내가 그 회사를 선택한 건 어떤 이유에서든 본인의 책임이다. 비리를 일삼고 비정상을 정상으로 여기는 회사를 선택했다면 그 안에서 일어나는 모든 일에 대한 책임 역시 내 몫이다.

범죄를 목적으로 만들어진 조직이나 사이비 기업이 아니라면 어떤 기업도 부정이나 비리를 가르치지 않는다. 하지만 극단적인 상황에 처하거나 절체절명의 위기에 처했을 때 정체성과 도덕성을 지킬 수 있는 기업인지를 제대로 봐야 한다. 회계부정, 뇌물공여, 담합, 불법적 정보 취득, 횡응을 가르치고 독려하는 기업이 어디 있겠는가? 그러나 이런 문제로 추한 민낯을 보이는 기업은 오늘날에도 계속 나타나고 있다. 심지어는 모두의 신망을 받는 세계적인 기업조차도 이러한 문제로 하루아침에 사라지고 있다. 과연 이런 기업들은 극히 예외적인 한 사람 때문에 파멸을 맞았을까? 그리고 그 회사의 직원들은 부정한 행태나 조짐을 전혀 몰랐을까?

"나는 지금도 내가 왜 그만두어야 하는지 모르겠어. 이제까지 회사를 위해 일했고 그 사건도 마찬가지였다고. 나만 그런 게 아닌데 정말 황당해."

실제 국내 대기업의 한 영업 담당 임원이 뇌물공여로 해고되었을 때 한 말이다. 회사의 중역이 불미스러운 사건으로 해고되었음에도 그 사유를 받아들이지 못한다면 '잘못'에 대한 개인의 불감증 문제가 아니라, 그 회사의 '일반적 관념'이 그렇게 돌아가고 있다고 봐도 무방하다. 몇 손가락 안에 꼽히는 대기업이 이 지경이라면 다른 기업들은 상황이 어떻겠는가? 더 심각한 문제는 간혹 어떤 회사의 경우 사회적 문제가 발생했을 때 회사 전체의 문제로 번지는 것을 막기 위해 개인 한 사람에게 모든 죄를 덮어씌우고 회사를 위해 희생했다는 이유로 일정 기간이 지나면 복직을 시키거나 특별 대우하는 사례도 있다. 이런 회사에도 모두 '바르고, 정직하고, 정의로운'이라는 미사여구로 포장된 사훈(社訓)이 존재하고, 기업의 이념을 일반 대중에게 거짓으로 홍보하고 있다.

제대로 된 영업자라면 이런 회사에 몸담아서는 안 된다. 좋은 회사라고 생각해 입사했더라도, 당장의 고통을 감내하고 하루빨리 나오는 편이 좋다. 범죄 조직인줄 모르고 가입했다가 그 실체를 알게 되었을 때에도 계속 머무를 것인가? 하물며 임원이 이 지경인데 그 회사 직원들의 의식 구조는 어떠하겠는가? 이런 회사에서 일을 배우고 성공했다면, 과연 올바른 수단으로 결과를 만들어냈다고 자부할 수 있겠는가? 훗날 그는 무엇을 얻고 무엇을 가르치겠는가? 회사를 사랑하고 회사의 목표와 자신의 지향점을 일치시키는 것은 모든 직원이 필수적으로 해야 할 일이다. 하지만 그 방법과 길은 당당해야 한다.

"우리 회사의 제일 큰 고민은 인재의 확보이고 인재의 손실을 막는 것입니다. 투자자들이 항상 질문하는 내용도 '핵심 인력을 어떻게 지킬 것인가요?'이지요. 그런데 저는 자신 있습니다. 직원들의 인간 됨됨이를 제가 가장 잘 알고 있으며, 그들의 가치에 대해서도 제 나름대로 표현을 합니다. 약속한 일이 있으면 반드시 지켜 직원들과의 신뢰도 단단히 다지고 있습니다."

"지금까지 제 보유 주식의 20퍼센트를 핵심 직원들에게 나누어주었습니다. 적은 금액은 아니지만 그들 때문에 우리 회사의 가치가 열 배 이상 올랐으니까요. 진정한 수혜자는 직원들이 아니라 제 자신입니다. 앞으로도 수익을 계속 나눌 생각입니다. 그래서 함께 우리 회사의 가치를 키우면 모두가 승리하는 것이지요."

작은 약속이라도 반드시 지키는 CEO, 자신의 보유 주식을 핵심 인력들에게 나누어주는 경영자, 어떤 잘못된 행위도 용납하지 않는 기업 문화를 가진 회사. 아직 중소기업일지라도 이런 회사에서 일하는 직원들의 미래는 대기업에 다니는 직원들보다 더 밝을 것이다. 바른 회사를 선택하는 일, 이는 영업자로서 바른 정체성이 수립될 터를 닦는 일과 같다.

'절이 싫으면 중이 떠나야 한다.'라는 말이 있다. 맞다. 절이 잘못되었다면 사람이 떠나야 한다. 비리를 눈감아주고, 목표를 위해 잘못된 수단을 정당화하고, 결과를 위해 나쁜 길을 가도록 부추기는 회사라면 직원이 떠나야 한다. 하지만 이를 조금 더 냉정하게 보면 회사의 문제라기보다는 '실행 주체들의 문제'라고 보는 편이 맞다. 즉, '절'의 문제가 아니라 '주지스님'의 문제인 것이다.

영업을 하든 다른 일을 하든, 직무에 관계없이 회사를 떠나는 직원들의 70퍼센트 이상은 '상사와의 문제'를 이유로 꼽는다. 그리고 그들과 면담을 해보면 대부분 '자신의 상사가 곧 회사'라고 여기는 것을 발견하게 된다. 상사의 문제를 '회사의 문제'라고 생각하니 스스로 주체가 되어 문제를 해결하고 상황에 도전하려 하지 않는 것이다. 인생에 희로애락이 반복되듯이 회사에도 어려움이 있는 반면 즐거움도 있다. '절(회사)'의 문제가 아니라 '주지스님(상사)'의 문제라면 시간이 걸리더라도 도전하고 부딪혀서 바로잡는 주체가 되어야 한다. 남들이 보면 우직하고 바보스럽게 보일지라도 그 길을 피해서는 안 된다.

기업 생존의 한 축이 바로 영업이다. 그러므로 당연히 많은 문제의 시발점이 영업의 현장이다. 영업의 길은 온갖 '덫'과 '유혹'의 연속이다. 여기에 '자기합리화'라는, 올라서는 안 될 에스컬레이터가 끝없이 존재한다. 그래서 영업을 하고자 하는 사람은 자신이 몸담을 회사와 조직을 냉정하게 결정하고 판단해야 한다. 잘못된 영업을 조직적으로 조장하는 회사에서는 영업을 배워선 안 된다. 이는 스스로 범죄자의 DNA를 쌓는 일과 같다.

스스로 정직하고 바른 회사를 선택했다면, '회사'가 곧 '나 자신'이라는 주인의식을 갖고 일해야 한다. 그러기에 때로는 희생도 할 수 있어야 한다. 하지만 어떤 조직이라도 독버섯은 존재한다. 이를 잘라내는 과정에서 상처를 받을 수도 있겠지만, 잘못된 경우에 'No!'를 외칠 수 있다면 언제나 당당하고 부끄럽지 않은 영업자로 성장할 수 있다.

03

Punctuality(시간 엄수), 영업자의 목숨이다

> 시간이야말로 가장 간단한 문제다.
> 그러므로 시간을 관리할 수 있는 사람은 그 어떤 다른 것도 관리할 수 있다.
> **_피터 드러커** Peter Drucker : 현대 경영학의 아버지

> 어떻게 해서 예정보다 1년씩이나 늦어지는 경우가 생기는 것일까?
> 간단하다. 그저 하루하루 늦어지다 보면 그렇게 되는 것이다.
> **_프레드 브룩스** Fred Brooks : 프로세스 디자인의 전설, 가상 현실의 개척자

1년을 준비한 프로젝트의 제안 설명회가 열리는 날, 마지막 교정이 지연되어 새벽 2시가 되어서야 서울 인쇄소에서 제안서 작업이 완료되었다. 문제는 설명회가 열리는 포항까지의 배송이었다. 고객 중역들을 모시고 제안 내용에 대해 최종 프레젠테이션을 시작하는 시간은 아침 9시인데, 전날 밤부터 전국적으로 눈이 내리고 있었다. 제안 팀은 전날 모두 포항에 내려와 있었고, 신입사원 두 명이 서울 인쇄소에서 밤을 새웠다. 결국 그들이 제안서를 차에 싣고 포항으로 내려오는 방법밖엔 없었다.

신입사원들이 서울을 출발한 시각은 새벽 3시. 눈은 계속 내리고 있었고, 현지의 직원들도 조마조마한 마음에 잠을 잘 수 없었다. 정상적인 도로 상황에서도 4시간 30분이 걸리는 거리인데 밤을 새운 상태에서 눈길 운전이라니, 그 초조함은 이루 설명하기 어려울 정도였다. 결국 모두가 뜬눈으로 밤을 지새웠다. 그리고 아침 8시 30분, 신입사원들은 현장에 도착하지 못했고 팀원 모두가 호텔 로비 앞까지 내려와 그들을 기다렸다. 당시에는 휴대 전화도 없을 때였으니 연락을 할 방법도 없었다. 뉴스에서는 계속 고속도로 상황이 좋지 않다는 속보만 전해왔다. 초조함과 불안함에 팀원 전부 말이 없었다. '그들에게 운전을 시키지 말았어야 했는데…….' 하며 계속 후회하고 있었다. 그때 호텔 입구로 신입사원들의 차가 들어섰다.

무사히 도착한 직원들의 모습에 안도했지만, 이미 시간은 늦어버렸다. 고객사까지 이동하는 데 걸리는 시간이 최소 20분이었으니 우리는 10분 정도 지각을 할 판이었고, 지난 1년여의 작업이 한꺼번에 무너지는 듯했다. 고객사 제안 리더에게 우리의 상황을 설명하고, 설명회 시작 시간을 30분 정도 늦춰줄 것을 부탁했다. 호텔에서 고객사까지 가는 20분은 정말 지옥 같았다. 워낙 원칙이 분명한 고객이었기에 '우리의 요구가 받아들여지지 않을 것이다'라는 생각과, 동시에 '폭설로 발생한 어쩔 수 없는 상황이므로 이해해주었으면 좋겠다'라는 간절한 희망이 머릿속에 만 번은 오갔다. 그리고 고객사에 도착했을 때 1층에서 만난 제안 리더의 얼굴에서 '고객이 우리의 요청을 받아주었음'을 알 수 있었다. 다시 안도의 숨을 내쉬었다.

설명회에 앞서 우리는 고객의 이해에 감사를 표했고, 도리어 고객은 직원들이 무사히 이곳에 도착해 다행이라며 격려해주었다. 모두 잠도 못 자고 지친 상태였지만, 다행히 설명회를 성공적으로 마칠 수 있었다. 그로부터 두 달여간의 마무리 작업 끝에 프로젝트를 시작하였고, 이 프로젝트는 4년 동안 계속되었다.

1년 농사도 1초 만에 사라질 수 있다

"정말 죽는 줄 알았습니다. 고속도로에서 차가 180도, 심지어 360도 회전까지 했습니다. 통행하는 차가 없었기에 망정이지 정말 아찔했습니다. 그래도 무섭다는 생각보다는 어떤 일이 있어도 늦지 말아야 한다는 생각 밖에 없었습니다."

제안 설명회를 성공적으로 마치고, 눈길에 제안서를 공수해온 두 신입직원이 회식자리에서 꺼낸 말이다.

영업자에게 있어 '시간 엄수Punctuality'는 목숨과도 같다. 몇 달 혹은 몇 년에 걸쳐 많은 사람들이 노력을 해도, 정해진 시간에 1초라도 늦으면 모든 작업과 권리가 박탈당하는 것이 영업 현장이다. 자료 제출 기한, 입찰 시간 등 과거에는 직접 현장에서 고객을 만나 제출하고 접수했던 것이 요즘에는 인터넷을 통한 전자 시스템으로 바뀌면서 시간에 대한 엄수가 더 철저해졌다. 과거엔 어찌할 수 없는 일이 생겨 시간이 지연되면 고객에게 이해를 구할 수라도 있었지만, 시스템은 그 시각을 넘기면 그냥 닫힌다.

우리는 시간 개념을 어릴 적부터 그리고 반복적으로 교육받아왔다. 그런데 잘못 길들여진 사람은 절대 고쳐지지 않는 것도 사실이다. 유치원 때부터 지각을 하면 선생님께 야단을 맞았고, 숙제를 제때 마치지 못하거나 리포트를 기한 내에 제출하지 못하면 성적을 제대로 받을 수 없다. 시간을 지키지 않으면 불이익이 따른다는 것을 수십 년 동안 경험했으면서도, 영업 현장에선 여전히 그런 실수가 반복되고 있다.

영업을 하겠다는 사람이 '시간'을 가볍게 본다면, 바로 지금 영업을 그만두어야 한다. '시간 엄수'가 영업자에게 목숨보다 중요한 이유는 바로 이것이 신뢰 구축의 시발점이기 때문이다. 고객이 신뢰할 수 없는 영업자는 존재할 수 없다. 이는 고객뿐만 아니라 직장 상사, 동료, 친구, 가족, 협력회사 등 모든 관계에서 다 적용되는 말이다. 친구와의 약속을 안 지키고 동료와의 업무 일정을 지키지 않는 사람이 고객과의 약속은 잘 지키겠는가? 동료와 상사로부터 신뢰를 잃은 사람이 고객으로부터 마음을 얻을 수 있겠는가? 영업자는 '시간 엄수'를 DNA화하여 습관으로 만들어놓아야 한다. 이것이 신뢰의 시작이고, 믿음에 의한 관계정립 방법이다. 그럼에도 많은 영업자가 시간을 제대로 지키지 못하는 이유는 무엇일까?

먼저 우리 마음속에 깊게 자리 잡은 잘못된 의식구조부터 고쳐야 한다. 한 번 약속을 지키지 않은 사람은 또 다시 약속을 지키지 않을 가능성이 높고, 점점 그 심각성에 둔감해지게 마련이다. 지각하는 학생이 계속 지각을 하는 것과 같은 이치이다. 영업자라면 약속시간에 먼저 도착하는 것을 당연하다고 생각해야 하고, 아무리 사소한 약속이라도 그것을 목숨처럼 여겨야 한다. 시간 엄수는 습관이다. 어떤 약속이라도 지켜야 한다는 생각을 가지면 스스로 신뢰받는 존재가 될 것이다.

굽은 줄기가 어떻게 스스로 곧은 나무로 거듭날 수 있겠는가? 마찬가지로 잘못된 의식과 습관은 혼자서 바로잡기가 불가능하고, 본인의 노력과 주변의 협조가 필수적이다. 혼자서 끙끙대기보다는 잘못된 습관을 바로잡아줄 도우미를 찾는 편이 좋다. 그 도우미는 엄한 상사가 될 수도 있고, 동료가 될 수도 있고, 가족이 될 수도 있다. 그렇다면 스스로 잘못된 습관을 개선하기 위해서는 어떤 노력을 해야 할까?

첫째, 변수는 상수이다. 항상 변수를 고려하라.

진공 상태에서는 어떠한 세균도 없고 불순물도 없다. 경제학 이론상 가격은 수요와 공급 곡선이 만나는 점을 말하고, 이는 예측이 가능한 하나의 점이다. 하지만 우리가 사는 세상은 절대로 진공 상태가 아니고, 시장 경쟁 상황에서의 가격에도 여러 변수變數가 개입된다. 영업자의 일상은 어떠한가? 누구로부터의 간섭도 없고, 급하게 처리해야 할 일도 없으며, 혼자서 딱 한 가지 일만 하는 사람이 존재하는가? 영업자가 술도 마시지 않고 친구나 가족과 시간을 보내지도 않으며 잠도 자지 않는다면 '시간 엄수'는 반드시 지켜질 것이다. 그러나 이는 불가능한 일이고 현실적이지도 못하다. 모든 영업자에게는 끊임없이 변수가 닥쳐오고, 영업자 스스로 이런 변수를 만들기도 한다. 그래서 일정을 계획할 때엔 변수를 반드시 '상수常數'로 두어야 한다. 만약 영업자가 시간을 지키지 못할 때 그 이유를 고객에게 구구절절 설명한다면 고객은 이를 '핑계'로 받아들인다. 어차피 변수가 항상 있다면, 이를 상수로 설정하고 대응하는 방법밖에는 없다.

둘째, 얼리버드가 되어라.

근무 시간이 시작되면 영업자는 회사와 고객에 의한 업무라는 블랙홀에 빠져든다. 나 혼자 무엇을 생각하거나 정리할 시간 따위는 주어지지 않는다. 하루 업무를 스스로 계획하고 남에 의해 시간을 매몰시키지 않으려면, 무조건 근무 시간 전 최소 한 시간의 자기 시간을 확보해야 한다. 그렇게 함으로써 남들보다 최소 30퍼센트의 여유를 가지게 되고, 50퍼센트 이상 더 나은 성과를 만들어낼 수 있다. 남보다 하루를 한 시간 먼저 시작하면, 1년에 두 달은 덤으로 얻는 셈이다. 그리고 그 시간이 실제 근무 시간보다 훨씬 창의적이고 생산적이다. 누구에게도 방해받지 않고, 혼자 스스로의 생각을 정리할 수 있는 시간이기 때문이다.

셋째, 자투리 시간을 확보하라.
직장생활을 하다 보면, 언제나 너무나 많고 다양한 형태의 자투리 시간이 생길 수밖에 없다. 틈틈이 남는 시간을 헛되이 보내지 않은 학생의 성적이 더 우수하듯이, 영업자에게 주어지는 자투리 시간은 '차별화의 조각'이다. 출퇴근 시간에 어학공부를 할 수도 있고, 고객사로 이동하며 필요한 정보를 조회할 수도 있으며, 고객을 기다리는 시간이 생긴다면 다음 전략을 집중하여 구상할 시간으로 활용할 수 있다. 저녁에 업무를 정리하고 회사를 떠나기 전에는 잠시 하루를 돌아볼 수도 있다. 중간중간 여분으로 생기는 이 시간은 대부분의 사람들이 무심코 넘기지만, 제대로 활용하는 습관과 패턴을 쌓으면 나에게 엄청난 자원으로 돌아올 것이다. 어찌 보면 실제로 집중하여 일하는 시간보다 이런 조각의 시간이 더 많을 수 있다. 절대 놓치지 말아야 한다.

넷째, 항상 'Plan B'를 준비하라.

세상의 모든 일이 정시에 정확하게 끝날 수 있는가? 아마도 그렇지 못한 일이 더 많을 것이다. 더군다나 영업은 수많은 사람과 업무, 그리고 프로세스가 뒤얽혀 상호 작용하는 일이다. 기기나 시스템과 달리 사람의 일은 지연될 가능성이 높고 착오도 생긴다. 한 사람의 업무 지연이 전체 프로세스에 영향을 주는 일이 당연하다는 말이다. 그러므로 영업자는 항상 '만약의 경우', 즉 'Plan B'를 준비해두어야 한다. 앞의 사례의 경우 고객의 이해로 일이 해결되었지만, 엄밀히 말해 '시간 엄수, Punctuality'의 실패이다. '어떻게 일 년 동안 만들어온 비즈니스의 핵심인 제안서 마무리를 하루 전까지 마치지 못했는가?'라고 묻는다면 할 말이 없다. 자료의 수정이나 교정 작업의 지연 등, 이유는 있었지만 최소 48시간 전에는 '최악의 경우'를 상정한 Plan B를 준비했어야 했다. '포항에서의 인쇄 작업'이나 '자료 제작 작업의 분업' 등 대안을 미리 준비했더라면 그런 아슬아슬한 상황은 겪지 않아도 되었을 것이다.

다섯째, 문제는 가능한 한 빨리 보고하라.

얼리버드가 되고, 자투리 시간을 활용하고, 항상 Plan B를 준비하면 약속 시간의 80퍼센트는 지킬 수 있다. 하지만 여전히 현실에서는 그러지 못할 상황이 발생한다.

'지시가 늦게 떨어졌다.'

'받기로 한 자료를 늦게 전달받았다.'

'회의나 모임에 부득이하게 참석할 수밖에 없었다.'

이 모든 경우가 결과적으로 '시간을 엄수하지 못한' 핑계가 된다. 다시 강조하지만 일은 반드시 지연될 수 있고, 약속을 지키지 못할 상황이 생길 수 있다. 이때 무엇보다 중요한 자세가 본인이 지연의 조짐을 인지한 시점에 곧바로 고객이나 상사에게 사실을 공유하고 상대방이 대응할 준비를 하도록 하는 것이다. 어떤 일이 지연되거나 제때 완료되지 못할 경우에 반드시 담당자는 사전에 인지를 할 수 있다. 다소 불편한 상황에 처하더라도 감추지 말고 상대방에게 공유한 후 대안을 함께 고민한다면 문제를 쉽게 해결할 수 있다. 하지만 순간의 어려움을 두려워하고 막바지까지 시한폭탄을 혼자 안은 채 감추려고만 하는 영업자는 모든 신뢰를 잃게 될 것이다.

기억하길 바란다. '시간 엄수, Punctuality'는 영업자의 DNA가 되어야 하고, 생명처럼 소중히 여겨야 할 신뢰의 핵심이다. 더불어 이를 지키지 못할 시에는 신뢰가 무너지고, 무너진 신뢰는 다시 쌓을 수 없다.

04
신뢰를 부르는 대화의 기술

> 한 마디의 말이 맞지 않으면 천 마디의 말을 더해도 소용이 없다.
> 그러므로 중심이 되는 한 마디를 잘 생각해서 해야 한다.
> _홍자성(洪自誠)의 『채근담(菜根譚)』 중에서

> 직원들에게 환심을 사는 가장 좋은 방법 중 하나는 당신의 결점을 솔직히 인정하는 것이다.
> _캔 블랜차드 Ken Blanchard : 매사추세츠 대학교 교수, 『칭찬은 고래도 춤추게 한다』 저자

"A증권 프로젝트 이번에 계약됩니까?"

"김 전무님께서 지난주에 CIO를 만나 한 시간 동안 회의를 했는데 고객 입장은……."

"이번 주에 계약이 되냐고요."

"제가 내일 다시 CIO를 만날 예정이고 우리의 최종 입장을 설명드리려고……."

"잠깐, 내 질문이 무엇이었죠?"

영업 현장에서 흔히 볼 수 있는 상황이다. 영업 계획서를 통해

보고되어 있는 계약 일정에 따라 리더는 영업 책임자에게 '당신이 계획서에 명시한대로 이번 주에 계약이 되는가?'를 질문한 것이다. 하지만 질문을 받은 영업 책임자는 답을 하지 않고 계속 상황 설명만 늘어놓는다. 왜 그럴까?

위에서 말한 대화는 실제로 있었던 일이다. 그리고 영업 현장에서 이와 유사한 대화를 셀 수 없이 반복해 경험했다. 영업 책임자 본인은 어떻게 생각했을지 모르겠지만, 리더는 '이 계약에 자신감이 없구나', '이미 계약은 불가능하군'이라고 느낀다. 더 나아가 '이 친구는 사실을 정직하게 보고하지 않는 리더'라고 판단한다. 이 영업 책임자는 두 차례 더 이런 식의 답변을 늘어놓았고, 결국 자리를 잃게 되었다. '아니요.'라는 답변을 했더라면 오히려 상황은 더 나았을 것이다. 리더들은 그의 정직성에 문제가 있다고 보았다.

설명하기 이전에 답을 먼저 하라

위와 같은 상황에서 영업자가 할 수 있는 답은 "예." 그리고 "아니요." 뿐이다. '예, 모레까지 계약이 완료됩니다.', '아니요. 고객과 마무리해야 할 이슈가 남아서 일주일 계약이 지연되게 생겼습니다.'라고 정직하게 대답해야 했다.

누구나 어떤 질문을 할 때엔 답을 먼저 듣고 싶어 한다. 개인적인 만남이든, 고객과의 만남이든, 혹은 동료 간, 상하관계에서도 언제나 질문을 받는다면 '답'이 먼저 나와야 한다. 하지만 현장에서는 제대로 된 대답이 곧바로 나오지 않는 경우가 더 많다. 특히 상황이 어렵거나 곤란한 경우에 사람들은 더 장황하게 설명을 늘어놓는 경향이 있다. 질문한 사람이 원하는 답은 하지 않고 엉뚱한 이야기만 하고 있다.

"아빠, 이게 뭐야?"
"야, 정말 멋지다! 여기 좋지?"
"아빠, 이게 뭐냐니까?"
"자, 이제 뭐부터 타러 갈까?"

아이가 문제일까? 아빠가 문제일까? 동문서답하는 아빠에게 아이는 더 이상 질문을 하지 않을지도 모른다. 아무리 어린아이라 해도 '여러 번 똑같은 질문을 해도 답을 하지 않는' 아빠를 이해해주기란 어려울 것이다. 그리고 영업 현장에서 직원들은 리더가 물은 질문에 제대로 답을 하지 않은 채 '상사가 내 이야기를 듣지 않네.'라고 생각하고, 고객에게 명확한 답을 주지 않았으면서 '고객이 내 이야기를 알아먹지 못하네.'라고 판단한다.

상대방이 나의 색깔이나 정체성, 역량을 판단하는 중요한 기준 중 하나는 바로 '대답하는 기술'이다. 특히 문화도 다르고 의식구조도 다른 외국인과의 소통에 있어서 '대답'은 더욱 중요하다. 이로부터 상대에 대한 이미지를 갖고, 그것이 반복적으로 쌓이다 보면 상대를 판단하는 중요한 잣대가 되기 때문이다.

영업자를 비롯해 모든 직장인들이라면 어떠한 질문을 받았을 때에도 반드시 '두괄식'으로 대답하는 습관을 들여야 한다. 이미 질문의 기술과 유형에서도 설명했듯이, 질문은 다양한 형태로 이루어져 있고 이에 맞게 대답을 해야만 지속적인 소통이 가능하다. 이유가 있고 설명이 필요하더라도 상대가 질문한 내용에 대한 답을 명확하게 한 후 부연 설명을 하는 편이 좋다.

먼저 Open Question, 즉 의문사로 시작되는 질문에는 그 의문사에 해당하는 답을 먼저 해야 한다. 상대가 '무엇What'에 대하여 질문을 하는데 장황하게 자신의 상황을 설명하고, '시점When'을 물어보는데 그동안 어떤 일이 있었는지를 늘어놓고, '사람Who'에 대해 질문했는데 앞으로 우리의 계획이 무엇인지를 이야기한다면 상대는 짜증스러워하게 마련이다. 결국 질문한 사람은 대답하는 사람의 말을 듣지 않으려 할 것이다.

"오늘 일찍 들어와요?"
"지금 회사에 있는데 30분 후에 회의가 있고 이후에……."

가족 간에도 이런 대화가 종종 발생한다. 남편이 자상하게 설명을 해준다고 생각할 수 있겠지만, 대답의 순서가 잘못되었다.

두 번째로 Closed Question을 하는 사람은 '예', '아니요'를 먼저 듣길 원한다. 그러므로 대답하는 사람의 첫 마디는 '예'와 '아니요'가 되어야 한다. 이는 영어로 대화를 할 때에도 마찬가지이다. 그리고 질문하는 사람이 고객이나 바쁜 상사라면, 더욱 절실히 요구되는 대답의 기술이다.

그렇다면, 어떻게 대화해야 상대방으로부터 신뢰를 얻을 수 있을까?

첫째, 애매한 표현은 쓰지 마라.
영업을 하는 사람은 비즈니스 대화에서 항상 명확한 표현을 써야 한다. '대략', '다음에', '조금 더', '얼마 정도', '다음 주 중에', '2~3주 후에' 등과 같은 어정쩡한 부사를 피하고, 명확하게 숫자로 표현하는 편이 좋다. '내달 초순', '이달 말 쯤'보다는 반드시 '몇 월 며칠' 날짜를 분명하게 이야기하고, '내일 오후', '모레 오전'보다는 '내일 몇 시'로 정확하게 지정을 하는 습관을 들여야 한다. 영업자가 고객에게 관용적인 표현을 습관적으로 쓰면, 고객은 그 영업자를 모호한 존재로 인식하거나 신뢰하지 않게 된다. 특히나 글로벌 소통에 있어서 분명한 수치로 대화하는 기술은 더더욱 중요하다.

둘째, 자기합리화를 삼가라.

프로야구 경기 중, 1점차로 뒤지고 있는 팀의 4번 타자가 9회 말 만루 찬스에서 병살타를 쳤다. 4번 타자는 누구보다 열심히 연습했을 테고, 타석에 들어섰을 때에도 집중했을 것이다. 하지만 결과는 단 하나, 패배뿐이다.

'최선을 다했습니다.'
'열심히 했습니다.'
'고생 많았습니다.'
'어쩔 수 없는 일이었습니다.'

스포츠 경기와 마찬가지로 영업은 결과가 따른다. 그리고 패배를 만든 4번 타자처럼, 결과가 나쁜 영업팀의 리더나 영업자들은 위와 같은 생각을 해서는 안 된다. 최선을 다하고, 모두가 열심히 하고, 죽어라고 고생을 했지만 결과가 나빴다면 그것은 그냥 패배이다. 자신을 다독이고 구차하게 변명을 늘어놓기보다는 잘못된 결과에 대한 원인을 파악하고 다시는 같은 결과가 생기지 않도록 칼을 갈아야 한다. 병살타를 친 4번 타자는 고개를 푹 숙이고 더그아웃으로 들어갔을 것이다. 하지만 본인 스스로가 '최선을 다했다'고 생각하는 순간 그에게는 발전이 없다. 어떤 일에서든지 결과에는 수많은 이유와 원인이 존재한다. 잘못의 크기와 관계없이 패배는 패배이다. 패배를 떠넘기거나 부정하는 모습을 보여서는 안 되고, 그 결과를 영업자 스스로 끌어안는 자세를 보여야 한다. 그래야만 그에게 더 큰 일이 주어진다.

셋째, 변명보다는 결과를 정확하고 솔직하게 보고하라.
영업을 하다 보면 물론 결과가 좋지 않을 때도 있고, 과정이 엉키는 때도 있다. 실수를 저지를 수도 있는 것이다. 그리고 이러한 실수는 다른 동료나 후배, 선배 때문에 발생하는 경우도 있다. 내 탓이 아니더라도, 잘못된 일이 생기면 이유를 설명하고 변명하기보다는 결과 그 자체를 정확하게 보고하는 태도가 중요하다. 잘못된 원인과 배경을 설명하려는 순간, 듣는 사람은 이를 변명으로 받아들인다. 좋지 않은 결과가 생겼을 때 사람은 자기합리화라는 구멍에 빠진다. 이를 경계하기를 바란다. 더불어 문제의 원인이 불가항력적 요인이었다면, 구태여 설명하지 않아도 동료와 상사는 이미 다 알고 있거나 이내 알게 될 것이다.

넷째, 아픈 곳을 감추지 마라.
모든 비즈니스에는 명암이 존재한다. 모두가 밝은 면만 보고 박수를 치며 들떠 있을 때에도, 제대로 된 영업자라면 그 속에 존재하는 문제를 정확히 인지하고 대책을 수립하고 있어야 한다. 아무리 어려운 상황이라도 긍정적인 면은 여전히 존재한다. 모두가 낙담

하고 암울하게 생각할 때 희망을 제시하고 이를 증명하는 영업자가 되어야 한다.

고객과의 협상이나 회사 내에서 발생하는 다양한 영업의 문제는 한 순간 감추고 넘어갈 수 있지만, 영원히 숨길 수는 없다. 좋은 일이든 나쁜 일이든 고객과의 접점에서 인지된 사실Fact을 공유하고 보고하는 것, 곤란하고 어려운 주제일지라도 용감하게 테이블에 올려놓고 먼저 이야기를 꺼내는 자세가 필요하다. 고객이 요구한 계약 조건이 수용하기 어려운 정도라면 혼자 끙끙 앓거나 마냥 감추지만 말고, 초기에 분명하게 조건을 확인하고 진행여부를 논의해야 한다. 회사에서 사안을 낙관적으로 보고 내가 영웅이 되어가고 있음에도, 실상이 다르다면 바로 사실을 보고해야 훗날 닥칠 큰 재앙을 막을 수 있다. 곧 드러날 문제를 감추어 덮고 시간을 흘려보내는 우매한 짓을 하지 않기를 바란다.

더불어 영업자는 시장에서 고객을 만나는 데에도 많은 시간을 쓰지만, 회사 내에서 지원을 받지 못하면 결코 영업을 해나갈 수 없는 존재이다. 회사가 없고 제품과 서비스가 없고 지원부서의 직원들이 없는데 어떻게 영업이 가능하겠는가? 결국 영업자는 회사로 돌아왔을 때, 고객보다 더 많은 신뢰를 회사 구성원들과 쌓아나가야 한다. 그것이 진정 고객을 위하는 길이고 궁극적으로 목표를 달성하는 길이다.

05
내 그릇의 크기는 내가 결정한다

> 당신은 당신의 동료들을 위해 시간을 할애해야 한다.
> 돈을 안겨주는 일이 아닐 수도 있지만 당신의 자존심을 강화시켜줄 것이다.
> _피터 드러커 Peter Drucker : 현대 경영학의 아버지

> 직장생활에서 중요한 것을 꼽으라면 세 가지다.
> 첫째, 다른 사람이 요구하고 기대하는 것보다 더 많은 일을 해라.
> 둘째, 사람들이 당신과 어울리고 싶어 할 정도로 긍정적인 기운을 내뿜어라.
> 셋째, 호기심을 갖고 배우는 것을 멈추지 마라.
> _잭 웰치 John Frances Welch Jr. : 前 재너럴 일렉트릭 CEO

과거에 비해 최근에는 '영업'에 대한 사람들의 인식이 많이 바뀌었다. 작년에 모 온라인 매체에서 실시한 설문조사에서 '기회가 주어진다면 영업직으로 전직 또는 취업할 의향이 있는가?'라는 질문에 55퍼센트에 가까운 응답자가 '그렇다.'라고 대답했다. 영업을 하겠다는 가장 큰 이유로는 '노력한 만큼 대우를 받고 수입도 보상받을 수 있어서'였다. 하지만 아직도 영업을 '누구나' 할 수 있는 일, '그렇고 그런' 일로 생각하는 사람이 많다. 사농공상士農工商적인 의식까지는 아니더라도, 여전히 영업은 상대에게 구차하게 부탁하고 굽실거리고 술로 문제를 해결하는 '하찮은' 일이라 생각하는 사람

이 있다. 하지만 잘 생각해보면, 이는 그 누구도 아닌 우리 영업자들이 만들어낸 '영업에 대한 이미지'이다.

영업자의 가치는 종사하고 있는 산업이나 회사, 일반적인 가치 기준과 관계없이 '영업자 자신'에 의해 결정된다. 영업자의 가치관과 역량에 의해 사회적 통념을 뛰어넘을 수 있는 전혀 다른 가치 모델이 만들어지는 것이다. 자동차 영업자는 모두 같은가? 의사는 모두 같은가? 같은 프랜차이즈를 운영하는 주인과 종업원은 같은가? 조그마한 커피 전문점에서 일하는 두 명의 직원도 같을 수 없다.

영업자, 의사, 가게 주인 할 것 없이 각자의 의식구조에 따라 서로 다른 평가를 받을 것이다. 어떤 이는 만나는 한 사람 한 사람을 진정 고객으로 생각하고 최선을 다하지만, 어떤 사람은 그저 물건을 팔기에 급급하다. 사명감을 가지고 환자의 아픔을 나의 아픔처럼 여기고 치료하는 의사가 있는 반면, 어떤 이는 환자를 그저 돈벌이의 수단으로만 생각한다. 어떤 영업자는 1년 후, 10년 후를 생각하고 고객을 대하지만, 어떤 영업자는 당장의 실적으로 고객을 판단한다. 지금 당장 손해 보는 일이 생겨도 약속을 목숨처럼 지키는 영업자가 있는가 하면, 항상 '셈'에 의해 움직이는 영업자도 있다. 어떤 사람이 궁극적으로 성공하고, 어떤 기업이 살아남을 수 있겠는가?

단기적인 실적만을 염두에 둔다면 당장의 손해에 민감할 수밖에 없다. 그래서 비양심적인 행동이나 비열한 방법으로 남들이 부러워하는 실적을 만드는 영업자들이 존재한다. 하지만 그렇게 얻은 결과는 결코 오래 지속되지 못한다. 반대로 바른 영업 의식을 가진 영업자, 모든 고객에게 정직하고 성실하게 대하는 영업자, 고객이 고개를 끄덕이며 인정하는 영업자들 중에는 단기 실적이 좋지 않은 경우가 많다. 하지만 장기적으로 보면 이런 영업자는 절대로 실패할 수 없다.

그럼에도 현실은 누가 봐도 잘못된 영업을 하는 사람이 찬사의 대상이 되고, 항상 바르고 정직함에도 성과를 내지 못해 좌절하는 영업자가 더 많다. 이러한 이유로는 두 가지를 들 수 있는데, 하나는 기업의 잘못된 평가 시스템과 조직 리더들의 비겁함이고, 다른 하나는 스스로의 의식 문제이다. 전자는 회사에서 수치적인 결과만 강조하고 리더는 직원의 잘못을 알면서도 단기적인 실적에 매몰되어 문제를 외면하는 경우이다. 이런 기업은 엄밀하게 보면 범죄를 사주한 몸통이고, 리더들은 방조자이며 공범이다. 기업이 잘못된 경우라면 고치거나 떠나면 되지만, 영업자 스스로의 의식 문제가 원인이라면 이런 사람은 자신과 다른 사람을 위해서라도 영업을 그만두어야 한다.

일관성 있는 태도는 내 그릇을 더욱 단단하게 만든다

스스로 큰 나무가 되고 바르고 푸르른 영업의 숲을 이루기 위해서는 영업자 스스로가 그릇의 크기를 키워야 한다. 그리고 영업자가 가진 그릇의 크기는 비즈니스를 얼마나 길게 보고, 자신만의 일관성 있는 태도로 일에 임하는가에 달려 있다.

    영업 과정에서 생기는 문제의 대부분은 당장의 목표를 채워야 한다는 조급함과 강박 관념에서 비롯된다. 아무리 영업의 평가와 인센티브가 내게 주어진 목표와 연동하여 결정된다고 해도, 자신만의 일관된 가치관에 어긋난 일을 해서는 안 된다. '어쩔 수 없다'는 생각을 하는 순간 '잘못'을 스스로 합리화하는 것이고 오욕의 덫에 걸려든 것이다. 이번 분기 최대의 비즈니스라고 해도, 올해 내 인생을 바꿔줄 계약이라고 해도 스스로의 양심에 어긋난다고 판단되면 과감하게 돌아서야 한다. 당장은 다 잃는 것 같아도 한숨 돌리고 나면 아무것도 아니다. 만약 잘못된 길임에도 눈감고 걸어간다면 잠시의 성취감과 주변의 박수소리를 느낄 수 있겠지만, 영업자 스스로의 정체성이 무너지고 주변의 시선이 점차 차갑게 변해갈 것이다. 죄를 잘못인줄 모르고 저지르는 범죄자가 있겠는가? 결국에는 내 가치관을 지키는 '일관된 태도'가 중요하다. 어떤 극한 상황에서도 원칙을 지켜내고 아무리 절박한 순간이라도 냉정함을 잃지 않는 영업자는 자신의 그릇을 오염으로부터 청정하게 만들고 그 어떤 외부의 충격에도 깨지지 않는 단단함을 가지게 될 것이다.

인생은 멀리서 보면 일직선처럼 보여도 자세히 보면 '요철(凹凸)'의 연속이다. 영업도 마찬가지이다. 처음 고객을 만나 비즈니스를 마무리하기까지 수도 없는 굴곡이 반복된다. 생각한대로 풀리는가 싶다가도 갑자기 엉켜버리고, 섭섭한 일도 있지만 고마운 일도 생기게 마련이다. 아득하게 나락으로 떨어지는 순간도 있고, 모든 게 다 된 것 같은 때도 찾아온다. 그리고 이러한 순간은 성공한 비즈니스나 실패한 비즈니스 모두에 존재한다. 이때 그릇이 큰 영업자는 아무리 덜컹거리는 요철의 연속에도 중심을 잃지 않는다. 꺼질 때 솟아오를 가능성을 엿보고, 떠올랐을 때 이내 꺼질 수 있음을 준비하고 대비한다. 영업의 성공은 끝없는 굴곡의 커브에서 영업자가 한 지점 한 지점마다 어떤 선택과 행동을 했느냐에 달려 있다. 모두가 당황하더라도 침착함을 유지해야 하고, 모두가 들떠 있어도 냉정하게 조타실을 지켜야 한다.

영업이 역동적인 일임에는 확실하지만 고객과의 줄다리기는 지루할 때도 있고 단조롭기도 하다. 내일이라도 당장 결론이 나고 계약이 될 것 같은 비즈니스가 한 주를 넘기기도 하고, 심지어는 한 달 이상 지연될 때도 있다. 더욱이 긴 사이클의 비즈니스에서는 그만큼 단조로움의 시간이 더 길고 반복될 수밖에 없다. 이럴 때 팀은 집중력을 잃고 목표의식을 상실하기도 하며 사소한 일에 민감해진다. 갑작스러운 변화와 반복되는 지연으로 팀의 감정기복이

심할 때, 이를 예지하고 적시에 다독거려 한 곳에 힘을 집중토록 하는 영업자가 되어야 한다. 길고 지루한 여정 속에서 지친 팀에 에너지를 불어넣고 때로는 긴장감을 조성해야 한다. 이런 남다른 크기의 그릇을 가진 영업자가 종국에는 다른 결과를 만들어낸다.

동료와의 관계를 결코 계산하지 마라

사람을 만나서 항상 득실得失을 셈해야 한다면 그것처럼 서글픈 만남도 없다. 만남 자체가 불행일 것이다. 하지만 조직이라는 공동체 안에서 누가 당장 어떤 도움이 되는지 또는 나중에 누가 나에게 도움이 될지를 따지는 일은 두의미하다. 물론 영업자에게 이에 관한 한 선택권도 없고 결정권도 없다.

어쩔 수 없는 게 조직 내 인간관계라면 나라도 '선線'을 지키면 된다. 때로는 손해라는 걸 알아도 그냥 감수하고 넘어가야 하고, 굳이 내가 하지 않아도 될 일이라도 기꺼이 움직여야 한다. 당장 힘 있는 사람보다는 힘이 없어 보이는 사람을 더 진심으로 대하고 배려하도록 노력해야 한다. 계산적인 사람에게는 다소 바보스럽게 보이겠지만, 어떤 경우라도 진정성은 얄팍한 계산을 이긴다. 의사결정자였던 고객이 갑자기 물러났다면 진심으로 대화하고 위로하는 자리를 가져야 한다. 사내에서도 이른바 '파워'를 잃어버린 선배나 상사가 있다면 그의 책상 위에 커피 한 잔과 메모를 남길 수 있는 따스함을 지녀야 하고, 일이 잘 안 풀려 무기력한 동료와 점심 한

끼를 함께할 수 있는 여유를 가져야 한다. 이것이 바로 영업자의 그릇이며, 내가 어려울 때 다 나에게 힘으로 돌아올 것이다.

올바른 방향이라면 져도 이긴 게임이다

'회사의 시스템이 문제야.'
'왜 내 매니저는 저런 사람을 칭찬할까?'
'도대체 이런 힘든 일은 왜 나만 시키는 거야?'

회사를 다니며 이런 고민을 하지 않기란 쉽지 않다. 하지만 모두 불필요한 고민이다. 12라운드 권투 경기 중에 1라운드에서 포인트를 잃었다고 하여 경기에서 진 것은 아니다. 42.195킬로미터를 뛰는 마라톤 경기에서 처음 1킬로미터를 선두로 뛴 선수가 우승하는 경우는 거의 없다. 과정에서 뒤처지더라도 스스로 당당하고 자신 있다면 뚝심 있게 밀고 나가도 좋다. 자신이 생각하는 페이스대로 경기를 운영하고 있다면, 스스로 원칙을 지키고 차근차근 비즈니스의 마지막을 향해 달려가고 있다면 오늘 지는 것 같아 보여도 지는 것이 아니다. 하나하나 밟고 지나온 과정의 흔적들은 절대로 날아가거나 썩지 않고, 내 그릇의 깊이를 깊게 만들어주는 씨앗이 될 것이다.

밖에서는 고객을 만나고 안에서는 또 다른 고객인 동료들을 만나야 하는 영업자는 외로울 틈이 없어 보인다. 하지만 내가 30년간 영업을 해본 결과, 영업은 정말로 외롭고 고독한 일이다. 특히 바른 영업, 정직한 영업을 지향하며 목표를 이루어가는 과정은 결코 쉽지 않은 여정이다. 남이 하는 대로 따라 하고 잘못된 길임을 알지만 그대로 걸어간다면, 남다른 영업을 할 수 있겠는가? 같은 크기의 그릇으로는 더 많은 생각과 배려, 그리고 더 큰 뜻을 담아낼 수 없다.

영업자의 최우선은 고객이지만, 결코 혼자서 고객의 고민을 해결해줄 수 없다. 문제를 해결하는 데에 도움을 주는 회사 내 모든 사람, 그리고 현실적 상황 모두를 담아낼 큰 그릇을 지녀야 한다. 그것이 영업자의 숙명이다.

아무리 힘든 상황이라도 원칙을 지키고 일관성 있게 행동한다면 영업자의 그릇은 더 단단해진다. 영업이 끝없는 요철의 연속이고 동시에 인내의 과정이지만, 굴곡과 단조로움을 모두 담아낼 그릇이 되어야 한다. 기꺼이 손해를 감내하고 남보다 조금 더 움직이며, 지금 내 앞을 내어주는 여유를 가진다면 그 영업자는 남보다 더 크고 깊은 그릇을 갖게 될 것이다.

06
용감하게 소리 질러라

> 대부분의 사람들이 그 자리에서 한 단계 도약을 하지 못하는 이유는 도움을 요청하지 않아서이다.
> _스티브 잡스 Steve Jobs: 애플 창업자

> "제가 잘못했어요."라는 한마디는 긍정적인 사람들의 말이다. 이 말은 불편한 인간관계로부터 오는 고통을 사라지게 하고, 협상을 진행시키며, 논쟁을 끝내고, 치유를 시작하고, 심지어 적을 친구로 바꾸는 일을 할 수 있다.
> _리치 디보스 Rich DeVos: 암웨이 창업회장

영업을 시작하고 첫 계약을 한 뒤 고객사에 설치를 위한 인도 요청을 하며 분주하게 움직이고 있는데, 업무 지원팀으로부터 '외상 미수금이 있어서 고객이 이를 지불하지 않을 시에는 시스템을 보낼 수 없다.'라는 연락을 받았다. '기기 인도요청' 전에 '외상 미수금'이 있는지 여부를 확인하지 못한 나의 불찰이 컸다. 고객사에 바로 전화를 걸어 확인해보니 4개월 전에 부품을 구매한 후 행정 처리가 누락된 건이라는 설명을 들었다. 그리고 '빨리 승인 절차를 마쳐 4일 내로 미수금을 지불하겠다.'는 답을 받아냈다. 우리 기술팀과 고객은 시스템 설치 일정을 다음 날로 정하여 대기하고 있었

고, 시스템은 바로 그날 고객사에 인도되어야 했다. 더욱이 주 컴퓨터의 증설이어서 고객은 업무를 중단해야 했으므로 일정 계획은 함부로 변경할 수 없는 상황이었다. 나는 고객사의 약속을 받아냈으니 원래의 일정대로 시스템을 보내야 한다고 말했지만, 우리 측 업무 지원팀의 담당자와 매니저 모두 '그럴 수 없다.'라고 말하며 입장을 결코 바꾸지 않았다.

시간은 계속 흘러가고 나는 어찌할 바를 몰랐다. 회계부서장의 예외 승인을 받는 것이 유일한 방법이라는 조언을 듣고는 무작정 재무 본부로 뛰어올라갔다. 회계 담당자는 문제의 안건을 이미 알고 있었고 나는 상황을 다시 자세하게 설명했지만, 담당자 역시 요지부동이었다. 이제 운송 지시서가 30분 내로 발행되지 않으면 당일 인도는 불가능한 상황까지 다가왔다.

"도대체 이게 말이 됩니까? 제가 사전에 외상 미수금을 점검하지 못한 잘못은 이후에 물으시면 되고요. 520만 원 미수금 때문에 대한민국에서 네 번째로 큰 그룹사의 신용 상태를 의심하십니까? 고객의 업무 일정이 이미 다 잡혀 있고, 30분 내로 인도 승인이 완료되지 않으면 고객은 모든 계획을 변경해야 합니다."

"몇 번을 이야기해야 알아듣겠습니까? 왜 규정대로 하자는데 귀찮게 해요?"

"그런 규정은 왜 있는 겁니까? 악성 미수금을 방지하려는 것 아닌가요? 고객이 다음 주에 지불하기로 약속을 했는데, 그 약속을 못 믿으면 어쩌자는 겁니까? 5억 원짜리 시스템을 520만 원 미수금 때문에 못 보내겠다니 정말 어이없습니다. 제 상식으로는 받아들일 수 없습니다."

도대체 벽을 보고 대화하는 기분이었다. 담당자는 나보다 한참 선배였지만, 정말 한심하게 보였다. 이대로는 결론이 나지 않겠다는 생각이 들어 회의실을 나와 바로 옆 재무 중역 사무실로 향했다. 회계 담당자의 상사는 출장 중이었지만, 다행히 재무 중역은 집무실에 있었다.

"전무님, 급히 지원 요청받을 일이 있어서 왔습니다."
"네, 들어오세요."

간단히 나에 대한 소개를 마치고 '첫 비즈니스여서 외상 미수금 확인 절차를 누락하는 실수를 저질렀습니다. 앞으로는 이런 일 없도록 하겠습니다.'라는 사과와 함께 자초지종을 털어놓았다. 그는 내 이야기를 듣더니 회계 담당자를 호출했고, '도와주라.'라고 지시했다. 그 방을 나오며 담당자가 내게 보낸 싸늘한 눈빛을 지금도 잊지 못한다. 다행히 시스템은 고객사에 제때 인도되었고, 설치 작업도 성공적으로 마무리되었다.

돌이켜보면 영업자가 고객 중심으로 생각하고, 옳다고 여기는 일을 소신껏 관철시킨 점에서는 좋은 자세였다고 생각한다. 하지만 두 가지는 분명 내가 잘못했고 또 반성을 해야 된다. 먼저 아무리 급했어도 절차를 반드시 지켜야 했다. 회계 담당자는 자신의 업무 영역에서의 보고 라인을 지키고자 했다. 아무리 영업자라고 해도 신입사원이 6년 이상 근무한 선배에게 '지나치게 당당하게' 요구하는 태도가 거슬리기도 했을 것이다. 그때 내가 차라리 매니저에게 도움을 받아 함께 문제를 풀어나갔더라면 담당자 선에서 해결이 되었을지도 모른다는 생각이 든다. 두 번째로 나는 문제를 해결한 뒤 후배로서 담당자에게 사과를 하고 먼저 차라도 한 잔 마시자며 손을 내밀었어야 했다. 그 당시에는 바쁘고 정신이 없었고 담당자가 정말로 이해되지 않았지만, 후배로서 그리고 협업하는 동반자로서 담당자를 인정하고 쿨하게 먼저 다가갔어야 했다.

잘못된 일에는 반드시 소리 질러라

영업자라면 문제를 해결하기 위해 소리칠 수 있어야 한다. 영업을 하다 보면 회사 내부의 각종 규정과 프로세스가 본래의 취지에 비해 지나치게 관료적으로 운영되어 어려움에 부딪힐 때가 많다. 이럴 때 영업자가 침묵하면 잘못된 관행은 그대로 고착화되어버리고 만다. 고객의 관점에서 한 번 더 생각을 하고 규정의 본래 취지를 정확하게 이해한 후 그것이 잘못된 것이라면 용감하게 소리 질러야 한다. 그래야 바뀐다. 하지만 아무리 급해도 이 모든 일을 혼자 해결하려고 하지는 마라. 상사와 주변 동료의 도움을 받아 함께 해결해나가는 것이 더 현명한 자세이다.

잡초를 뽑았어도 땅에는 반드시 흔적이 남는다. 아무리 잘못된 관행이라고 해도 이를 바로잡는 과정에는 반드시 '좋지 않은 감정'을 갖게 되는 사람이 생길 수밖에 없다. 근본적으로 문제가 있는 사람이라면 무시하면 되지만, 대부분의 사람들은 '나는 그저 하던 대로 했을 뿐인데, 괜한 일을 만드는군'이라며 피곤하게 생각할 수 있다. 그러므로 일이 마무리되면 누가 상처를 받았을지 돌아보고 그들에게 손길을 내밀어야 한다. 사내 정치를 하라는 말이 아니다. 영업자의 성공엔 반드시 동료의 지원이 핵심이고, 그들이 또 영업의 일부이기 때문이다.

동료의 잘못을 눈감아주는 순간 조직은 망한다

회사의 규정을 위반하여 처벌을 받는 영업자는 크게 두 부류로 나뉜다. 하나는 본인이 직접 규정을 위반한 경우이고, 다른 하나는 동료 또는 상사의 잘못과 연관된 경우이다. 전자는 앞에서 기술한 바와 같이 영업자가 당장의 목표와 이해관계에 휩싸여 스스로의 양심을 판 경우이다. 여기서 더 가슴 아프고 심각한 경우가 바로 후자이다. 우리는 초등학교 때부터 대학, 그리고 군대생활을 통해 '우리'라는 집단 공동체 의식이 DNA화되어 있다. '어떻게 내가 동료의 잘못을 고자질하는가?', '어떻게 같이 일하는 나의 상사를?' 이런 생각을 누구나 하지만, 불의를 그냥 지나치는 순간 모두를 망치게 된다. 병을 알려야 의사의 진단을 통해 치료받을 수 있다. 마찬가지로 영업도 조직에 깔려 있는 잘못된 관행을 빠르게 드러내야 한다. 잘못된 일을 보거나 지시받았을 때엔 언제라도 확실하게 '아니요.', '잘못된 일입니다.'라고 말할 수 있어야 한다. 간혹 잘못된 일로 처벌을 받는 영업자들 가운데는 자신을 '십자가를 졌다'고 생각하거나, 주변에서는 '운이 없었다'고 생각하는 경우가 더러 있다. 개인의 잘못은 작은 상처일 수 있고, 도리어 쉽게 바로잡을 수도 있다. 하지만 잘못을 저지르는 동료, 옳지 않은 일을 지시하는 상사를 보고도 눈을 감는 조직은 곧 파멸의 길을 걷게 될 것이다. 이는 '의리'도 아니고 '배려'는 더욱 아니다. 잘못된 일에 눈을 감지 말고 귀를 닫지 말고, 용감하게 소리칠 수 있어야 한다.

미리 도움을 청하라

본사에 근무하면서 안타깝게 생각한 점 중 하나가 '우리나라 직원들은 도움을 요청하는 것에 익숙지 않다'는 것이었다. 다른 나라의 팀들이 열 가지를 요청한다면, 우리나라 영업자들은 한 가지는 요청했을까 싶다. 더욱이 영업의 성과가 별로 좋지 않을 때에도 '도와줄 게 있나요?'라고 물으면 언제나 '없습니다.'라고 대답했다. 실적은 좋지 않고 예측도 목표에 미치지 못하는데 '도움받을 일'이 없다면 어떻게 해결하겠다는 건가? 그러다가 급박한 상황에 처하고서야 '긴급 요청'을 해온다. 그러고는 항상 '빨리', '지금 당장' 도와줄 것을 요구한다. 10년 전 이야기이지만 지금의 영업자들도 다를 바 없다.

수업을 마치면 선생님은 반드시 질문할 기회를 준다. 어느 강연이나 세미나를 가더라도 항상 마지막 타임은 질의시간이다. 내용을 이해하지 못한 사람은 절대로 질문을 할 수 없다. 모르는 것이 무엇인지도 모르는데 어떻게 질문을 하겠는가? 영업을 하면서 도움이 필요하지 않은 순간도 없다. 고객의 고민을 혼자서 풀어낼 수 없기 때문이다. 경쟁사와의 차별화를 혼자의 힘으로 만들 수 있을까? 모든 고객을 혼자서 만나는 일 역시 불가능하다.

미리 고민하고 생각하면 비즈니스의 맥을 짚을 수 있다. 맥을 정확히 짚는 영업자는 도움을 요청할 일도 명확하게 알고 있다. 자신이 무슨 일을 하는지 모르기 때문에 도움도 요청하기 어려운 것이다. 내가 할 수 있는 일과 도움받을 일을 제대로 파악하고, 필요하다면 빠르게 도움을 요청해야 일을 효율적으로 끝낼 수 있다.

잘못된 규정과 프로세스, 관행에 타협하거나 눈감지 마라. 그러면 궁극적으로는 고객을 잃는다. 고객의 입장에서 납득할 수 있는 일인지, 그것이 진정 회사를 위한 길인지를 생각하면 내가 어떤 행동을 취해야 하는지가 명확해진다. 사고는 어느 날 갑자기 생기는 게 아니다. 사건의 조짐은 곳곳에서 감지된다. 기울고 금이 간 벽을 보고 그냥 지나쳐버리면 이내 그 벽은 무너져 내린다. 주변의 잘못을 외면하지 마라. 그러면 동료를 잃고 상사를 잃게 될 것이다.

더불어 일이 복잡할수록, 의미가 클수록 도와줄 사람은 많고 도움받을 일도 많다. 더 고민하고 생각하면 무엇이 부족한지 파악할 수 있다. 이를 도와달라고 당당히 말해야 한다. 혼자 하려들거나 끙끙대며 시간을 허비하고 있는 영업자는 주변으로부터 신뢰를 얻기 어렵다.

07
Work - Life 밸런스를 맞춰라

> 성공이란 세월이 흐를수록 가족과 주변 사람들이 나를 점점 더 좋아하는 것이다.
> _짐 콜린스 Jim Collins: 현존하는 최고의 경영 사상가, 『성공하는 기업들의 8가지 습관』 저자

> 죽음을 앞두고 '더 일했어야 했는데.'라고 말하는 사람은 없다.
> 그들은 모두 '다른 사람들을 좀 더 배려했더라면….
> 더 많이 사랑하고, 더 마음을 썼어야 하는데….' 라고 뒤늦게 깨닫고 후회한다.
> _해럴드 쿠시너 Herald Kushner: 랍비

2000년, 뉴욕에서 신규 사업 분야 선정을 위한 전략회의에 참석했다. 미국과 캐나다에서 아홉 명, 유럽에서 다섯 명이 참석해 나를 포함한 열다섯 명의 인원이 4일간 워크숍을 진행하였다. 첫날 저녁, 가벼운 환영 리셉션이 있었다. 카운터에서 각자의 취향대로 주문한 와인과 칵테일을 마시며 서로 인사를 나누었다. 90분 가까이 진행된 자리였지만, 나를 제외한 참석자는 모두 한 잔의 와인만을 마실 뿐이었다. 와인 한 잔으로 90분간 대화를 하다니! 무척 어색하고 생소한 모습이었다. 한 시간이면 소주 두 병은 비웠을 서울의 모습과는 너무나도 달랐다.

다음 날 본격적으로 회의가 시작되었고 자기소개 시간을 가졌다. 나는 당연히 취미에 대한 이야기를 했는데, 다른 사람들은 모두 가족과의 여행, 가족을 위한 요리, 정원 관리, 아기 돌보기 등 대부분 가족과 관련한 이야기를 털어놓았다. 그들의 이야기를 들으며, 나는 지난 15년간 나의 영업 생활을 되돌아보았다. 낚시, 골프, 여행 모든 것이 고객과 관련된 이벤트였지 나와 가족을 위한 취미는 전혀 없었다. 내 삶에는 나도 없었고, 가족도 존재하지 않았다.

3일 동안 세 그룹으로 나뉘어 분임 토의를 한 후 토의 내용을 공유하는 시간을 갖고 또 토의가 곧바로 이어지면서 이틀 째 되던 날, 체력이 급격히 소진되고 집중력이 떨어지는 기분을 느꼈다. 점심시간 30분을 제외하고는 거의 쉬는 시간 없이 진행되는 마라톤 회의와, 답이 뻔히 보이는 안건에 대해서도 토론을 반복해 모두가 공감대를 형성하고 다음 주제로 넘어가는 방식이 나에게는 충격이었다. 4일간의 짧은 워크숍 기간이었지만 모두가 끈질기게 업무에만 집중했고, 업무 효율이 높은 만큼 다른 시간에는 자신과 가족을 위해 온전히 시간을 투자했다.

이것이 15년 전의 일이다. 하지만 15년이 지난 지금까지도 우리나라 영업자들의 마인드는 이들의 업무 방식을 전혀 따라가지 못하고 있다. 새벽부터 밤늦게까지 뭔가에 파묻혀 자신을 잊고 살고, 주말에도 각종 모임이나 약속으로 다시 정신없는 하루를 보낸다. 그리고 그것이 비즈니스를 위한 최선의 길이라는 착각 속에 살고 있다. 점심시간으로 한 시간을 써야 할까? 고객과 새벽까지 술을 마셔야 할까? 어쩌다 여유가 생기면 동료나 친구와 습관적으로 술잔을 부딪치며 회포를 푸는 일이 당연한 걸까? 주말에 10시간 이상 골프를 치는 일이 현명한 것일까? 과연 우리는 본연의 일에 집중하는 시간이 얼마나 될까?

6년 전에 아시아지역 본사에서 2년간 근무하면서, 함께 일하는 본사 임원과의 식사 자리는 딱 두 번뿐이었다. 그것도 가족동반 파티였다. 동료와 술잔을 부딪치지 않아도, 요란한 이벤트가 없어도 팀워크에 문제가 없었고 소통도 어려움이 없었다.

어떻게 시간을 효율적으로 쓸 것인가?

미국에서 업무상 출장을 오는 리더들을 볼 때마다, 내심 미안함과 놀라움을 동시에 느낀다. 13시간의 시차가 있음에도 계획된 일정을 모두 소화하려면 한국에 도착하자마자 공항에서부터 공식적인 일정을 시작해야 한다. 일정을 마치고 돌아가는 차 안에서 겨우 눈을 붙이는 모습을 보면서, 나이와 직급에 관계없이 그들의 체력과 정신력에 놀랄 수밖에 없었다. 나 자신도 아시아지역 본사에 근무하면서 여러 나라를 방문하고 꽉 찬 일정을 소화했지만, 사실상 시차는 아무것도 아니었다. 업무상 시차가 큰 나라에 방문했을 때의 어려움을 아는 사람이라면 이 일이 얼마나 힘든지 가늠할 수 있을 것이다. 더욱이 그들은 뉴욕에 있을 때에도 오전 7시면 사무실에서 일을 시작했다. 항상 그렇지는 못했지만, 그래도 대부분 금요일 5시가 되면 업무를 마치고 주말엔 가족과 시간을 보냈다. 그런 그들의 라이프 패턴에 적응하지 못한 나는 처음엔 대충 일한다고 생각했지만, 결국 그것은 나의 착각이었다.

2001년 내가 마케팅 부문을 맡았을 때, 나의 보스는 중국계 미국인 여성이었다. 그 당시 아시아에서 가장 앞서가는 여성 리더였고, 전 세계적으로도 리더로서 10위 안에 들었던 검증된 여성 보스였다. 첫 만남은 도쿄 본사에서 인터뷰 형식으로 진행되었고, 연이어 그 다음 날 하루 동안 마케팅 임원 회의에 참석하게 되었다.

회의가 한참 진행되고 12시가 넘을 즈음, 참석자들에게 도시락이 지급되었다. 한 사람 두 사람 도시락을 열고 식사를 했지만, 회의는 계속 진행되었다. 그녀는 나에게 식사를 하라고 권했지만, 그녀는 3시가 넘어서야 식사를 시작했다. 그렇게 계속된 회의는 7시가 넘어서야 끝이 났고, 그녀의 사무실에서 마무리 만남을 가졌다.

"JS, 미안합니다. 오늘 저녁을 함께해야 하는데, 제가 저녁을 먹지 않습니다. 식사는 하루 두 끼만 하니 이해해주길 바랍니다."

'아! 아까 3시에 도시락을 먹은 이유가 그거였구나.' 그녀는 뒤이어 자신에 대한 소개를 했다. '하루에 13시간 일하고, 금요일에는 10시간을 일한다. 하지만 집에서는 절대로 일을 하지 않는다.', '당연히 주말에는 남편에게 최선을 다하고 되도록 직접 요리를 한다.' 짧은 시간 나눈 대화였지만 그녀의 일하는 방식과 가치관을 확인할 수 있었던 의미 있는 시간이었다.

나는 그녀와 함께 일하며 많은 것을 배웠다. 행복했고, 훌륭한 리더의 업무 방식에 대해 뼈저리게 느꼈다. 2년 후 나는 새로운 일을 맡아 부서를 옮겨갔다. 그로부터 한 달 후, 그녀로부터 전화를 받았다. 잠시 안부 인사를 주고받은 뒤 그녀가 말문을 열었다.

"JS, 내가 다음주부터 1년간 휴직에 들어갑니다."
"휴직이라니, 무슨 일 있습니까?"
"아버지의 건강이 너무 좋지 않습니다. 그동안 일을 핑계대고 딸로서 아무런 역할을 하지 못한 점이 너무 후회됩니다. 언제 어떻게 될지 모르는 상태인데, 만일 지금 아버지와 시간을 함께하지 못하면 평생 후회할 것 같아요. 그래서 휴직을 결심했습니다."

안타깝게도 그녀의 아버지는 10개월 후 세상을 떠났다. 하지만 그녀는 복직하지 않았고 홍콩 대학교 교수로서 제2의 삶을 시작했다. 회사의 핵심 리더로서 여성 직원들의 롤모델이었던 그녀는 아버지의 죽음을 경험하면서 과거와 같은 삶을 반복하지 않으리라 결심했다고 한다. 회사로서는 아쉬운 일이지만, 그녀로서는 현명한 선택이었을 것이다.

모두에게 주어지는 시간은 똑같다. 그리고 인간에게 있어 누군가 혹은 일에 집중하도록 허락된 시간은 거의 비슷하다. 결혼을 하고, 가족이 더 생기고, 또 시간이 흐르면 인간은 누구나 에너지가 떨어지고 원치 않아도 힘을 잃게 마련이다. '내게 주어진 시간을 어떻게 현명하게 배분할 것인가?' 이 고민을 놓지 말아야 한다. 영업이라는 현실을 내세워 극단적인 삶을 선택하는 순간, 가족은 지치고 자신도 힘들어지고 궁극적으로는 모두가 불행해진다. 우리의 삶은 시간이라는 일직선상에서 벌어지는 이벤트의 연속으로 구성되어 있다. 지나버리면 과거가 되고 절대로 그 시간은 다시 돌아오지 않는다. 20대의 젊음과 패기, 하나밖에 없는 소중한 배우자와의 시간, 아이들의 순진무구한 눈망울과 하루가 다르게 성장하는 모습, 점점 늙어가는 부모님과 함께할 수 있는 시간, 이 모든 이벤트들은 한정되어 있고 순간처럼 지나가버린다. 우리는 삶이라는 광속열차를 타고 달리고 있다. 이제까지 했던 것처럼 내 삶을 놓쳐버리면서까지 동료들과 술을 마시고, 각종 쓸데없는 모임에 시간을 허비해서는 안 된다. 선배들이 했던 일들이 모두 옳은 것만은 아니다.

서양의 영업자들이 옳고 우리가 그르다는 흑백 논리를 주장하는 게 아니다. 모두에게 개선되어야 할 점이 분명히 존재한다. 하지만 확실한 것은 우리가 서구의 다른 나라에 비해 지나치게 시간을 극단적으로 쓰고 있다는 점이다. 결국은 선택과 집중의 문제이다. 영업을 하려면 어쩔 수 없이 술도 마셔야 하고, 주말에 거래처와 시간을 보내야 한다고 모든 걸 합리화하지만 실상은 그렇지 않다. 언제나 약속을 하기 전, 결정을 하기에 앞서 한 번 더 이 점을 생각해주길 바란다.

'지금 이 일이 영업을 성공시키는 데에 반드시 필요한 일인가?'
'지금 꼭 이 일을 해야만 하는가?'
'다른 대안은 없는가?'

일은 사무실을 나서는 순간 끊어라

세상에 스트레스 받지 않는 일이 있을까? 마냥 놀아도 스트레스를 받는데, 더군다나 영업을 하며 스트레스를 받지 않기란 쉬운 일이 아니다. 하지만 적당한 스트레스는 긴장감을 가지고 일에 집중하는 데에 필요한 '소금'과도 같은 역할을 한다. 다만 지나치거나 이를 제때에 풀어내지 못하면 큰 문제가 벌어질 가능성이 높다. 스트레스 해소 방법은 여러 가지가 있고, 관리 방법도 사람에 따라 다르다. 스스로 가장 잘 맞는 방법을 터득하고, 스트레스에 노출되는 시간을 줄이는 것이 핵심이다.

다만 공통적으로, 스트레스를 줄이기 위해서는 불필요한 모든 것을 반드시 '끊어야' 한다. 영업을 잘하기 위해서가 아니라, '살기 위해서' 끊어야 한다. 결코 쉽지 않지만 습관화하면 의외로 어렵지 않다. 내 뜻대로 통제할 수 없는 상황에 처할 때도 많지만, 원칙을 분명히 세우면 상황을 컨트롤할 수 있다. 먼저 회사 문을 나서면 일에 대한 생각을 접어야 한다. 근무 시간 외의 자리나 회식 자리에서 업무와 관련된 주제를 입에 올리지 말아야 한다. 만일 스스로 통제할 수 없는 자리라면 가급적 빠지는 편이 현명하다. 전혀 업무와 관계없는 자리에서 상관없는 사람들과 업무 이야기를 나누는 것은 어리석다. 회사의 고민을 집으로 가져오고, 집에서의 고민을 회사로 가져오는 게 말이 되는가?

우리가 궁극적으로 직장생활을 하는 이유는 무엇일까? 최선을 다하여 원하는 결과를 이루면 일을 통해 성취감을 느끼고 조직으로부터 인정을 받는 기쁨을 느낄 수 있다. 그에 따라 나의 지위도 달라지고 수입도 달라진다. 하지만 그로부터 얻어지는 모든 결과는 '가족'을 위해 쓰인다. 그런데 원하는 목표를 이루었을 때 가족이 없어지거나 가족과의 관계를 회복할 수 없는 상황이 된다면, 그 모든 게 무슨 소용이 있겠는가? 아직도 '일과 삶의 균형'에 관한 우리의 의식은 20세기에 머물러 있다.

가정이 없는 영업이 가능한가? 가족은 지금 이대로 영원히 내 곁에 있어줄까? 새벽부터 밤늦게까지 일을 핑계로 무언가에 파묻혀 자신을 잊어버리고, 주말에도 각종 모임이나 약속으로 정신없이 하루하루를 보내는 동안 배우자는 늙어가고 아이들은 성인이 되어 둥지를 떠나고 부모님은 세상을 떠나게 된다.

행복하지 않고 문제가 있는 가정의 가장은 영업도 제대로 해낼 수 없다. 가족이 기다리고 참고 있는 동안에는 문제가 잘 보이지 않겠지만, 언젠가는 상처가 터져 수면 위로 올라올 것이다. 잘못된 생활 밸런스는 더 커지기 전에 바로잡아야 한다.

불요불급한 모임에 쓰고 있는 시간을 하루에 한 시간씩이라도 가족을 위해 투자해야 한다. 그리고 적어도 주말만큼은 가족과의 시간임을 잊지 말아야 한다. 집중하여 일하는 것뿐만 아니라, 제대로 일을 마무리하고 끊어내는 것도 중요하다. 일과 가정을 분리하라. 집의 문제로 동료에게 감정을 표현할 수 없듯이, 영업으로 인한 스트레스와 잔업을 집으로 가져와서는 안 되는 것이다.

잊지 마라. 가정은 영업과 일이 존재하지 않는 청정지대로 만들어야 한다.

글을 마치며

서점에 가면 영업에 관한 책이 서고 하나를 가득 채울 만큼 많다. 그중에서도 영업 관련 스킬에 관한 책은 절반이 넘는다. 모든 기업은 직원들에게 영업 교육을 끝없이 반복하고, 수많은 전문가와 교육 기관들이 영업 교육을 맡아 진행하고 있다.

그런데 왜 우리의 영업은 달라지지 않을까?

2000년 내가 임원이 되었을 때, 후배들이 영업에 관련한 교육을 해달라고 부탁을 해왔다. 14년간의 경험을 중심으로 자료를 만들었고 이를 후배 및 고객들에게 공유했다. 그러면서 50대 중반을 넘기기 전에 영업에 대한 책을 쓰고, 에너지가 남아 있을 때까지 영업 분야의 정상화를 위해 내 남은 삶을 모두 바치겠다고 생각해왔다. 조금 늦었지만 이제 그 여정이 시작되었고, 첫걸음이 바로 이

책이 되었다.

　이 책은 다소 밋밋하다. 시중에 나와 있는 영업에 관한 책과 출판사에서 추천한 책을 읽어보려고도 했으나, 결국 한 페이지도 읽지 않았다. 자극적이고 현 세태에 맞지 않는 내용을 가득 담은 책들과 내가 쓰고자 하는 책의 방향이 다르다고 생각했기 때문이다. 30년간 몸담았던 회사에 누가 될 수 있으므로 일부 내용을 상세하게 다루지는 못했지만, 이 책에서 말한 이야기에는 한 줄의 과장도 없다. 그래서 내용이 심심하다고 느껴질 수도 있겠다.

　책을 쓰기에 앞서 만났던 방송사 사장님을 비롯하여 대학 교수, 치킨집 사장님, 공학 박사, 가정주부, 심지어는 학생들까지 '영업'의 본질이 무엇인지, '영업자'가 지켜야 하는 바른 신념이란 무엇인지 모르는 사람은 없었다. 더군다나 비정상적인 영업을 일삼는 현장의 영업자들도 바른 영업이 무엇인지는 잘 알고 있었다. 그런데 모든 기업의 CEO를 비롯한 최고경영자들은 모두 같은 고민을 한다. '어떻게 하면 우리 회사 내 영업 조직 역량을 끌어올릴 수 있을까?', '어떻게 하면 바른 영업, 원칙 영업을 가르치고 독려할 수 있을까?'

　우리의 영업이 달라지지 않는 것은 '실행의 문제'이다. 대기업에서 프로젝트 비즈니스를 하든, 자영업을 하든, 보험 영업을 하든

각 부문에서 성과를 거두고 스포트라이트를 받는 영업자 중에 '진정한 영업자'는 얼마나 될까? 엄청난 성과를 내고 어마어마한 인센티브를 챙기고 회사로부터 인정을 받지만, 동료에게 마음으로부터 우러나오는 진정한 박수를 받는 영업자는 얼마나 될까?

"원칙을 지키고 바른 영업을 하지만 60퍼센트의 성과밖에 이루지 못하는 영업자와, 그보다는 유연하고 지나치지 않을 만큼의 편법을 쓰면서 120퍼센트의 성과를 내는 영업자가 있습니다. 솔직히 실적이 절실할 때에 리더로서 누구의 손을 들어주어야 할지 고민이 큽니다."

불과 한 달 전, 어떤 그룹의 영업 총괄 임원이 내게 한 이야기이다.

"절대 옳지 않은 생각입니다. 편법은 곧 불법을 의미하고, 불법은 궁극적으로 회사 전체를 무너뜨립니다. 당장 아무리 힘들지라도 리더는 그러한 행태를 절대로 용인해서는 안 됩니다."

이렇게 답을 했지만, 그가 내 말을 따랐는지는 의문이다.

결국 우리는 '어떻게 영업을 해야 하는가?'를 항상 고민해야 한다. 영업은 상식에 의해 지배되는 극히 단순하고도 명료한 행위의 결합체이다. 자신이 비즈니스 하는 제품이나 서비스의 가치를 원칙에 의해, 양심적으로, 고객의 입장에서 바르게 전달하면 되는 것이다. 하지만 이를 복잡하고 어렵게 만드는 것은 모두 영업자의 잘못에서 비롯된다. 교육 받은 대로, 이미 잘 알고 있는 대로, 옳다고 생각하는 대로 실천하고 어떤 경우에도 스스로의 양심을 속이는 행위를 해서는 절대로 안 된다.

앞에서 언급했듯이 이 책은 '영업 교육서'가 아니다. 현장에서 30년간 영업을 하면서 불법이 판치는 황당한 현실에 부딪칠지언정 원칙을 잃지 않았던, 그런 영업의 선배가 후배들에게 꼭 해주고 싶은 조언을 담아냈다.

커뮤니케이션 스킬, 협상의 기술, 팀워크, 소셜 마케팅 기법 등 영업자를 위한 스킬 및 역량 강화 프로그램은 시중에도 다양하다. 필요한 부분을 선택하여 교육을 받되, 반드시 잊지 말아야 할 점은 교육보다 '연습'과 '실행'이 더 중요하다는 사실이다. 예를 들어 프레젠테이션 교육은 심화 과정까지를 포함해도 4일이면 끝난다. 하지만 기술이나 마인드를 완전히 자신의 것으로 만들기 위해서는 교육받은 시간보다 100배 더 많은 시간을 투자해야 한다. 영업의 모든 교육이 다 마찬가지이다.

책을 써내려가면서 한편으로는 '수없이 많은 영업 관련 서적이 쌓여 있는 서가에 또 하나의 무의미한 물체가 꽂히는 일이 아닐까?' 하는 두려움도 있었지만, 분명 이 작업은 설레고 또 재미있었다. 글을 쓴 이로서 한 가지 소망이 있다면, 이 책을 통해 바른 영업 의식을 갖는 영업자가 한 사람이라도 더 생겨난다면 그보다 더 기쁜 일이 없겠다.

마지막으로 지난 30년 동안 영업을 한답시고 마음도, 시간도 제대로 함께 나누지 못했지만 묵묵히 그 길을 참고 기다려준 장옥길 여사와, 어렸을 때 아빠와의 추억을 많이 가지지 못한 채 쑥 자라버린 승민이와 유진이에게 미안함과 고마움을 함께 전하며, 새로운 식구가 되어 도움을 준 혜정이에게 감사와 사랑을 표한다. 더불어 빡빡한 일정에도 침착하고 꼼꼼하게 책을 준비해준 다산북스의 보윤 씨에게 감사의 말씀을 전하고 싶다.

30년 원칙 영업으로 신입사원에서 BM 부사장에 오르기까지
첫 출근하는 영업자에게

초판 1쇄 발행 2015년 12월 9일
초판 8쇄 발행 2021년 11월 11일

지은이 이장석
펴낸이 김선식

경영총괄 김은영
기획·편집 임보윤 **크로스 교정** 이호빈 **책임마케터** 최혜령
콘텐츠사업4팀장 김대한 **콘텐츠사업4팀** 황정민, 임소연, 박혜원, 옥다애
마케팅본부장 이주화 **마케팅1팀** 최혜령, 박지수, 오서영
미디어홍보본부장 정명찬 **홍보팀** 안지혜, 김민정, 이소영, 김은지, 박재연, 오수미, 이예주
뉴미디어팀 허지호, 임유나, 송희진 **리드카펫팀** 김선욱, 염아라, 김혜원, 이수인, 석찬미, 백지은
저작권팀 한승빈 김재원 **편집관리팀** 조세현, 백설희
경영관리본부 하미선, 박상민, 김민아, 윤이경, 이소희, 김소영, 이우철, 김혜진, 김재경, 오지영, 최완규, 이지우
외부스태프 표지·본문디자인 북디자이너 경놈

펴낸곳 다산북스 **출판등록** 2005년 12월 23일 제313-2005-00277호
주소 경기도 파주시 회동길 490 다산북스 파주사옥 3층
전화 02-704-1724 **팩스** 02-703-2219 **이메일** dasanbooks@dasanbooks.com
홈페이지 www.dasanbooks.com **블로그** blog.naver.com/dasan_books
종이 한솔피엔에스 **출력·제본** 갑우문화사

ⓒ 2015, 이장석

ISBN 979-11-306-0682-8 (13320)

· 책값은 뒤표지에 있습니다.
· 파본은 구입하신 서점에서 교환해드립니다.
· 이 책은 저작권법에 의하여 보호를 받는 저작물이므로 무단 전재와 복제를 금합니다.

다산북스(DASANBOOKS)는 독자 여러분의 책에 관한 아이디어와 원고 투고를 기쁜 마음으로 기다리고 있습니다. 책 출간을 원하는 아이디어가 있으신 분은 이메일 dasanbooks@dasanbooks.com 또는 다산북스 홈페이지 '원고투고'란으로 간단한 개요와 취지, 연락처 등을 보내주세요. 머뭇거리지 말고 문을 두드리세요.